DIREITOS HUMANOS
Breve História de uma Grande Utopia

Marco Mondaini

DIREITOS HUMANOS
Breve História de uma Grande Utopia

70

DIREITOS HUMANOS
BREVE HISTÓRIA DE UMA GRANDE UTOPIA
© Almedina, 2020

Autor: Marco Mondaini
Diagramação: Almedina
Design de Capa: Roberta Bassanetto
Editor de Aquisição: Marco Pace
Revisão: Caroline Silva
Imagem de Capa: La liberté guidant le peuple © Manigand-Labourayre / stock.adobe.com
ISBN: 9788562938344

Dados Internacionais de Catalogação na Publicação (CIP)
(Câmara Brasileira do Livro, SP, Brasil)

Mondaini, Marco
Direitos humanos: breve história de uma grande utopia /
Marco Mondaini. – São Paulo:
Edições 70, 2020.

Bibliografia.
ISBN 978-85-62938-34-4

1. Direitos humanos 2. Direitos humanos – História
3. História social 4. Utopias I. Título.

20-32814 CDD-323.09

Índices para catálogo sistemático:

1. Direitos humanos: História social: Ciência política 323.09

Maria Alice Ferreira – Bibliotecária – CRB-8/7964

Este livro segue as regras do novo Acordo Ortográfico da Língua Portuguesa (1990).

Todos os direitos reservados. Nenhuma parte deste livro, protegido por copyright, pode ser reproduzida, armazenada ou transmitida de alguma forma ou por algum meio, seja eletrônico ou mecânico, inclusive fotocópia, gravação ou qualquer sistema de armazenagem de informações, sem a permissão expressa e por escrito da editora.

Março, 2020

Editora: Almedina Brasil
Rua José Maria Lisboa, 860, Conj. 131 e 132, Jardim Paulista | 01423-001 São Paulo | Brasil
editora@almedina.com.br
www.almedina.com.br

À minha mãe, Maria de Lourdes, e ao meu pai, Álvaro, que partiram deixando um vazio n'alma.

Ao meu filho, Enrico, que vai preenchendo o vazio deixado com seus sorrisos.

NOTA INTRODUTÓRIA À NOVA EDIÇÃO

O presente volume reúne a íntegra da edição do livro *Direitos Humanos*, publicado no ano de 2006, acrescido de um capítulo inédito que trata do início do século XXI, mais um apêndice que incorpora parte do livro *Direitos Humanos no Brasil*, publicado em 2009, com 2 textos novos. No total, encontram-se reunidos nesta nova edição 80 textos que, assim como as duas edições anteriores, têm o propósito de apresentar uma introdução à história dos direitos humanos a um público não especialista que tenha a pretensão de se aproximar da temática. Esta obra é voltada também para professores e agentes educacionais que queiram, transversalmente ou diretamente, problematizar nas salas de aula do Ensino Médio e do Ensino Superior as inúmeras questões relativas aos direitos humanos no decorrer da modernidade.

A publicação desta nova edição, no entanto, ocorre em um contexto, tanto nacional como internacional, no qual os direitos humanos – nas suas múltiplas dimensões: civis, políticas, socioeconômicas, culturais e ambientais – vêm sendo confrontados por uma série de ações governamentais que parecem remontar a valores pré-iluministas, tendo como base de legitimação setores consideráveis das suas respectivas sociedades. Esse cenário torna tal confrontação ainda mais perigosa para o conjunto de valores que foram arduamente constituídos no curso dos últimos quatro séculos, com não poucos retrocessos e "desvios de rota". Não é à toa que a sua "alma gêmea" – a democracia – também esteja atravessando um período de profundos ataques que nos fazem recordar tenebrosos períodos de eliminação das liberdades individuais e coletivas no curso do século XX.

Os contextos nacional e internacional têm em comum o fato de que forças sociopolíticas e governos alinhados ao campo da extrema-direita neofascista estejam empenhados no combate à democracia e aos direitos humanos. Ao eleger o imigrante ilegal como o mal a ser repelido – nos Estados Unidos e na Europa – e defender a necessidade de elevar os níveis de repressão contra os "desajustados sociais" (jovens negros, pobres e favelados, em sua quase totalidade) – no Brasil –, o que se pretende é tornar real o sonho da construção de uma sociedade asséptica, na qual o "outro" seja eliminado, assim como seus direitos. A fim de legitimar o ataque aos direitos humanos desses grupos sociais junto à sociedade, a extrema direita precisa defini-los como defensores de privilégios para os que não têm o mérito de tê-los – exatamente aquilo que sempre procuraram combater durante toda a sua história.

Não parece haver dúvidas no que diz respeito ao fato de que atravessamos hoje uma conjuntura parcialmente diferente em relação àquela vivida nas duas últimas décadas do século XX. Por um lado, assistia-se a uma profusão de novas democracias resultantes de lutas históricas por direitos humanos: na América Latina, com a derrocada das ditaduras militares; na Europa Oriental, com a queda dos regimes despóticos do socialismo realmente existente; na África, com o fim do regime racista do *apartheid* sul-africano.

Por outro lado, e de maneira contraditória, concomitantemente ao declínio de regimes autoritários em inúmeras partes do mundo, dá-se início à ofensiva do neoliberalismo a partir do eixo anglo-saxônico representado pelos governos de Ronald Reagan nos Estados Unidos e de Margaret Thatcher na Inglaterra. Essa ofensiva, que se alastraria muito rapidamente pelo continente europeu, chegando aos países latino-americanos recém-saídos de ditaduras militares e à África do Sul recém-liberta do *apartheid*, representou para os povos da Europa Ocidental um retrocesso no campo dos direitos e garantias sociais conquistados no pós-Segunda Guerra Mundial; para os povos que acabavam de se libertar de tiranias na Europa Oriental, América Latina e África, significou a inviabilização da conquista desses direitos e garantias sociais no âmbito da restauração da democracia política.

O que se vive hoje no mundo é parcialmente diferente porque, se por um lado observa-se uma crise da democracia e dos direitos humanos – ou, se preferirmos, uma crise do Estado de Direito Democrático –, por outro lado, o neoliberalismo parece ter se tornado de tal forma hegemônico a ponto de fazer as políticas implementadas por governos de direita e esquerda serem vistas em grande medida como indiferentes entre si, o que acaba abrindo uma estrada por onde trafegam as forças políticas de extrema direita e suas propostas de negação destruidora.

Um fato que tornou o quadro histórico atual ainda mais grave no que diz respeito à democracia e aos direitos humanos foram as repercussões dos atentados terroristas que aconteceram em 11 de setembro de 2001 no coração dos Estados Unidos. Talvez não seja exagerado afirmar que o século XXI mostra a sua cara sob o signo do medo gerado pelas imagens estarrecedoras do choque dos aviões contra as torres gêmeas do World Trade Center, em Nova York. A resposta imediata do governo Bush de intervenção no Afeganistão e invasão do Iraque (de maneira unilateral) inaugurou uma "guerra ao terrorismo" – assim como o governo norte-americano patrocinou uma "guerra ao crime" e uma "guerra às drogas" quando o comunismo já não existia mais como inimigo a ser combatido.

Dentro desse contexto, as preocupações relativas à segurança (seria mais exato dizer "neurose da segurança") passam a sobrepujar os compromissos com a defesa das liberdades civis e políticas assumidos após a derrota do nazismo e do fascismo na Segunda Guerra Mundial. Isso deu forma a um verdadeiro processo de "globalização do medo", responsável por fazer emergir aberrações como as prisões de Guantánamo e Abu Ghraib – autênticos campos de tortura a prisioneiros detidos na caça transloucada aos terroristas da Al-Qaeda de Osama Bin Laden. Com isso, sob a justificativa de combater o terrorismo, os Estados Unidos patrocinaram um conjunto articulado de violações aos direitos humanos dentro e fora de seu território.

Ao fazer isso, os Estados Unidos e aliados europeus alastraram entre seus cidadãos o medo generalizado das ameaças provenientes do Sul, potencializando particularmente o ódio à figura do imigrante que "entra ilegalmente nos países do Norte, rouba o trabalho dos seus habitantes e alimenta a criminalidade".

Dessa maneira, tendo vivido uma boa parte da sua história envolto em sucessivos fluxos migratórios, o Ocidente acabou construindo uma "histeria antimigratória" que transforma uma massa de seres humanos em clandestinos completamente desprovidos de cidadania – histeria devidamente capturada pelos segmentos políticos de extrema direita que fazem da intolerância em relação ao diferente a pedra de toque do seu discurso antagônico à democracia e aos direitos humanos.

Diante de um perigo de tamanha envergadura, não nos resta outra opção senão resistir e avançar na defesa, ao mesmo tempo intransigente e generosa, da democracia e dos direitos humanos, antes que sejamos engolidos pela barbárie.

INTRODUÇÃO À PRIMEIRA EDIÇÃO[1]

OS DIREITOS HUMANOS E SEUS OPOSITORES

Do seu revolucionário surgimento no decorrer dos séculos XVII e XVIII aos dias de hoje, a tradição dos direitos humanos sempre contou com um número significativo de detratores e adversários, sendo esse contingente formado por uma série ampla e bastante diferenciada tanto no que diz respeito às suas origens socioeconômicas quanto às suas orientações político-ideológicas.

Em cerca de quatro séculos de história, agrupamentos com os mais diversos interesses e necessidades marcaram presença entre aqueles que nutriram forte antipatia em relação à causa dos direitos humanos.

No início da modernidade, não era incomum encontrar entre seus principais inimigos representantes da nobreza – especialmente a corte real – e do alto clero, além dos colonizadores metropolitanos.

Durante o século XIX, a receber o bastão de opositores dos direitos humanos das mãos destes últimos estava uma nova classe social, até então árdua defensora da conquista desses mesmos direitos, demonstrando as inúmeras voltas que a história é capaz de dar. Nesse momento, uma burguesia já conservadora age de maneira intransigente diante das reivindicações de extensão dos direitos humanos para os trabalhadores urbanos.

Com o século XX, a disputa em torno da ampliação ou não dos direitos humanos chega ao seu ápice, passando tais direitos a contar com um emaranhado extremamente heterogêneo de rivais. Em um mundo marcado pela polarização entre capitalismo e comunismo, não foram

---

[1] Salvo pequenos ajustes, a Introdução à Primeira Edição do livro foi mantida na íntegra. Agradeço imensamente à Michele pelo esforço de recuperação dos arquivos perdidos da referida edição.

poucas as ocasiões em que a defesa dos direitos humanos foi extremamente prejudicada, tendo de lidar com as mais variadas expressões de fanatismo político-ideológico, capazes de gerar, tanto na esquerda quanto na direita, regimes ditatoriais fundados nas mais repugnantes formas de opressão – dos quais o nazismo e o stalinismo foram sua expressão mais perfeita.

Na atualidade, não obstante as inúmeras conquistas obtidas em torno da afirmação dos direitos humanos, tanto no campo jurídico-legal como no plano cultural-ideal, continuam a se fazer presentes críticas que parecem ignorar o fato de que o único instrumento capaz de medir o nível de civilidade alcançado por uma sociedade – e seu progressivo distanciamento da barbárie – encontra-se exatamente na capacidade que esta tem de fazer seus concidadãos serem protegidos pelo generoso guarda-chuva dos direitos humanos. Assim, afirmações que procuram desqualificar a tradição dos direitos humanos, venham de onde vierem, soam como um inegável retrocesso nos padrões civilizacionais contemporâneos.

Seja na sua versão neoliberal, que procura identificar nos direitos humanos uma barreira à realização racional da lucratividade pelo livre-mercado, seja na da matriz marxista ortodoxa, que busca observar nos direitos humanos nada mais do que um conjunto de formalidades responsáveis pelo encobrimento da estrutura de classes e da luta entre estas no seio da sociedade capitalista – sendo, por isso mesmo, nada mais que direitos das classes dominantes –, ou, ainda, na linha extremamente vulgar que define os direitos humanos como "direitos de bandidos", o que se percebe claramente é a incapacidade de compreender a fundo seu caráter universal e democrático.

OS SENTIDOS DA UNIVERSALIDADE DOS DIREITOS HUMANOS

Universal, antes de mais nada, porque passou a tratar a totalidade dos seres humanos vivos com base em critérios igualitários, independentemente das suas diferenciações de caráter biológico-natural, cultural-ideal e econômico-material.

Com isso, um primeiro grande passo foi dado em direção à superação da tradicional concepção que observava, em um número bastante reduzido de indivíduos, a existência de privilégios de nascença que tornavam alguns indivíduos superiores em relação a todos os demais.

No seu lugar, de maneira radicalmente diversa, foi posta a transformadora ideia de que "todos são iguais perante a lei", não podendo determinado indivíduo sofrer nenhuma espécie de discriminação em função das suas características peculiares, sejam estas de classe social, nacionalidade, etnia, gênero, religião, orientação sexual, opção político-ideológica etc.

Apesar de não ser suficiente para a eliminação das diversas formas de desigualdade existentes na face da terra, com todas as suas repercussões em termos de discriminação e opressão, a chamada "igualdade jurídico-formal" é uma condição necessária, sem a qual a implementação de medidas concretas no sentido da eliminação das inúmeras maneiras de aviltamento da condição humana seria inviável.

O que se pretende afirmar aqui é que a igualdade no plano legal é uma necessidade, mas, ao mesmo tempo, uma etapa parcial da realização do ideal de libertação dos seres humanos, pois traz em si a exigência histórica de "tratamento dos desiguais de maneira desigual". Isto é, aqueles indivíduos que, por alguma razão, se encontram inferiorizados nas relações sociais precisam de um tratamento legal diferenciado – uma espécie de "contraprivilégio" que os proteja –, exatamente para que "recuperem" sua condição de igualdade social perdida antes que a igualdade puramente formal se faça presente.

Assim, os direitos humanos devem ser compreendidos hoje como a afirmação do potencial emancipador contido nestas duas tradições – a da "igualdade jurídico-formal" e a do "tratamento dos desiguais de maneira desigual" –, mediante a percepção de que, ao contrário de serem antagônicas, elas podem se tornar complementares à medida que cumprirem o papel comum de combate aos privilégios sociais; ou seja, se, e somente se, desempenharem a mesma função de obstáculo à reprodução das desigualdades entre indivíduos e agrupamentos de indivíduos, contribuindo, dessa forma, para a constituição de um senso de justiça entendida como equidade.

Para tanto, faz-se necessário observar um segundo sentido do caráter universal dos direitos humanos. Para além da universalidade entendida como um atributo de todo ser humano – particularmente no que diz respeito ao plano da igualdade –, é preciso que se veja nos direitos humanos a reunião das vitórias, em termos de direitos conquistados, das três grandes tradições do pensamento político moderno e contemporâneo, a saber: a liberal, a democrática e a socialista.

Dito de outra maneira, a universalidade dos direitos humanos encontra-se, também, no fato de ser resultado de um processo constante de incorporação dos direitos adquiridos no âmbito das liberdades individuais, da igualdade política e da igualdade social, ou seja, de uma contínua luta pela sua ampliação.

OS DIREITOS HUMANOS COMO UM CAMPO DE CONFLITO

Na verdade, se, em uma "primeira geração", os direitos humanos limitavam-se ao campo dos direitos civis e políticos de indivíduos, passando, em uma "segunda geração", à esfera dos direitos sociais e econômicos de grupos de indivíduos, atualmente a ideia de uma "terceira geração" dos direitos humanos correspondente aos direitos dos povos se faz cada vez mais presente, demonstrando claramente sua dinâmica de progressiva universalização.

Vê-se, pois, que, de maneira semelhante a uma bola de encher, os direitos humanos se expandem à medida que novos sopros de direitos são injetados em seu interior, propiciando-lhe uma nova dose de vitalidade.

Nos séculos XVII e XVIII, tal sopro de vitalidade foi dado fundamentalmente pelo pensamento liberal, sendo substituído em grande medida, nos séculos XIX e XX, pelo pensamento democrático e socialista em um processo ininterrupto, já que desde a passagem dos anos 1960 aos 1970 se sente a presença renovadora de "novos movimentos sociais" trazendo para si a responsabilidade de insuflação da bola dos direitos humanos por meio de uma tripla luta: a) para que os "velhos direitos" não sejam retirados; b) para que os "velhos direitos" cheguem até os sujeitos tradicionalmente excluídos da história; c) pela conquista de novos direitos.

Porém, o desenvolvimento histórico dos direitos humanos está muito distante de ser uma simples evolução linear, pois é guiado por uma lógica bastante complexa. Na verdade, os direitos são criados sobre um terreno marcado pela produção e reprodução incessante de contradições sociais, constituindo-se, dessa forma, em um autêntico campo de conflito.

Assim, da mesma maneira que novos direitos são conquistados, outros tantos são retirados nessa verdadeira luta em torno das leis, tornando constante o risco de perda daquilo que um dia se imaginou adquirido para sempre – que o digam aqueles que vivem sob regimes ditatoriais, tendo suas liberdades individuais e coletivas restritas, por um lado, e sob os governos de orientação neoliberal, com suas ofensivas contra os direitos sociais e garantias trabalhistas, por outro.

Ademais, não foram poucos os momentos da história em que a conquista de determinados direitos acabou gerando, de forma extremamente rápida, um contexto amplamente favorável à reivindicação de novos direitos que ultrapassavam os limites inicialmente estabelecidos.

Particularmente nos períodos caracterizados pela eclosão de processos revolucionários, as lutas por direitos passam a ter uma dinâmica própria, imprimindo um ritmo acelerado que rompe com a lentidão das coisas na vida cotidiana. Em outras palavras, em meio às revoluções, a maior aceleração do tempo histórico acarreta a antecipação da luta por direitos que só seriam reconhecidos como tais décadas – e até mesmo séculos – depois, como foi o caso da luta pela igualdade social em certas fases mais extremadas da Revolução Inglesa e, principalmente, da Revolução Francesa.

Além disso, a existência de diversas interpretações sobre as leis que tornam possíveis os direitos e a variável vontade política dos governantes de efetivá-los na prática faz com que, mesmo sob o reino de uma legalidade pautada pelos direitos humanos, exista uma constante disputa em torno da aceleração ou do retardamento da sua implantação concreta, ainda depois de seu reconhecimento legal inicial. Ou seja, há um momento específico para a luta por novos direitos e outro próprio para a sua instauração, havendo em cada um dos dois um árduo combate entre os grupos sociais em disputa.

Por fim, não podem ser esquecidos dois outros fatores responsáveis por tornar desigual o desenvolvimento dos direitos humanos: o geográfico-espacial e o educacional.

De um lado, em função da diversidade histórica que perpassa as várias localidades do planeta, poderemos ter continentes, nações e regiões mais ou menos desenvolvidos no que diz respeito à afirmação dos direitos. De outro lado, devido à abissal diferenciação de níveis educacionais existentes entre os vários indivíduos e agrupamentos sociais – decorrentes da adoção por determinados governos de políticas educacionais de caráter excludente, reprodutoras dos desníveis sociais –, existirão sujeitos conscientes dos seus direitos e outros completamente ignorantes em relação a eles: no primeiro caso, cidadãos alinhados com seu tempo; no segundo, súditos anacronicamente existentes em razão da carência completa de informações.

UMA PRIMEIRA APROXIMAÇÃO

É importante ressaltar que esta obra não se encontra direcionada a um público restrito constituído de especialistas, estando voltada, isto sim, a um público amplo formado por leitores interessados em fazer uma primeira aproximação em relação ao processo de formação daquilo que pode ser chamado hoje de *cultura dos direitos humanos* – aproximação que sirva de estímulo para aprofundamentos posteriores, seja por intermédio da leitura dos textos aqui reunidos apenas sob a forma de extratos em sua versão completa, seja por meio da busca de obras e documentos que ficaram de fora deste livro, ou ainda recorrendo a obras de referência.

Este livro é para um público-leitor vasto, composto por estudantes do ensino médio e de graduação das áreas das ciências sociais e jurídicas (História, Sociologia, Filosofia, Pedagogia, Serviço Social, Jornalismo e Direito), além de profissionais e ativistas atuantes na defesa dos direitos humanos nas organizações não governamentais e no poder público, preocupados em iniciar uma reflexão crítica sobre sua prática cotidiana, não se esquecendo do cidadão comum interessado em tentar compreender os debates acirrados em torno da temática em questão.

Os cinquenta textos aqui reunidos[2] foram selecionados e organizados em função de três critérios principais. Em primeiro lugar, sua importância para a afirmação dos direitos humanos no curso da história moderna e contemporânea, seja no plano normativo-legal, seja na mobilização imediata da sociedade civil, ou ainda na formação de um caldo de cultura propício para o avanço da luta pela conquista de direitos ainda não existentes. Em segundo lugar, sua adequação às exigências de compreensão

---

[2] Na sua primeira edição, o livro era constituído de apenas 50 textos.

por parte de um público não especializado que, eventualmente, entrará em contato com a temática em questão pela primeira vez, necessitando, pois, ter esclarecido o múltiplo conjunto de tradições responsáveis pelo avanço dos direitos humanos na modernidade: liberais, democratas, socialistas e novos movimentos sociais. Em terceiro lugar, sua utilização por professores e agentes educacionais como espinha dorsal de um curso de introdução aos direitos humanos.

Assim, estão presentes aqui escritos de diversas naturezas, elaborados em variadas circunstâncias históricas, como: cartas de direitos (*Bill of Rights* da Revolução Inglesa e Declaração dos Direitos do Homem e do Cidadão da Revolução Francesa); hinos e discursos ("A Internacional", do movimento socialista, e "Eu Tenho um Sonho", de Martin Luther King); excertos de encíclicas (*Rerum Novarum*, de Leão XII, e *Pacem in Terris*, de João XXIII); extratos de textos de grandes pensadores (Carta acerca da Tolerância, de John Locke, e Manifesto Comunista, de Marx e Engels) etc.

É preciso sublinhar que, enquanto procuramos apresentar a maioria dos documentos na sua íntegra, o mesmo não foi possível em relação às obras clássicas do pensamento político e às constituições em virtude do seu tamanho, tendo sido feita uma opção pela transcrição dos trechos mais afinados com a questão dos direitos humanos.

Todos os escritos são precedidos de uma apresentação voltada para sua contextualização histórica e de uma introdução direcionada para sua articulação dentro de cada um dos quatro capítulos em que se estrutura o livro.[3]

A LUTA PELOS DIREITOS HUMANOS EM QUATRO TEMPOS

Nos capítulos "Os direitos humanos no período pré-Revolução Francesa" e "Os direitos humanos no período pós-Revolução Francesa", respectivamente, serão abordados os primeiros desenvolvimentos da tradição dos direitos humanos, entre os séculos XVII e XIX. Então, no bojo de três grandes processos revolucionários – as Revoluções Inglesas de 1640 (a Puritana) e 1688 (a Gloriosa), a Independência dos Estados Unidos

---

[3] Na sua primeira edição, o livro era composto por apenas 4 capítulos.

da América, em 1776, e a Revolução Francesa de 1789 –, começam a ser conquistadas as liberdades e garantias individuais e coletivas e os direitos civis e políticos responsáveis pela proteção dos indivíduos e grupos de indivíduos ante os abusos despóticos de um Estado absolutista – o Estado-leviatã teorizado pelo filósofo inglês Thomas Hobbes.

Nesse momento histórico, coube ao nascente pensamento liberal a tarefa primordial de construção de uma série de inovadores mecanismos capazes de frear os impulsos autoritários do aparelho estatal, mecanismos estes que influenciaram decisivamente o conjunto dos movimentos sociais e políticos que impulsionaram os processos revolucionários inglês, norte-americano e francês.

Dentre esses novos mecanismos, merece destaque a defesa da separação dos poderes do Estado, uma fórmula pensada como antídoto capaz de neutralizar as pretensões absolutistas do governante em nome da proteção de uma série de direitos que começam a ser definidos como imanentes ao indivíduo, isto é, direitos naturais ao próprio ser humano, existentes desde seu nascimento, antes mesmo da sua adesão a determinada sociedade civil e política.

Porém, do interior das lutas pelas liberdades individuais e coletivas travadas nesse período começam a brotar os primeiros reclamos por igualdade política, uma reivindicação cada vez mais ouvida à medida que o pensamento democrático do filósofo Rousseau ganhava adeptos e a Revolução Francesa se radicalizava. Assim, tendo como divisor de águas a Revolução de 1789, no segundo capítulo passaremos a estudar as primeiras ampliações dos direitos civis e políticos rumo à conquista da igualdade política, além das discussões travadas em torno da necessidade de fazer confluir liberdade e igualdade no decorrer do século XIX.

Tendo como pano de fundo os conflitos de classe inerentes à nova sociedade capitalista, a luta pela igualdade política cada vez mais será levada a cabo fundamentalmente pela nova classe social constituída por trabalhadores urbanos e industriais, formados historicamente sob o duplo impacto da Revolução Francesa e da Revolução Industrial.

Então, o mesmo pensamento liberal que foi responsável pela vitória das liberdades individuais e coletivas começa a se colocar como um obstáculo para o avanço da igualdade política – não obstante sua importante defesa dos direitos das minorias diante dos riscos de formação de uma tirania das maiorias –, por um lado opondo-se às tentativas de legalização da liberdade de organização sindical e política defendida pelos trabalhadores pobres; por outro, fincando pé na defesa do direito de voto vinculado à posse de bens materiais (o sufrágio censitário), contra sua extensão a todos os indivíduos (o sufrágio universal).

Nesse período, a burguesia liberal abandona rapidamente seus ideais revolucionários, assumindo progressivamente uma postura conservadora, contrária ao aprofundamento dos direitos humanos na direção da democracia.

Em suma, o liberalismo começa a temer o avanço da força da democracia em nome da preservação da propriedade privada e da expansão do sistema capitalista – um sistema econômico no qual os interesses mercantis de troca passam a ser a tônica da vida social. Enquanto isso, os movimentos sociais de trabalhadores, cada vez mais influenciados pelo pensamento socialista, lutam pelo direito de participar legalmente do processo de escolha dos seus governantes e do tipo de sociedade em que querem viver.

No capítulo "Os direitos humanos na era das revoluções socialistas", o foco recai sobre um segundo movimento de expansão dos direitos humanos, que tem seu início em meados do século XIX e seus aprofundamentos mais significativos no desenrolar do século XX. Aqui, sob a decisiva influência do pensamento socialista, as classes trabalhadoras passam a lutar não apenas por um regime político mais democrático, mas também por um sistema socioeconômico mais justo; ou seja, para além da igualdade política, trava-se uma verdadeira batalha em nome da igualdade social.

Nesse contexto, o papel de agente propulsor da conquista dos direitos humanos, que coube inicialmente às revoluções liberais-burguesas, passa a ser fortemente desempenhado pelas revoluções socialistas, dando forma a um segundo grande ciclo de processos revolucionários nos quadros da história moderna e contemporânea, que tem na Revolução Russa de Outubro de 1917 um inquestionável marco divisor.

Marco divisor sob duplo aspecto. Em primeiro lugar, pelo fato de ter dividido a história em um pré e um pós-Outubro de 1917. Em segundo lugar, devido à sua capacidade de ter dividido o mundo em duas partes – um "mundo capitalista" e um "mundo socialista".

À medida que esta segunda divisão ganhava contornos mais nítidos (ideologicamente) e extensos (geograficamente), mais a história voltava a demonstrar seu inerente caráter contraditório. Isso porque, com o aumento da consciência da necessidade de elevação dos padrões de bem-estar material das classes mais empobrecidas da sociedade, deu-se início a um longo mergulho em um maniqueísmo político nem um pouco favorável à preservação das liberdades individuais e coletivas.

No apogeu da divisão do planeta em duas esferas sistêmicas inimigas durante a Guerra Fria, o fundamental direito humano a dissentir é colocado em xeque, tornando-se, principalmente naqueles países onde foram realizadas revoluções sociais, um sério risco à própria segurança física do indivíduo.

No último capítulo, "Os direitos humanos e a luta pela democracia para todos", tratamos de um terceiro conjunto de desenvolvimento dos direitos humanos, iniciado não por acaso na segunda metade do século XX e que se estende até os dias atuais, nos quais vivemos a entrada de um novo século.

Nesta que é a fase mais recente da afirmação dos direitos humanos, uma tripla orientação faz-se perceber com maior ênfase.

A primeira reflete o trágico aprendizado empreendido com todos os genocídios ocorridos nas duas Grandes Guerras Mundiais e nos anos de totalitarismo nazista e stalinista, tendo como marco de referência obrigatório a criação da Organização das Nações Unidas (ONU), em 1945, e a aprovação pela sua Assembleia Geral, em 10 de dezembro de 1948, da Declaração Universal dos Direitos Humanos.

A segunda assinala a força da insubordinação dos povos afro-asiáticos na sua luta de libertação nacional contra o sistema colonialista construído pelos países europeus no decorrer da expansão imperialista no século XIX.

A terceira alimenta-se da vontade de incluir naquilo que se entende por direitos do homem agrupamentos sociais tradicionalmente excluídos da História oficial (a do homem ocidental, branco e heterossexual): mulheres, negros, "loucos", homossexuais etc. Essa vontade, na virada dos anos 1960 aos 1970, ganhou forte apoio dos movimentos ambientalistas e pacifistas, dando forma a um singularmente rico conjunto de novos movimentos sociais.

Assim, os direitos humanos chegam, nos dias de hoje, à dupla luta em nome de direitos até então negados aos povos e às minorias excluídas ao longo da história.

Na verdade, uma luta pela extensão da democracia – entendida agora como o acúmulo de direitos nos âmbitos da liberdade individual, da igualdade política e social e da autonomia nacional – para todos. Uma luta motivada pela conquista de novos direitos, mas também pela reconquista de "velhos direitos".

SUMÁRIO

NOTA INTRODUTÓRIA À NOVA EDIÇÃO 7

INTRODUÇÃO À PRIMEIRA EDIÇÃO 11

CAPÍTULO 1. OS DIREITOS HUMANOS NO PERÍODO PRÉ--REVOLUÇÃO FRANCESA: A CONQUISTA DOS DIREITOS CIVIS E POLÍTICOS I 27
  1. *Bill of Rights*/Declaração de Direitos (1689) 29
  2. Carta Acerca da Tolerância – John Locke (1689) 31
  3. Segundo Tratado sobre o Governo – John Locke (1690) 35
  4. Do Espírito das Leis – Montesquieu (1748) 38
  5. Discurso sobre a Origem e os Fundamentos da Desigualdade entre os Homens – Jean-Jacques Rousseau (1755) 41
  6. Cândido ou O Otimismo – Voltaire (1759) 44
  7. Do Contrato Social – Jean-Jacques Rousseau (1762) 47
  8. Senso Comum – Thomas Paine (1776) 51
  9. Declaração de Direitos do Estado da Virgínia (1776) 54
  10. Declaração de Independência dos Estados Unidos da América (1776) 56
  11. Escritos Políticos – Thomas Jefferson (1785-1788) 61
  12. O Federalista (1788) 64

CAPÍTULO 2. OS DIREITOS HUMANOS NO PERÍODO PÓS--REVOLUÇÃO FRANCESA: A CONQUISTA DOS DIREITOS CIVIS E POLÍTICOS II 69
  1. Declaração dos Direitos do Homem e do Cidadão (1789) 71
  2. Declaração de Direitos dos Estados Unidos da América (1789) .. 73
  3. Direitos do Homem – Thomas Paine (1791-1792) 76

4. A Marselhesa (1792) 79
5. Declaração dos Direitos do Homem e do Cidadão (1793) 81
6. A Democracia na América – Alexis de Tocqueville (1835) 85
7. Petição Nacional da Carta do Povo (1838) 89
8. Constituição da II República Francesa (1848) 91
9. O Antigo Regime e a Revolução – Alexis de Tocqueville (1856) 93
10. A Liberdade – John Stuart Mill (1859) 95
11. Proclamação da Emancipação dos Escravos – Abraham Lincoln (1863) 99
12. Memórias de Giuseppe Garibaldi – Alexandre Dumas (1865) ... 101

CAPÍTULO 3. OS DIREITOS HUMANOS NA ERA DAS REVOLUÇÕES SOCIALISTAS: A CONQUISTA DOS DIREITOS SOCIAIS 103
1. Manifesto Comunista – Karl Marx e Friedrich Engels (1848) ... 105
2. Manifesto da Reforma – Louis Blanc (1848) 108
3. Estatutos da Associação Internacional dos Trabalhadores (1864) 110
4. Hino da Internacional (1871) 113
5. Germinal – Émile Zola (1881) 115
6. *Rerum Novarum* – Leão XIII (1891) 119
7. Programa de Erfurt (1891) 124
8. Constituição Política dos Estados Unidos Mexicanos (1917) ... 126
9. Declaração dos Direitos do Povo Trabalhador e Explorado (1918) 131
10. Constituição da República de Weimar (1919) 134
11. Constituição da República de Cuba (1976) 137
12. Constituição da União das Repúblicas Socialistas Soviéticas (1977) 140
13. Constituição da República Popular da China (1982) 145

CAPÍTULO 4. OS DIREITOS HUMANOS E A LUTA PELA DEMOCRACIA PARA TODOS: A (RE)CONQUISTA DE (VELHOS) NOVOS DIREITOS NO SÉCULO XX 149
1. A Revolução dos Bichos – George Orwell (1945) 151
2. Pensamentos sobre a Não Violência – Mahatma Gandhi (1948) . 154
3. Declaração Universal dos Direitos Humanos (1948) 156
4. As Origens do Totalitarismo – Hannah Arendt (1951) 162
5. Os Prisioneiros Esquecidos – Peter Benenson (1961) 165
6. *Pacem in Terris* – João XXIII (1963) 168

7. Eu Tenho um Sonho – Martin Luther King Jr. (1963) 172
8. Declaração no Julgamento de Rivônia – Nelson Mandela (1964) 176
9. A Ordem do Discurso – Michel Foucault (1970) 179
10. Democracia, Valor Universal – Enrico Berlinguer (1977) 182
11. Declaração do Rio sobre Meio Ambiente e Desenvolvimento (1992) 185
12. Declaração da IV Conferência Mundial sobre as Mulheres (1995) 190
13. Estatuto do Tribunal Penal Internacional (1998) 195

CAPÍTULO 5. OS DIREITOS HUMANOS NO INÍCIO DO SÉCULO XXI: TEMPOS DE DEMOCRACIA EM RECESSO 199
1. Discurso de Recebimento do Prêmio Nobel da Paz pelos Médicos sem Fronteiras – James Orbinski (1999) 201
2. Rumo a uma Ditadura sobre os Pobres? – Loïc Wacquant (2001) 210
3. Como Curar um Fanático? – Amós Oz (2004) 213
4. Convenção Internacional da ONU sobre a Proteção dos Direitos de todos os Trabalhadores Migrantes e dos Membros das suas Famílias (2003) 215
5. Estado de Exceção – Giorgio Agamben (2004) 219
6. O Recurso, em Casos Excepcionais, do Uso da Força para a Proteção dos Direitos Humanos – Antonio Cassese (2005) 221
7. Resolução da ONU sobre Direitos Humanos, Orientação Sexual e Identidade de Gênero (2011) 225
8. Escapando Impunemente da Tortura. O Governo Bush e os Maus-Tratos dos Prisioneiros – Human Rights Watch (2011) 227
9. Direitos Humanos, Democracia e Desenvolvimento – Boaventura de Sousa Santos (2012) 232
10. Disposições Principais do Protocolo da OIT à Convenção sobre o Trabalho Forçado (2014) 234

APÊNDICE: DIREITOS HUMANOS NO BRASIL 237
Os (Des)Caminhos dos Direitos Humanos no Brasil. 237
Uma História em Três Tempos 239
1. Consolidação das Leis do Trabalho (1943) 240
2. Manifesto dos Mineiros (1943) 243
3. Constituição Federal (1946) 247

4. Declaração de Belo Horizonte (1961) 251
5. Programa da Greve Geral de 5 de Julho (1962) 254
6. Carta aos Brasileiros – Goffredo da Silva Telles Jr. (1977) 255
7. Discurso de Ulysses Guimarães na Bahia (1978) 261
8. Programa Mínimo de Ação do Comitê Brasileiro pela Anistia (1978) 264
9. Diretas já! – Henfil (1984) 266
10. Discurso de Tancredo Neves como Presidente Eleito (1985) 270
11. Brasil: Nunca Mais (1985) 274
12. Constituição Federal (1988) 277
13. Entrevista – Chico Mendes (1988) 281
14. Lei Orgânica da Saúde (1990) 285
15. Programa de Reforma Agrária do III Congresso Nacional do Movimento dos Trabalhadores Rurais Sem-Terra (1995) 289
16. Programa de Superação do Racismo e da Desigualdade Racial (1995) 291
17. Carta para Maria – Betinho (1997) 295
18. Princípios da Conferência Nacional de Mulheres Brasileiras (2002) 299
19. Lei Maria da Penha (2006) 302
20. Política Nacional de Desenvolvimento Sustentável dos Povos e Comunidades Tradicionais (2007) 305

SOBRE O AUTOR 311

CAPÍTULO 1

OS DIREITOS HUMANOS NO PERÍODO PRÉ-REVOLUÇÃO FRANCESA: A CONQUISTA DOS DIREITOS CIVIS E POLÍTICOS I

O primeiro ciclo de afirmação dos direitos humanos na história mundial tem sua gênese, no decorrer dos séculos XVII e XVIII, vinculada a uma série de fatores de natureza diversa, ainda que intimamente relacionados entre si no curso do processo histórico de desenvolvimento da modernidade.

Antes de mais nada, esse primeiro ciclo reflete a progressiva constituição de uma nova sociedade, radicalmente diversa daquela dominante na Idade Média. Assim, uma sociedade urbana, industrial e capitalista vai ocupando o posto de uma sociedade rural, agrícola e feudal que, até então, se imaginava eterna e natural, tão eterna e natural quanto a exploração econômica e a dominação política exercida pela aristocracia sobre o conjunto de plebeus.

No entanto, a ultrapassagem de uma sociedade feudal rumo a outra, capitalista, não se deu de maneira pacífica, sem maiores conturbações. Muito pelo contrário, tal transformação foi levada a cabo de maneira violenta, por intermédio de sangrentas revoluções, responsáveis pela ascensão ao poder político de uma nova classe social – a burguesia.

Por meio dessas revoluções chamadas de burguesas, a enorme estrutura política montada em torno do poder absoluto da Monarquia (o Antigo Regime) é alvejada de maneira mortal, abrindo espaço para uma cada vez maior desconcentração dos poderes do Estado. Dessa forma, seja mediante a formação de uma Monarquia constitucional, seja perante a proclamação de uma República, o princípio político que passa a se impor é aquele de que os poderes do Estado (Executivo, Legislativo e Judiciário) devem se encontrar separados entre si e equilibrados, de tal modo que nenhum deles jamais possa avançar sobre os limites dos outros dois existentes.

No plano das ideias, a crítica ao Antigo Regime se nutriu do desenvolvimento de uma nova forma de pensar o mundo: diametralmente oposta àquela tradicionalmente patrocinada pela Igreja Católica Romana, fundada na percepção divina das coisas, na qual tudo seria fruto da criação de Deus, inclusive o poder dos reis. Contra essa visão teológica da vida, o pensamento iluminista propôs a utilização da razão como instrumento de conhecimento do mundo e libertação dos homens de todas as formas de opressão.

Nesse período histórico, a caminhada rumo à conquista da liberdade e igualdade entre os seres humanos deu um primeiro – mas fundamental – passo por meio da luta pelo reconhecimento dos direitos civis e políticos, isto é, as prerrogativas dos indivíduos que não podem sofrer a intervenção despótica do Estado, podendo competir pelo poder de maneira igualitária.

Com isso, em um primeiro momento, a liberdade de crença religiosa e de expressão do pensamento, a manutenção da segurança, a preservação da vida, a fruição da propriedade, a resistência à tirania, entre outros, passam a se apresentar como direitos fundamentais do indivíduo, não passíveis de serem molestados sob nenhuma hipótese pelo poder estatal.

A partir de então, a figura do indivíduo que só tem deveres a prestar em relação ao príncipe (o súdito) começa a ser substituída pela do sujeito que possui direitos que devem ser respeitados pelos governantes (o cidadão). Uma mudança revolucionária e forte o suficiente para inverter radicalmente o entendimento da palavra "soberano", transformando-a de sinônimo de realeza em termo indissociável da expressão popular.

Em suma, estamos tratando aqui de uma mudança de eras, da substituição de uma "era dos deveres" por uma "era dos direitos".

Uma "era dos direitos" que, depois de iniciada em torno da ênfase nas liberdades individuais foi, em um segundo momento, ampliando-se em direção às liberdades coletivas e à igualdade política, isto é, rumo à conquista do direito de associação e do sufrágio universal.

Porém, assim como essa nova "era dos direitos" nasce por intermédio da conquista dos direitos civis e políticos, ela também tem uma precisa localização espacial, uma geografia própria. Seu berço encontra-se em três países precisos: Inglaterra, Estados Unidos e França.

Será exatamente no curso dos acontecimentos históricos que levaram esses três países à modernidade que ocorrerão as primeiras vitórias da luta incessante travada em nome da afirmação dos direitos de cidadania no mundo.

Por um lado, no desenrolar dos seus respectivos processos revolucionários: as Revoluções Inglesas de 1640 (a Puritana) e 1688 (a Gloriosa), a Independência dos Estados Unidos da América, em 1776, e a Revolução Francesa, em 1789 – fato histórico responsável pelo início da contemporaneidade, aqui utilizado como marco divisor entre os dois primeiros capítulos deste livro.

Por outro lado, na evolução das ideias de alguns dos seus mais notáveis pensadores: os ingleses John Locke e Thomas Paine, os franceses Montesquieu, Voltaire e Rousseau[1]; e os estadunidenses "federalistas" Madison, Hamilton e Jay, além de Thomas Jefferson.

Assim, com suas revoluções e seus pensadores, essas três nações abriram as portas para a compreensão de que, na relação existente entre indivíduo/sociedade e Estado, a balança deve pender na direção dos dois primeiros.

1. *BILL OF RIGHTS*/DECLARAÇÃO DE DIREITOS (1689)

Entre 1640 e 1688, a Inglaterra viveu um autêntico turbilhão de acontecimentos políticos, opondo a Monarquia absoluta ao Parlamento. A crise revolucionária que explode em 1640 ganha a forma de uma guerra civil, em 1642, desembocando na condenação sumária e execução do rei Carlos I e na proclamação da República, em 1649. Depois disso, os ingleses ainda terão de passar pela experiência do protetorado de Oliver Cromwell e da restauração monárquica que levará Carlos II – o filho do rei morto pela revolução – a assumir o trono da Inglaterra. Então, imaginava-se que a fórmula de uma Monarquia regulada pelo Parlamento pacificaria definitivamente os ingleses, dando fim ao processo revolucionário. Ledo engano, pois, ao suceder Carlos II, seu irmão Jaime II procurou restaurar o absolutismo resgatando a força do catolicismo. Contra tal tentativa, as forças do Parlamento implementarão uma segunda e definitiva revolução, que acertará as contas com as intenções

---

[1] Apesar de Jean-Jacques Rousseau ter nascido na cidade de Genebra, seu nome encontra-se muito mais vinculado à história da França.

absolutistas da dinastia dos Stuart – a Revolução Gloriosa. No seu bojo, será elaborado o *Bill of Rights*, uma declaração voltada para a visualização de um novo tipo de Estado fundado na separação dos poderes: um Estado de direito, um Estado dos cidadãos.

> Os Lordes espirituais e temporais e os membros da Câmara dos Comuns declaram, desde logo, o seguinte:
>
> 1. Que é ilegal a faculdade que se atribui à autoridade real para suspender as leis ou seu cumprimento.
> 2. Que, do mesmo modo, é ilegal a faculdade que se atribui à autoridade anteriormente real para dispensar as leis ou o seu cumprimento, como anteriormente se tem verificado, por meio de uma usurpação notória.
> 3. Que tanto a Comissão para formar Tribunal, para as coisas eclesiásticas, como qualquer outra Comissão do Tribunal da mesma classe são ilegais ou perniciosas.
> 4. Que é ilegal toda cobrança de impostos para a Coroa sem o concurso do Parlamento, sob pretexto de prerrogativa, ou em época e modo diferentes dos designados por ele próprio.
> 5. Que os súditos têm direitos de apresentar petições ao Rei, sendo ilegais as prisões e vexações de qualquer espécie que sofram por esta causa.
> 6. Que o ato de levantar e manter dentro do país um exército em tempo de paz é contrário à lei, se não proceder autorização do Parlamento.
> 7. Que os súditos protestantes podem ter, para sua defesa, as armas necessárias à sua condição e permitidas por lei.
> 8. Que devem ser livres as eleições dos membros do Parlamento.
> 9. Que os discursos pronunciados nos debates do Parlamento não devem ser examinados senão por ele mesmo, e não em outro Tribunal ou sítio algum.
> 10. Que não se exigirão finanças exorbitantes, impostos excessivos, nem se imporão penas demasiado severas.
> 11. Que a lista dos jurados eleitos deverá fazer-se em devida forma e ser notificada; que os jurados que decidem sobre a sorte das pessoas nas questões de alta traição deverão ser livres proprietários de terras.
> 12. Que são contrárias às leis e, portanto, nulas, todas as concessões ou promessas de dar a outros os bens confiscados a pessoas acusadas, antes de se acharem estas convictas ou convencidas.
> 13. Que é indispensável convocar com frequência os Parlamentos para satisfazer os agravos, assim como para corrigir, afirmar e conservar as leis.
> 14. Reclamam e pedem, com repetidas instâncias, todo o mencionado, considerando-o como um conjunto de direitos e liberdades incontestáveis,

como também, que para o futuro não se firmem precedentes nem se deduza consequência alguma em prejuízo do povo.
15. A esta petição de seus direitos fomos estimulados, particularmente, pela declaração de S. A. o Príncipe de Orange (depois Guilherme III), que levará a termo a liberdade do país, que se acha tão adiantada, e esperamos que não permitirá sejam desconhecidos os direitos que acabamos de recordar, nem que se reproduzam os atentados contra a sua religião, direitos e liberdades.²

2. CARTA ACERCA DA TOLERÂNCIA – JOHN LOCKE (1689)

Pai do pensamento liberal, o filósofo inglês John Locke (1632-1704) retornou à Inglaterra, depois de um exílio de seis anos na Holanda, a bordo do mesmo navio que transportava o príncipe Guilherme de Orange e sua esposa Maria de Stuart, casal que viria a assumir o trono da Inglaterra após a vitória da Revolução Gloriosa. Filho de uma família de comerciantes que, desde o início da Revolução Puritana, na década de 1640, sempre estivera ao lado dos puritanos e das forças do Parlamento, Locke retratou nas suas principais obras os vínculos existentes com uma burguesia então revolucionária. Em *Carta acerca da tolerância*, publicada em 1689, Locke sai em defesa de um ideal que, inicialmente vinculado aos interesses dessa burguesia revolucionária, se transformaria em um dos mais importantes elementos constituintes da tradição dos direitos individuais: a liberdade religiosa diante do Estado. Em nome do princípio da tolerância, o filósofo inglês procura mostrar nesse escrito que não cabe ao Estado tomar partido de uma ou outra religião, mas sim zelar pela posse justa dos bens terrenos dos seus cidadãos, evitando, com isso, qualquer espécie de interferência em assuntos que não lhe dizem respeito, já que pertencem à esfera íntima de cada indivíduo.

A tolerância para os defensores de opiniões opostas acerca de temas religiosos está tão de acordo com o Evangelho e com a razão que parece monstruoso que os homens sejam cegos diante de uma luz tão clara. [...] considero isso necessário sobretudo para distinguir entre as funções do

---

² *Bill of Rights*. 1689. Disponível em: <http://www.dhnet.org.br/direitos/anthist/decbill.htm>. Acesso em: 11 de nov. 2019.

governo civil e da religião, e para demarcar as verdadeiras fronteiras entre a Igreja e a comunidade. Se isso não for feito, não se pode pôr fim às controvérsias entre os que realmente têm, ou pretendem ter, um profundo interesse pela salvação das almas de um lado, e, por outro lado, pela segurança da comunidade.

Parece-me que a comunidade é uma sociedade de homens constituída apenas para a preservação e melhoria dos bens civis de seus membros.

Denomino de bens civis a vida, a liberdade, a saúde física e a libertação da dor, e a posse de coisas externas, tais como terras, dinheiro, móveis etc.

É dever do magistrado civil, determinando imparcialmente leis uniformes, preservar e assegurar para o povo em geral e para cada súdito em particular a posse justa dessas coisas que pertencem a esta vida. Se alguém pretende violar tais leis, opondo-se à justiça e ao direito, tal pretensão deve ser reprimida pelo medo do castigo, que consiste na privação ou diminuição dos bens civis que de outro modo podia e devia usufruir. Mas vendo que ninguém se permite voluntariamente ser despojado de qualquer parte de seus bens, muito menos de sua liberdade ou de sua vida, o magistrado reveste-se de força, ou seja, com toda a força de seus súditos, a fim de punir os que infringiram quaisquer direitos de outros homens.

Mas que toda a jurisdição do magistrado diz respeito somente a esses bens civis, que todo o direito e o domínio do poder civil se limitam unicamente a fiscalizar e melhorar esses bens civis, e que não deve e não pode ser de modo algum estendido à salvação das almas, será provado pelas seguintes considerações.

[...]

Estas considerações, entre muitas outras que podiam ser realçadas com o mesmo propósito, parecem-me suficientes para concluirmos que todo o poder do governo civil diz respeito apenas aos bens civis dos homens, está confinado para cuidar das coisas deste mundo, e absolutamente nada tem a ver com o outro mundo.

[...]

Além de sua alma imortal, o homem tem sua vida neste mundo. Ela é precária e de duração incerta, e para sustentá-la necessita de conveniências terrenas, que obteve, ou deve obter, pela labuta e diligência. Como as coisas necessárias para viver bem e feliz não nascem espontaneamente, o homem é sobrecarregado por mais esta responsabilidade. Sendo, porém, os homens tão desonestos que a maioria prefere usufruir dos frutos do trabalho de outros homens, em lugar de trabalhar para se prover do necessário, segue-se que, para proteger suas posses, riqueza e propriedade, como ainda sua liberdade e vigor corporal, que são seus recursos para subsistirem, os homens obrigados são a entrar em sociedade uns com os outros, de modo que, por meio de assistência mútua e combinação de forças, cada homem possa assegurar-se da propriedade de coisas que são úteis à vida.

Entrementes, deixando a cada um o cuidado da respectiva salvação eterna, cuja obtenção não pode ser auxiliada pela diligência de outro homem, nem cuja perda importa em dano para outro homem, nem ainda a esperança para alcançá-la pode ser tirada dele por qualquer força. Unidos, porém, os homens em sociedade civil, mediante acordos mútuos de assistência para a defesa das coisas desta vida, podem ver-se, não obstante, privados de seus bens, quer pelo saque e pela fraude de seus concidadãos, quer por ataque hostil do exterior. O remédio para este mal consistirá em armas, riqueza e união entre os cidadãos; o recurso para os outros são as leis. A sociedade confia aos magistrados o cuidado de todas essas coisas e o poder de usá-las. Esta é a origem, estes são os usos e os limites do poder legislativo, que é o poder supremo, em qualquer comunidade, a saber, prover segurança para as posses particulares dos indivíduos, como ainda para toda a gente e seus interesses públicos; podendo, assim, florescer e aumentar em paz e prosperidade, e, na medida do possível, ser salva por sua própria força contra a invasão estrangeira.

Sendo isso estabelecido, entende-se facilmente os fins que determinam as prerrogativas do magistrado para formular leis: o bem público em assuntos terrenos ou mundanos, que é a única razão para iniciar a sociedade e o único objeto da comunidade uma vez formada; e, por outro lado, a liberdade facultada aos homens em assuntos que dizem respeito à vida futura: cada um pode fazer o que acredita agradar Deus, em cuja vontade se baseia a salvação dos homens. Porque se deve, antes de tudo, obediência a Deus, em seguida às leis. Mas, perguntar-se-á, se os decretos do magistrado prescreverem algo que pareça ilegal à consciência das pessoas? Se a comunidade – respondo – é governada de boa-fé, e os conselheiros do magistrado estão realmente voltados para o bem geral dos cidadãos, isto raramente ocorrerá. Mas, se isso acontecer, afirmo que tal pessoa deve abster-se de uma ação julgada por sua consciência ilegal, embora tenha que se submeter ao castigo, que não é legítimo para ele suportar. Desde que o julgamento particular de qualquer pessoa em relação à lei, decretada em assuntos políticos, visando ao bem público, não suprime a obrigação a esta lei, nem merece tolerância. Mas se a lei diz respeito a coisas que estão fora da alçada do magistrado, como, por exemplo, que o povo, ou parte dele, seja obrigado a aceitar religião estranha e adotar novos ritos; os que discordarem disso não devem ser coagidos por essa lei, porque a sociedade política foi instituída unicamente para assegurar a cada pessoa a posse de coisas desta vida, e com nenhum outro propósito. O cuidado da alma e de assuntos espirituais, que não pertencem e não se subordinam ao Estado, é reservado e mantido por cada indivíduo. Deste modo, a proteção da vida e das coisas que se referem à vida é função do Estado, e a preservação delas para seus possuidores consiste em dever do magistrado. Portanto, essas coisas terrenas não podem ser tiradas deste homem e dadas para aquele ao bel-prazer do magistrado, e o que é posse pessoal de alguém não pode ser nem mesmo pela lei distribuído entre seus concidadãos, porque isso não diz respeito de nenhum modo ao governo civil, se baseado na religião; porque, sendo verdadeira ou falsa, não prejudica os interesses mundanos dos concidadãos, estando tais interesses sob exclusiva dependência do governo civil.

[...]

Portanto, devemos buscar outra causa para os males do que atribuí-los à religião. E, se considerarmos corretamente, descobriremos consistir totalmente no assunto que estou discutindo. Não é a diversidade de opiniões (o que não pode ser evitado), mas a recusa de tolerância com os que têm opinião diversa, o que se poderia admitir, que deu origem à maioria das disputas e guerras que se têm manifestado no mundo cristão por causa da religião. Os líderes da Igreja, movidos pela avareza e pelo desejo de domínio, têm usado de todos os meios para exercitar e avivar contra os não ortodoxos tanto o magistrado, cuja ambição o torna frequentemente incapaz de oferecer-lhes resistência, como o povo, que é sempre supersticioso e portanto cabeça vazia; ademais, têm pregado, em oposição às leis do Evangelho e aos preceitos da caridade, que os carismáticos e os hereges devem ser despojados de suas posses e destruídos, confundindo, deste modo, duas coisas completamente diferentes: a Igreja e a comunidade. [...] Geralmente, tem sido esse acordo entre Igreja e Estado; se, ao contrário, cada um deles se confinasse dentro de suas fronteiras – um cuidando apenas do bem-estar material da comunidade, outro da salvação das almas – possivelmente não haveria entre eles nenhuma discórdia. Temos, porém, vergonha de dizer algo tão escandaloso. Deus, Todo-Poderoso, permita que se pregue finalmente o Evangelho da paz, e que os magistrados civis, tornando-se mais ansiosos para conformar a própria consciência à lei de Deus do que forçar outros homens pelas leis humanas, devem, como pais de seu próprio país, orientar todos os seus conselhos e esforços para promover o bem público civil de todos os seus filhos, exceto somente daqueles que forem arrogantes, dolosos e perversos; e que todos os sacerdotes, que se gabam de ser os sucessores dos apóstolos, seguindo pacífica e modestamente nos passos dos apóstolos, sem se imiscuírem com os negócios do Estado, devem se aplicar inteiramente para promover a salvação das almas.[3]

---

[3] LOCKE, John. *Carta acerca da tolerância*. São Paulo: Abril Cultural, 1978, p. 1-29. (Col. Os pensadores.)

3. SEGUNDO TRATADO SOBRE O GOVERNO – JOHN LOCKE (1690)

Obra fundadora do liberalismo político, o *Segundo tratado sobre o governo* retrata os ideais fundamentais que permearam as lutas implementadas pela burguesia contra o sistema socioeconômico feudal e a estrutura política monárquica absolutista no decorrer do revolucionário século XVII inglês. Diferentemente daqueles pensadores que procuraram legitimar o poder absoluto do monarca – seja mediante a ideia do "direito divino dos reis" (Jean Bodin e Jacques Bossuet), seja por meio da noção de "contrato social" (Thomas Hobbes) –, John Locke procurou mostrar que o objetivo do governo civil deveria consistir na intransigente defesa de determinados direitos naturais a todo ser humano: a vida, a liberdade e os bens materiais. Em outras palavras, nessa obra o filósofo inglês identificou na preservação da propriedade – definida por Locke exatamente como vida, liberdade e bens materiais – o principal objetivo da união dos indivíduos em sociedade. Para tanto, o poder político estatal deveria ser limitado por intermédio da sua divisão em três poderes distintos (Legislativo, Executivo e Federativo), nunca deixando de zelar pela manutenção das liberdades e garantias individuais; caso contrário, poderia, até mesmo, sofrer a força da resistência dos indivíduos livres.

CAPITULO IX
Dos Fins da Sociedade Política e do Governo

Se o homem no estado de natureza é tão livre, conforme dissemos, se é senhor absoluto da sua própria pessoa e posses, igual ao maior e a ninguém sujeito, por que abrirá ele mão dessa liberdade, por que abandonará o seu império e sujeitar-se-á ao domínio e controle de qualquer outro poder? Ao que é óbvio responder que, embora no estado de natureza tenha tal direito, a fruição do mesmo é muito incerta e está constantemente exposta à invasão de terceiros porque, sendo todos reis tanto quanto ele, todo homem igual a ele, e na maior parte pouco observadores da equidade e da justiça, a fruição da propriedade que possui nesse estado é muito insegura, muito arriscada. Estas circunstâncias obrigam-no a abandonar uma condição que, embora livre, está cheia de temores e perigos constantes; e não é sem razão que procura de boa vontade juntar-se em sociedade com outros que estão já unidos, ou pretendem unir-se, para a mútua conservação da vida, da liberdade e dos bens a que chamo de "propriedade".

O objetivo grande e principal, portanto, da união dos homens em comunidades, colocando-se eles sob governo, é a preservação da propriedade. Para este objetivo, muitas condições faltam no estado de natureza:

Primeiro, falta uma lei estabelecida, firmada, conhecida, recebida e aceita mediante consentimento comum, como padrão do justo e injusto e medida comum para resolver quaisquer controvérsias entre os homens; porque, embora a lei da natureza seja evidente e inteligível para todas as criaturas racionais, entretanto os homens, sendo desviados pelo interesse bem como ignorantes dela porque não a estudam, não são capazes de reconhecê-la como lei que os obrigue nos seus casos particulares.

Em segundo lugar, no estado de natureza falta um juiz conhecido e indiferente com autoridade para resolver quaisquer dissensões, de acordo com a lei estabelecida; porque, sendo cada homem, nesse estado, juiz e executor da lei de natureza, sendo os homens parciais para consigo, a paixão e a vingança podem levá-los a exceder-se nos casos que os interessam, enquanto a negligência e a indiferença os tornam por demais descuidados nos casos de terceiros.

Em terceiro lugar, no estado de natureza falta muitas vezes poder que apoie e sustente a sentença quando justa, dando-lhe a devida execução. Os que ofendem por qualquer injustiça raramente deixarão de, pela força, sempre que forem capazes, sustentar a injustiça; essa resistência torna frequentemente o castigo perigoso e destrutivo para os que o tentam.

Assim os homens, apesar de todos os privilégios do estado de natureza, mantendo-se em más condições enquanto nele permanecem, são rapidamente levados à sociedade. Daí resulta que raramente encontramos qualquer grupo de homens vivendo dessa maneira. Os inconvenientes a que estão expostos pelo exercício irregular e incerto do poder que todo homem tem de castigar as transgressões dos outros obrigam-nos a se refugiarem sob as leis estabelecidas de governo e nele procurarem a preservação da propriedade. É isso que os leva a abandonarem de boa vontade o poder isolado que têm de castigar, para que passe a exercê-lo um só indivíduo, escolhido para isso entre eles; e, mediante as regras que a comunidade ou os que forem por ela autorizados, concordem em estabelecer. E nisso se contém o direito original dos poderes legislativo e executivo, bem como dos governos e das sociedades.

No estado de natureza, o homem tem dois poderes para suprimir a liberdade que tem quanto a prazeres inocentes:

O primeiro consiste em fazer o que julgar conveniente para a própria preservação e a de terceiros dentro do que permite a lei da natureza, pela qual, sendo a todos comum, ele e todos os demais homens formam uma única comunidade, constituem uma sociedade única, distinta de todas as outras criaturas. E, se não fosse a corrupção e o vício de homens degenerados, não haveria necessidade de nenhuma outra, nem seria preciso que os homens se separassem dessa comunidade grande e natural e por meio de acordos positivos se combinassem em associações menores e divididas.

O outro poder que o homem possui no estado de natureza é o de castigar os crimes cometidos contra essa lei. Ele abandona um e outro quando se reúne a uma sociedade política privada, se assim possa chamá-la, ou particular, do resto dos homens, e se incorpora a qualquer comunidade distinta do resto dos homens.

O primeiro poder, isto é, de fazer tudo quanto julgue conveniente para a própria preservação e dos demais homens, ele abandona para que seja regulado por leis feitas pela sociedade, até o ponto em que o exija a preservação dele próprio e do resto da sociedade; leis essas da sociedade que a muitos respeitos limitam a liberdade de que gozava pela lei da natureza.

Em segundo lugar, abandona inteiramente o poder de castigar e compromete a força natural de que dispõe – que anteriormente podia utilizar para a execução da lei da natureza em virtude da autoridade própria singular que possuía, conforme julgasse conveniente – para auxiliar o poder executivo da sociedade, conforme a lei desta o exigir; visto como, encontrando-se agora em novo estado, no qual poderá gozar de muitas vantagens resultantes do trabalho, auxílio e sociedade de terceiros na mesma comunidade, tanto como proteção contra a força total dela, terá de renunciar igualmente a grande parte da liberdade natural de prover a si mesmo, conforme o exigirem o bem, a prosperidade e a segurança da sociedade, o que é não só necessário mas justo, desde que os outros membros da sociedade assim também fazem.

Todavia, embora os homens quando entram em sociedade abandonem a igualdade, a liberdade e o poder executivo que tinham no estado de natureza, nas mãos da sociedade, para que disponha deles por meio do poder legislativo conforme o exigir o bem dela mesma, entretanto, fazendo-o cada um apenas com a intenção de melhor se preservar a si próprio, à sua liberdade e propriedade – eis que criatura racional alguma pode supor-se que troque a sua condição para pior –, o poder da sociedade ou o legislativo por ela constituído não se pode nunca supor se estenda mais além do que o bem comum, mas fica na obrigação de assegurar a propriedade de cada um, provendo contra os três inconvenientes acima assinalados, que tornam o estado de natureza tão inseguro e arriscado. E assim sendo, quem tiver o poder legislativo ou o poder supremo de qualquer comunidade obriga-se a governá-la mediante leis estabelecidas, promulgadas e conhecidas do povo, e não por meio de decretos extemporâneos; por juízes indiferentes e corretos, que terão de resolver as controvérsias conforme essas leis; e a empregar a força da comunidade no seu território somente na execução de tais leis, e fora dele para prevenir ou remediar malefícios estrangeiros e garantir a sociedade contra incursões ou invasões. E tudo isso tendo em vista nenhum outro objetivo senão a paz, a segurança e o bem público do povo.[4]

4. DO ESPÍRITO DAS LEIS – MONTESQUIEU (1748)

Criadas pelos ingleses no decorrer do século XVII, a fórmula da Monarquia constitucional e a teoria da separação dos poderes ganhariam sua expressão mais sistematicamente elaborada por intermédio das mãos de um genial representante da nobreza francesa: Charles-Louis de Secondat, o barão de Montesquieu (1689-1755). Em sua obra-prima *Do espírito das leis*, Montesquieu buscou identificar, em torno do princípio da moderação, mecanismos capazes de tornar um governo o mais estável possível. Tal ideal teria seu ponto central de apoio exatamente na teoria da separação dos poderes, tendo sido desde então adotado por todos aqueles povos comprometidos com a luta contra regimes despóticos e com o estabelecimento de um Estado de direito garantidor dos direitos civis. Assim, mesmo não se desvinculando dos interesses da sua classe e do objetivo de garantir a continuidade do seu poder político por meio do renascimento das monarquias primitivas, Montesquieu deu uma contribuição inestimável à afirmação das liberdades individuais à medida que propunha a substituição de um Estado absoluto por um outro Estado equilibrado entre três poderes: o Executivo, o Legislativo e o Judiciário.

Livro Décimo Primeiro
Das Leis que Formam a Liberdade Política em sua Relação
com a Constituição

Capítulo I
Ideia geral

Distingo as leis que formam a liberdade política em relação com a constituição, das leis que a formam em sua relação com o cidadão. As primeiras serão assunto deste livro; tratarei das segundas no livro seguinte.

---

[4] LOCKE, John. *Segundo tratado sobre o governo*. São Paulo: Abril Cultural, 1978, p. 82-4. (Col. Os pensadores.)

Capítulo II
Diversas significações dadas à palavra liberdade

Não há palavra que tenha recebido as mais diferentes significações e que, de tantas maneiras, tenha impressionado os espíritos como a palavra *liberdade*. Uns tomaram-na pela felicidade em depor aquele a quem outorgaram um poder tirânico; outros, pela faculdade de eleger aquele a quem deveriam obedecer; outros, pelo direito de se armar, e de exercer a violência; estes, pelo privilégio de só serem governados por um homem de sua nação, ou por suas próprias leis. Certo povo considerou, por muito tempo, como liberdade o hábito de usar barbas compridas. Estes ligaram esse nome a uma forma de governo, excluindo as demais. Os que haviam experimentado o governo republicano situaram-na neste governo; os que haviam gozado do governo monárquico situaram-na na monarquia. Enfim, cada um chamou liberdade ao governo que se adequava aos seus costumes ou às suas inclinações; e como, numa república, nem sempre temos diante dos olhos e de forma tão presente os instrumentos dos males de que nos queixamos e, mesmo, como, nesta forma de governo, as leis parecem falar mais e os executores da lei menos, ela é colocada geralmente nas repúblicas e excluídas nas monarquias. Finalmente, como nas democracias o povo parece quase fazer o que deseja, ligou-se a liberdade a essas formas de governo e confundiu-se o poder do povo com sua liberdade.

Capítulo III
O que é a liberdade

É verdade que nas democracias o povo parece fazer o que quer; mas a liberdade política não consiste nisso. Num Estado, isto é, numa sociedade em que há leis, a liberdade não pode consistir senão em poder fazer o que se deve querer e em não ser constrangido a fazer o que não se deve desejar.

Deve-se ter sempre em mente o que é independência e o que é liberdade. A liberdade é o direito de fazer tudo o que as leis permitem; se um cidadão pudesse fazer tudo o que elas proíbem, não teria mais liberdade, porque os outros também teriam tal poder.

Capítulo IV
Continuação do mesmo assunto

A democracia e a aristocracia, por sua natureza, não são Estados livres. Encontra-se a liberdade política unicamente nos governos moderados.

Porém, ela nem sempre existe nos Estados moderados: só existe nesses últimos quando não se abusa do poder; mas a experiência eterna mostra que todo homem que tem poder é tentado a abusar dele; vai até onde encontra limites. Quem o diria! A própria virtude tem necessidade de limites.

Para que não se possa abusar do poder é preciso que, pela disposição das coisas, o poder freie o poder. Uma constituição pode ser de tal modo, que ninguém será constrangido a fazer coisas que a lei não obriga e a não fazer as que a lei permite.

Capítulo V
Do objetivo dos diversos Estados

Apesar de todos os Estados possuírem em geral um mesmo objetivo, que é manter-se, cada Estado possui, entretanto, um que lhe é particular. A expansão era o objetivo de Roma; a guerra, o da Lacedemônia; a religião, o das leis judaicas; o comércio, o de Marselha; a tranquilidade pública, o das leis da China; a navegação, o das leis dos ródios; a liberdade natural é objetivo do modo de vida dos selvagens; as delícias dos príncipes, o dos Estados despóticos; sua glória e a do Estado, o das monarquias; a independência de cada indivíduo é o objetivo das leis da Polônia, e o que disso resulta é a opressão de todos.

Há também uma nação no mundo que tem por objetivo direto de sua constituição a liberdade política. Examinaremos os princípios sobre os quais ela a baseia. Se são bons, a liberdade aparecerá como num espelho.

Para descobrir a liberdade política na constituição, não é necessário tanto esforço. Se essa pode ser vista onde se acha, se já foi encontrada, por que procurá-la?

Capítulo VI
Da constituição da Inglaterra

Há, em cada Estado, três espécies de poderes: o poder legislativo, o poder executivo das coisas que dependem do direito das gentes, e o executivo das que dependem do direito civil.

Pelo primeiro, o príncipe ou magistrado faz leis por certo tempo ou para sempre e corrige ou ab-roga as que estão feitas. Pelo segundo, faz a paz ou a guerra, envia ou recebe embaixadas, estabelece a segurança, previne as invasões. Pelo terceiro, pune crimes ou querelas dos indivíduos. Chamaremos este último o poder de julgar e, o outro, simplesmente o poder executivo do Estado.

A liberdade política, num cidadão, é esta tranquilidade de espírito que provém da opinião que cada um possui de sua segurança; e, para que se tenha a liberdade, cumpre que o governo seja de tal modo, que um cidadão não possa temer outro cidadão.

Quando na mesma pessoa ou no mesmo corpo de magistratura o poder legislativo está reunido ao poder executivo, não existe liberdade, pois pode-se temer que o mesmo monarca ou o mesmo senado apenas estabeleçam leis tirânicas para executá-las tiranicamente.

Não haverá também liberdade se o poder de julgar não estiver separado do poder legislativo e do executivo. Se estivesse ligado ao poder legislativo, o poder sobre a vida e a liberdade dos cidadãos seria arbitrário, pois o juiz seria legislador. Se estivesse ligado ao poder executivo, o juiz poderia ter a força de um opressor.

Tudo estaria perdido se o mesmo homem ou o mesmo corpo de principais, ou dos nobres, ou do povo, exercesse esses três poderes: o de fazer leis, o de executar as resoluções públicas e o de julgar os crimes ou as divergências dos indivíduos.[5]

5. DISCURSO SOBRE A ORIGEM E OS FUNDAMENTOS DA DESIGUALDADE ENTRE OS HOMENS – JEAN-JACQUES ROUSSEAU (1755)

O filósofo genebrino Jean-Jacques Rousseau (1712-1778) é um daqueles pensadores que ocupam uma posição de destaque entre os patronos da Revolução Francesa de 1789. Ao reconhecer que a condição elementar para a libertação de um povo encontra-se no exercício da soberania por ele mesmo de maneira direta, nos moldes de uma democracia participativa, Rousseau pôs no lugar da tradicional ideia de "soberania real" a revolucionária noção de "soberania popular". Em *Discurso sobre a origem e os fundamentos da desigualdade entre os homens* – obra escrita para um concurso proposto pela Academia de Dijon –, Rousseau buscou localizar as fontes da desigualdade social existente entre os homens na passagem hipotética ocorrida do "estado de natureza" para a "sociedade civil". Nesse momento, os seres humanos teriam perdido a sua condição natural de liberdade, passando a viver em um mundo civilizado, em função da criação da propriedade privada. Assim, diferentemente do

---

[5] MONTESQUIEU, Charles-Louis de Secondat. *Do espírito das leis*. São Paulo: Abril Cultural, 1979, p. 145-9. (Col. Os pensadores.)

pensamento liberal, a propriedade privada é observada como estando na base dos males existentes na vida social – uma tese responsável pela fundação do pensamento democrático moderno e que viria a ser recuperada regularmente pelos críticos da nova ordem capitalista.

Segunda Parte

O verdadeiro fundador da sociedade civil foi o primeiro que, tendo cercado um terreno, lembrou-se de dizer *isto é meu* e encontrou pessoas suficientemente simples para acreditá-lo. Quantos crimes, guerras, assassínios, misérias e horrores não pouparia ao gênero humano aquele que, arrancando as estacas ou enchendo o fosso, tivesse gritado a seus semelhantes: "Defendei-vos de ouvir esse impostor; estareis perdidos se esquecerdes que os frutos são de todos e que a terra não pertence a ninguém!" Grande é a possibilidade, porém, de que as coisas já então tivessem chegado ao ponto de não poder mais permanecer como eram, pois essa ideia de propriedade, dependendo de muitas ideias anteriores que só poderiam ter nascido sucessivamente, não se formou repentinamente no espírito humano. Foi preciso fazer-se muitos progressos, adquirir-se muita indústria e luzes, transmiti-las e aumentá-las de geração para geração, antes de chegar a esse último termo do estado de natureza. Retomemos, pois, as coisas de mais longe ainda e esforcemo-nos por ligar, de um único ponto de vista, em sua ordem mais natural, essa lenta sucessão de acontecimentos e de conhecimentos.

[...]

Enquanto os homens se contentaram com suas cabanas rústicas, enquanto se limitaram a costurar com espinhos ou com cerdas suas roupas de peles, a enfeitar-se com plumas e conchas, a pintar o corpo com várias cores, a aperfeiçoar ou embelezar seus arcos e flechas, a cortar com pedras agudas algumas canoas de pescador ou alguns instrumentos grosseiros de música – em uma palavra: enquanto só se dedicaram a obras que um único homem podia criar, e a artes que não solicitavam o concurso de várias mãos, viveram tão livres, sadios, bons e felizes quanto o poderiam ser por sua natureza, e continuaram a gozar entre si das doçuras de um comércio independente; mas, desde o instante em que um homem sentiu necessidade de socorro do outro, desde que se percebeu ser útil a um só contar com provisões para dois, desapareceu a igualdade, introduziu-se a propriedade, o trabalho tornou-se necessário e as vastas florestas transformaram-se em campos aprazíveis que se impôs regar com o suor dos homens e nos quais logo se viu a escravidão e a miséria germinarem e crescerem com as colheitas.

[...]
Tal foi ou deveu ser a origem da sociedade e das leis, que deram novos entraves ao fraco e novas forças ao rico, destruíram irremediavelmente a liberdade natural, fixaram para sempre a lei da propriedade e da desigualdade, fizeram de uma usurpação sagaz um direito irrevogável e, para lucro de alguns ambiciosos, daí por diante sujeitaram todo o gênero humano ao trabalho, à servidão e à miséria.

[...]
Se seguirmos o processo da desigualdade nessas diferentes revoluções, verificaremos ter constituído seu primeiro termo o estabelecimento da lei e do direito de propriedade; a instituição da magistratura, o segundo; sendo o terceiro e último a transformação do poder legítimo em poder arbitrário. Assim, o estado de rico e de pobre foi autorizado pela primeira época; o de poderoso e de fraco, pela segunda; e, pela terceira, o de senhor e escravo, que é o último grau da desigualdade e o termo em que todos os outros se resolvem, até que novas revoluções dissolvam completamente o Governo ou o aproximem da instituição legítima.

[...]
É do seio dessa desordem e dessas revoluções que o despotismo, elevando aos poucos sua horrenda cabeça e devorando tudo o que percebesse de bom e de sadio em todas as partes do Estado, conseguiria por fim esmagar sob seus pés as leis e o povo, e estabelecer-se sobre as ruínas da república. Os tempos que precederiam esta última mudança seriam períodos de agitações e de calamidades, mas, no fim, tudo seria devorado pelo monstro e os povos não mais teriam nem chefes, nem leis, mas unicamente tiranos. Desde esse momento também deixariam de interessar os costumes e a virtude, pois em todo lugar onde reina o despotismo *cui ex honesto nulla est spes*[6], não suporta ele qualquer outro senhor; desde que fale, não há nem probidade nem dever a consultar, e a única virtude que resta aos escravos é a mais cega obediência.

É este o último grau da desigualdade, o ponto extremo que fecha o círculo e toca o ponto de que partimos; então, todos os particulares se tornam iguais, porque nada são, e os súditos, não tendo outra lei além da vontade do senhor, nem o senhor outra regra além de suas paixões, as noções do bem e os princípios da justiça desfalecem novamente; então, tudo se governa unicamente pela lei do mais forte e, consequentemente, segundo um novo estado de natureza, diverso daquele pelo qual começamos, por ser este um estado de natureza em sua pureza, e o outro, fruto de um excesso de corrupção. Aliás, há tão pequena diferença entre esses dois estados e o contrato de Governo é de tal modo desfeito pelo despotismo, que o déspota

---

[6] Para quem não existe esperança alguma com o homem honesto.

só é senhor enquanto é o mais forte e, assim que se pode expulsá-lo, absolutamente não lhe cabe reclamar contra a violência. A rebelião que finalmente degola ou destrona um sultão é um ato tão jurídico quanto aqueles pelos quais ele, na véspera, dispunha das vidas e dos bens de seus súditos. Só a força o mantinha, só a força o derruba; todas as coisas se passam, assim, segundo a ordem natural e, seja qual for o resultado dessas revoluções breves e frequentes, ninguém pode lamentar-se da injustiça de outrem, mas unicamente de sua própria imprudência ou de sua infelicidade.

[...]

Esforcei-me por expor a origem e o progresso da desigualdade, o estabelecimento e o abuso das sociedades políticas, quanto possam essas coisas deduzir-se da natureza do homem unicamente pelas luzes da razão e independentemente dos dogmas sagrados, que dão à autoridade soberana a sanção do direito divino. Conclui-se dessa exposição que, sendo quase nula a desigualdade no estado de natureza, deve sua força e seu desenvolvimento a nossas faculdades e aos progressos do espírito humano, tornando-se, afinal, estável e legítima graças ao estabelecimento da propriedade e das leis. Conclui-se, ainda, que a desigualdade moral, autorizada unicamente pelo direito positivo, é contrária ao direito natural sempre que não ocorre, juntamente e na mesma proporção, com a desigualdade física – distinção que determina suficientemente o que se deve pensar, a esse respeito, sobre a espécie de desigualdade que reina entre todos os povos policiados, pois é manifestamente contra a lei da natureza, seja qual for a maneira por que a definamos, uma criança mandar num velho, um imbecil conduzir um sábio, ou um punhado de pessoas regurgitar superfluidades enquanto à multidão falta o necessário.[7]

6. CÂNDIDO OU O OTIMISMO – VOLTAIRE (1759)

Nascido na França com o nome François-Marie Arouet, o autor da obra-prima *Cândido* entraria para a história do pensamento ocidental sob o pseudônimo literário Voltaire (1694-1778). Ídolo de uma burguesia liberal e anticlerical, Voltaire trazia em sua personalidade intelectual uma mistura de poeta satírico e de filósofo militante capaz de provocar ódio nas autoridades eclesiásticas da época pelas suas zombarias em relação à Bíblia, aos apóstolos e aos padres. Elemento-chave do seu intransigente liberalismo, o combate ao fanatismo clerical acabou por

---

[7] ROUSSEAU, Jean-Jacques. *Discurso sobre a origem e os fundamentos da desigualdade entre os homens.* São Paulo: Abril Cultural, 1978, p. 259-82.

iluminar boa parte das suas obras, inaugurando, assim, uma tradição racionalista e deísta decididamente crítica a todas as formas possíveis de obscurantismo religioso. Escrito como uma sátira às ideias otimistas dos filósofos alemães Leibniz e Wolf, para os quais "tudo vai bem no melhor dos mundos possíveis", *Cândido* faz lembrar a necessidade do pessimismo da razão como antídoto eficaz à visão ufanista do mundo. Dentro desse contexto, Voltaire procurou apresentar sua reprovação à ingenuidade dos otimistas mediante a narrativa irônica das desventuras do jovem Cândido na busca do encontro da sua amada Cunegundes, não obstante as ilusões semeadas pelo seu antigo mestre, o Dr. Pangloss.

XVIII
Das Coisas que Presenciaram na Terra de Eldorado

Cacambo manifestou ao hospedeiro toda a sua curiosidade; e este lhe disse: – Sou muito ignorante, e aliás dou-me bem assim; mas lhe disse: temos aqui um velho retirado da corte, que é o homem mais sábio do reino, e muito comunicativo.

Em seguida conduziu Cacambo à residência do velho. Cândido não desempenhava mais que o papel de segunda personagem, e acompanhava a seu criado. Entraram numa casa muito simples, pois a porta era apenas de prata e as salas modestamente revestidas de ouro, mas tudo trabalhado com tanto gosto que nada ficava a dever aos mais ricos lambris. A antecâmara, na verdade, era incrustada somente de esmeraldas e rubis; mas a harmonia do conjunto compensava de sobra essa extrema simplicidade.

O velho recebeu os dois estrangeiros num sofá forrado de penas de colibri, e mandou servir-lhes licores em taças de diamante. Depois disso, satisfez-lhes a curiosidade nos seguintes termos:

– Tenho cento e setenta e dois anos e ouvi do meu falecido pai, escudeiro do rei, as espantosas revoluções do Peru, de que ele foi testemunha. O reino onde estamos é a antiga pátria dos incas, que daqui saíram imprudentemente para ir subjugar uma parte do mundo, e que foram afinal reduzidos ao aniquilamento pelos espanhóis. Mais sábios se mostraram os príncipes que permaneceram em seu país natal; ordenaram, com o consentimento da nação, que nenhum habitante jamais saísse do nosso pequeno; e foi isso que nos conservou a nossa inocência e felicidade. Os espanhóis tiveram um confuso conhecimento deste país, a que chamaram El Dorado, e um inglês, o Cavaleiro Raleigh, chegou até a aproximar-se daqui há cerca de cem anos; mas, como estamos cercados de rochedos inacessíveis e de precipícios,

45

conservamo-nos até agora ao abrigo da rapacidade dos europeus, que têm uma inconcebível loucura pelas pedras e pela lama de nossa terra, e que, para as conseguir, são capazes de nos matar a todos, até o último.

A conversação foi longa; versou sobre a forma de governo, os costumes, as mulheres, os espetáculos públicos, as artes. Afinal, Cândido, que sempre tivera gosto pela metafísica, indagou, por intermédio de Cacambo, se no país não havia uma religião.

O velho enrubesceu um pouco.

— Como pode o senhor duvidar de tal coisa? — perguntou ele — Será que nos toma por ingratos?

Cacambo perguntou humildemente qual era a religião de Eldorado.

O velho corou de novo.

— Acaso pode haver duas religiões? — disse ele — Temos, creio eu, a religião de todo mundo: adoramos a Deus dia e noite.

— Não adoram senão a um único Deus? — interrogou Cacambo, sempre servindo de intérprete às dúvidas de Cândido.

— Quer-me parecer — tornou o velho, formalizando — que não há nem dois, nem três, nem quatro deles. Francamente, fazem cada pergunta!

Cândido não se cansava de interrogar o bom do velho; quis saber como rezavam a Deus em Eldorado.

— Não lhe rezamos — disse o bom e respeitável sábio. — Nada temos que lhe pedir; ele nos deu tudo o que precisamos; nós lhe agradecemos sem cessar.

Cândido teve curiosidade de ver os sacerdotes; e perguntou onde estavam.

O bom do velho sorriu.

— Meus amigos — disse ele —, nós todos somos sacerdotes; cada manhã, o rei e todos os chefes de família entoam, solenemente, cânticos de ações de graça; e cinco ou seis mil músicos os acompanham.

— Como, os senhores não têm padres que ensinam, que disputam, que governam, que cabalam, e que mandam queimar as pessoas que não são de sua opinião?

— Só se fôssemos loucos — disse o velho. — Aqui somos todos da mesma opinião, e não entendemos o que quer o senhor dizer com os seus padres.

Cândido, a cada uma dessas palavras, caía em êxtase e dizia consigo: "Como tudo isto é diferente da Vestfália e do castelo do senhor barão! Se o nosso amigo Pangloss visse Eldorado, não diria mais que o Castelo de Thunder-ten-tronckh era o que havia de melhor sobre a face da terra: não há dúvida de que é preciso viajar".[8]

---

[8] VOLTAIRE. *Contos*. São Paulo: Abril Cultural, 1979, p. 91-3.

7. DO CONTRATO SOCIAL – JEAN-JACQUES ROUSSEAU (1762)

Dando continuidade aos argumentos críticos apresentados em relação à civilização assentada na propriedade privada e na liberdade dos que no "início da civilização, cercaram um terreno e disseram isto é meu", Rousseau procura indicar, em *Do contrato social*, a essência da liberdade entendida como uma exigência ética fundamental. Distanciando-se, outra vez mais, da concepção liberal em nome dos valores democráticos, Rousseau faz a defesa da superação da liberdade entendida apenas como um fato individual, afirmando que sua realização completa somente acontecerá à medida que o "eu individual" se transformar em "eu comum", ou seja, quando uma "vontade geral" dirigida à realização do "bem coletivo" ultrapassar a "vontade particular" limitada aos interesses egoístas. Tal passagem, porém, não deve ser vista como fruto de uma imposição despótica, mas sim como resultado de um "contrato social", um ato de livre associação de seres humanos racionais dispostos a construir uma sociedade fundamentada nos princípios da fraternidade e igualdade, isto é, em uma liberdade mais rica já que pensada coletivamente, por um povo soberano que, ao mesmo tempo, governa e é governado, formula e cumpre as suas próprias leis.

Livro Primeiro
[...]

Capítulo I
Objeto deste primeiro livro

O homem nasce livre, e por toda a parte encontra-se a ferros. O que se crê senhor dos demais, não deixa de ser mais escravo do que eles. Como adveio tal mudança? Ignoro-o. Que poderá legitimá-la? Creio poder resolver a questão.

Se considerasse somente a força e o efeito que dela resulta, diria: "Quando um povo é obrigado a obedecer e o faz, age acertadamente; assim que pode sacudir esse jugo e o faz, age melhor ainda, porque, recuperando a liberdade pelo mesmo direito por que lhe arrebataram, ou tem ele o direito de retomá-la ou não tinham de subtraí-la". A ordem social, porém, é um direito sagrado que serve de base a todos os outros. Tal direito, no entanto, não se origina da natureza: funda-se, portanto, em convenções. Trata-se, pois, de saber que convenções são essas. Antes de alcançar esse ponto, preciso deixar estabelecido o que acabo de adiantar.

[...]

Capítulo VI
Do Pacto Social

Suponhamos os homens chegando àquele ponto em que os obstáculos prejudiciais à sua conservação no estado de natureza sobrepujam, pela sua resistência, as forças que cada indivíduo dispõe para manter-se nesse estado. Então, esse estado primitivo já não pode subsistir, e o gênero humano, se não mudasse de modo de vida, pereceria.

Ora, como os homens não podem engendrar novas forças, mas somente unir e orientar as já existentes, não têm eles outro meio de conservar-se senão formando, por agregação, um conjunto de forças, que possa sobrepujar a resistência, impelindo-as para um só móvel, levando-as a operar em concerto.

Essa soma de forças só pode nascer do concurso de muitos; sendo, porém, a força e a liberdade de cada indivíduo os instrumentos primordiais de sua conservação, como poderia ele empenhá-los sem prejudicar e sem negligenciar os cuidados que a si mesmo se deve? Essa dificuldade, reconduzindo ao meu assunto, poderá ser enunciada como segue:

"Encontrar uma forma de associação que defenda e proteja a pessoa e os bens de cada associado com toda a força comum, e pela qual cada um, unindo-se a todos, só obedece contudo a si mesmo, permanecendo assim tão livre quanto antes". Esse, o problema fundamental cuja solução o contrato social oferece.

As cláusulas desse contrato são de tal modo determinadas pela natureza do ato, que a menor modificação as tornaria vãs e de nenhum efeito, de modo que, embora talvez jamais enunciadas de maneira formal, são as mesmas em toda a parte, e tacitamente mantidas e reconhecidas em todos os lugares, até quando, violando-se o pacto social, cada um volta a seus primeiros direitos e retoma sua liberdade natural, perdendo a liberdade convencional pela qual renunciara àquela.

Essas cláusulas, quando bem compreendidas, reduzem-se todas a uma só: a alienação total de cada associado, com todos os seus direitos, à comunidade toda, porque, em primeiro lugar, cada um dando-se completamente, a condição é igual para todos, e sendo a condição igual para todos, ninguém se interessa por torná-la onerosa para os demais.

Ademais, fazendo-se a alienação sem reservas, a união é tão perfeita quanto possa ser e a nenhum associado restará algo mais a reclamar, pois, se restassem alguns direitos aos particulares, como não haveria nesse caso um superior comum que pudesse decidir entre eles e o público, cada qual, sendo de certo modo seu próprio juiz, logo pretenderia sê-lo de todos; o estado de natureza subsistiria, e a associação se tornaria necessariamente tirânica ou vã.

Enfim, cada um dando-se a todos não se dá a ninguém e, não existindo um associado sobre o qual não se adquira o mesmo direito que se lhe cede sobre si mesmo, ganha-se o equivalente de tudo que se perde, e maior força para se conservar o que se tem.

Se separar-se, pois, do pacto social aquilo que não pertence à sua essência, ver-se-á que ele se reduz aos seguintes termos: "Cada um de nós põe em comum sua pessoa e todo o seu poder sob a direção suprema da vontade geral, e recebemos, enquanto corpo, cada membro como parte indivisível do todo".

Imediatamente, esse ato de associação produz, em lugar da pessoa particular de cada contratante, um corpo moral e coletivo, composto de tantos membros quantos são os votos da assembleia, e que, por esse mesmo ato, ganha sua unidade, seu *eu* comum, sua vida e sua vontade. Essa pessoa pública, que se forma, desse modo, pela união de todas as outras, tomava antigamente o nome de *cidade* e, hoje, o de *república* ou de *corpo político*, o qual é chamado por seus membros de *Estado* quando passivo, *soberano* quando ativo, e *potência* quando comparado a seus semelhantes. Quanto aos associados, recebem eles, coletivamente, o nome de *povo* e se chamam, em particular, *cidadãos*, enquanto partícipes da autoridade soberana, e *súditos* enquanto submetidos às leis do Estado. Esses termos, no entanto, confundem-se frequentemente e são usados indistintamente; basta saber distingui-los quando são empregados com inteira precisão.

Capítulo VII
Do Soberano

Vê-se, por essa fórmula, que o ato de associação compreende um recíproco entre público e os particulares, e que cada indivíduo, contratando, por assim dizer, consigo mesmo, se compromete numa dupla relação: como membro do soberano em relação aos particulares, e como membro do Estado em relação ao soberano. Não se pode, porém, aplicar a essa situação máxima do Direito Civil que afirma ninguém estar obrigado aos compromissos tomados consigo mesmo, pois existe grande diferença entre obrigar-se consigo mesmo, e em relação a um todo do qual se faz parte.

[...]

Desde o momento em que essa multidão se encontra assim reunida em um corpo, não se pode ofender um dos membros sem atacar o corpo, nem, ainda menos, ofender o corpo sem que os membros se ressintam. Eis como o dever e o interesse obrigam igualmente as duas partes contratantes a se auxiliarem mutuamente, e os mesmos homens devem procurar reunir, nessa dupla relação, todas as vantagens que dela provêm.

[...]

Cada indivíduo, com efeito, pode, como homem, ter uma vontade particular, contrária ou diversa da vontade geral que tem como cidadão. Seu interesse particular pode ser muito diferente do interesse comum. Sua existência, absoluta e naturalmente independente, pode levá-lo a considerar o que deve à causa comum como uma contribuição gratuita, cuja perda prejudicará menos aos outros, do que será oneroso o cumprimento a si próprio. Considerando a pessoa moral que constitui o Estado como um ente de razão, porquanto não é um homem, ele desfrutará dos direitos do cidadão sem querer desempenhar os deveres de súdito – injustiça cujo progresso determinaria a ruína do corpo político.

A fim de que o pacto social não represente, pois, um formulário vão, compreende ele tacitamente este compromisso, o único que poderá dar força tanto aos outros: aquele que recusar obedecer à vontade geral a tanto será constrangido por todo um corpo, o que não significa senão que o forçarão a ser livre, pois é essa a condição que, entregando cada cidadão à pátria, o garante contra qualquer dependência pessoal. Essa condição constitui o artifício e o jogo de toda a máquina política, e é a única a legitimar os compromissos civis, os quais, sem isso, se tornariam absurdos, tirânicos e sujeitos aos maiores abusos.

Capítulo VIII
Do Estado Civil

[...]

Reduzamos todo esse balanço a termos de fácil comparação. O que o homem perde pelo contrato social é a liberdade natural e um direito ilimitado a tudo quanto aventura e pode alcançar. O que com ele ganha é a liberdade civil e a propriedade de tudo que possui. A fim de não fazer um julgamento errado dessas compensações, impõe-se distinguir entre a liberdade natural, que só conhece limites nas forças do indivíduo, e a liberdade civil, que se limita pela vontade geral, e, mais, distinguir a posse, que não é senão o efeito da força ou o direito do primeiro ocupante, da propriedade, que só pode fundar-se num título positivo.

Poder-se-ia, a propósito do que ficou acima, acrescentar à aquisição do estado civil a liberdade moral, única a tornar o homem verdadeiramente senhor de si mesmo, porque o impulso do puro apetite é a escravidão, e a obediência à lei que se estatuiu a si mesma é liberdade. Mas já se disse muito acerca desse princípio e o sentido filosófico da palavra *liberdade*, neste ponto, não pertence a meu assunto.[9]

8. SENSO COMUM – THOMAS PAINE (1776)

Nenhum escrito conseguiu captar de maneira mais profunda o espírito de rebelião existente nas treze colônias britânicas do litoral leste da América do Norte que *Senso Comum*, do publicista Thomas Paine (1737-1809). Nascido na Inglaterra, Paine levou uma vida marcada pela inconstância até que, por intermédio de Benjamin Franklin, conseguiu emigrar para a América, em 1774. A partir de então, seu engajamento em prol da causa da independência dos Estados Unidos da América do Norte foi total. Tendo alcançado a impressionante marca de 120 mil exemplares vendidos em um intervalo de três anos, *Senso Comum* trazia em si a aberta defesa da declaração de independência como um imperativo moral da América em relação ao resto do mundo. Com o panfleto, Paine conseguiu a árdua tarefa de manter elevado o ânimo do exército rebelde durante toda a Guerra de Independência. Dessa forma, mesmo não tendo sido um intelectual do porte de Thomas Jefferson, Paine conseguiu deixar sua marca como um dos pais da Revolução Americana, apresentando um conjunto de teses capazes de ressaltar o caráter radical do liberalismo de então – em primeiro lugar, a defesa do direito de resistência à tirania.

Introdução

Talvez os sentimentos contidos nas páginas seguintes *ainda* não estejam suficientemente em moda para granjear-lhes os favores gerais; o hábito antigo de não considerar uma coisa *errada* empresta-lhe uma aparência superficial de estar *certa*, e dá origem, de início, a um descomunal grito em defesa do costume. No entanto o tumulto logo diminui de intensidade. O tempo faz mais convertidos que a razão.

---

[9] ROUSSEAU, Jean-Jacques. *Do contrato social*. São Paulo: Abril Cultural, 1978, p. 19-39.

Como o longo e violento abuso do poder geralmente é o meio de pôr seu direito em questão e também para assuntos que poderiam jamais vir a ser considerados, se os sofredores não houvessem sido provocados até a indagação, e como o Rei da Inglaterra havia decidido, em seu *próprio Direito*, apoiar o Parlamento naquilo que ele chama *deles*, e como o bom povo deste país se acha gravemente oprimido por essa combinação, tem este privilégio indiscutível de avaliar as pretensões de ambos, e de rejeitar, igualmente, a usurpação de qualquer um deles.

Nas folhas seguintes o autor evitou cuidadosamente todas as coisas pessoais entre nós. Elogios, assim como a censura a indivíduos, não fazem parte do mesmo. Os sábios e os meritórios não precisam do triunfo de um panfleto; e aqueles cujos sentimentos sejam poucos sensatos, ou inamistosos, calarão por si mesmos, a menos que muita atenção seja dispensada à sua conversão.

A causa da América é, em grande parte, a causa de toda a humanidade. Muitas circunstâncias surgiram e vão surgir, não sendo locais, mas sim universais, e pelas mesmas os princípios de todos os amantes da humanidade serão afetados, ocorrências essas nas quais suas afeições estão interessadas. Destruir um país devastando-o pelo fogo e pela espada, declarando guerra contra os direitos naturais de toda humanidade, e extirpando seus defensores da face da terra, diz respeito a todo homem ao qual a natureza deu o poder de sentir; classe essa à qual, a despeito da censura partidária, pertence o autor.

P.S. A publicação dessa nova edição foi atrasada, tendo em vista anotar (se necessário fosse) qualquer tentativa de refutar a doutrina da independência: como nenhuma resposta apareceu até agora, é de presumir que não mais aparecerá, o tempo necessário para tal ação ter sido efetuada, já tendo passado de há muito para o público.

Para o público é inteiramente desnecessário saber quem é o autor desta obra, uma vez que o objeto de atenção é a *doutrina em si*, e não o *homem*. Assim mesmo, não pode ser desnecessário dizer que ele não tem qualquer conexão com qualquer partido, e não está sob qualquer influência pública ou privada, mas sim a influência da razão e do princípio.

Filadélfia, 14 de fevereiro de 1776.

[...]

PARA CONCLUIRMOS, por estranho que possa parecer a alguns, ou por mais avessos que possam ser à ideia, não importa, apesar das muitas fortes e notáveis razões que possam ser dadas, mostro que nada poderá ajustar nossos problemas de maneira tão expedita quanto uma declaração aberta e determinada em favor da independência. Algumas delas são:

Primeira – É costume das nações, quando duas delas estão em guerra, que outras, não empenhadas na disputa, atuem como mediadoras e formuladoras das preliminares da paz. No entanto, enquanto a América se intitular súdita da Grã-Bretanha, nenhuma nação, por melhor disposta que possa estar, poderá oferecer mediação. Assim, em nossa situação atual, podemos discutir para todo o sempre.

Segunda – É insensato pensar que a França ou a Espanha irão fornecer-nos qualquer tipo de ajuda, se pretendermos fazer uso dessa ajuda apenas para o propósito de reparar a fenda e reforçar as ligações entre a Bretanha e a América; pois essas nações sairiam perdendo com as consequências.

Terceira – Enquanto nos intitularmos de súditos da Bretanha, devemos, aos olhos das nações estrangeiras, ser considerados como rebeldes. O precedente é um tanto perigoso para *a sua paz*, ver homens pegando em armas sob o nome de súditos; nós podemos resolver de imediato o paradoxo, mas unir resistência e submissão requer uma ideia demasiadamente apurada para a compreensão comum.

Quarta – Se um manifesto fosse publicado e despachado às cortes estrangeiras, expondo as misérias que temos suportado, e os métodos pacíficos que empregamos sem resultados para reparação, declarando, ao mesmo tempo, que não podemos mais viver felizes ou em segurança, sob a tutela cruel da corte britânica, tínhamos sido levados à necessidade de romper todas as ligações com ela; ao mesmo tempo, asseguraríamos todas as cortes de disposições pacíficas para com elas, e do nosso desejo de comerciar com as mesmas. Tal memorial seria capaz de produzir melhores efeitos para o continente do que se um navio fosse carregado de petições para a Bretanha.

Sob nossa atual denominação de súditos britânicos, não podemos sequer ser recebidos ou ouvidos no estrangeiro. A praxe de todas as cortes estaria contra nós, e assim o seria até que, pela independência, pudéssemos ombrear com outras nações.

Tais meios poderão parecer, em princípio, estranhos e difíceis, mas, como todas as outras etapas pelas quais já passamos, em pouco tempo tornar-se-ão conhecidos e agradáveis, e até a independência ser declarada, o continente irá sentir-se como um homem que viva adiando uma tarefa desagradável para o dia seguinte, sabendo porém que ela precisa ser feita, odiando empenhar-se nela, desejando vê-la terminada, e vivendo continuamente perseguido pelos pensamentos de sua necessidade.[10]

---

[10] PAINE, Thomas. *O senso comum e a crise*. Brasília: UnB, 1982, p. 7-8 e 43-4.

9. DECLARAÇÃO DE DIREITOS DO ESTADO DA VIRGÍNIA (1776)

Fundadas por migrantes ingleses entre 1607 e 1733, as treze colônias britânicas do litoral leste da América do Norte não representaram nenhuma espécie de incômodo para sua metrópole até meados do século XVIII. No entanto, as dívidas contraídas pelo governo londrino em virtude da Guerra dos Sete Anos contra a França, entre 1756 e 1763, levaram a Inglaterra à imposição de uma política econômica mercantilista, prejudicial à liberdade de comércio desfrutada pelos colonos americanos ao longo de 150 anos. A partir de então, inúmeros impostos e taxas começaram a se fazer fortemente presentes em todas as partes do território colonial, gerando um descontentamento generalizado entre seus habitantes, que não tardaram a dar início a uma série de revoltas e a organizar congressos capazes de expressar a crítica à nova política adotada pela Coroa britânica. Publicada em 16 de junho de 1776, a Declaração de Direitos da Virgínia assinala um momento histórico em que as treze colônias já haviam dado início à Guerra de Independência, lutando não apenas pelo rompimento dos seus laços com a Inglaterra, mas também pela transformação do *status* do indivíduo nascido no Novo Mundo – de súdito a cidadão.

Declaração de Direitos feita pelos representantes do bom povo da Virgínia, reunido em Convenção plena e livre; direitos esses que pertencem a ele e à sua posteridade, como base e fundamento do governo.

1º. Todos os seres humanos são, pela sua natureza, igualmente livres e independentes, e possuem certos direitos inatos, dos quais, ao entrarem no estado de sociedade, não podem, por nenhum tipo de pacto, privar ou despojar sua posteridade; nomeadamente, a fruição da vida e da liberdade, com os meios de adquirir e possuir a propriedade de bens, bem como de procurar e obter a felicidade e a segurança.
2º. Todo poder pertence ao povo e, por conseguinte, dele deriva. Os magistrados são seus fiduciários e servidores, responsáveis a todo tempo perante ele.
3º. O governo é e deve ser instituído para comum benefício, proteção e segurança do povo, nação ou comunidade. De todas as formas de governo, a melhor é aquela capaz de produzir o maior grau de

felicidade e segurança, e a que mais efetivamente ofereça garantia contra o perigo da má administração. Toda vez que algum governo for considerado inepto ou contrário a esses fins, a maioria da comunidade tem o direito indubitável, inalienável e irrevogável de reformá-lo, modificá-lo ou aboli-lo, da maneira que julgar mais proveitosa ao bem-estar geral.

4º. Nenhum indivíduo ou grupo social está autorizado a obter proventos especiais ou privilégios da comunidade, a não ser em função de serviços públicos. Tais proventos ou privilégios não são transmissíveis por sucessão, da mesma forma que os cargos de magistrado, legislador ou juiz não devem ser hereditários.

5º. Os poderes legislativo e executivo do Estado devem ser separados e distintos do judiciário. A fim de que os membros dos primeiros, ao sentirem as aspirações do povo e delas participarem, sejam afastados de toda opressão, eles devem voltar, em períodos predeterminados, à condição privada e ao seu grupo social de origem, sendo as vacâncias de cargos supridas por meio de eleições frequentes, certas e regulares, nas quais todos ou alguns dos antigos membros sejam novamente elegíveis ou inelegíveis, segundo o que for determinado pelas leis.

6º. As eleições de representantes do povo em assembleias devem ser livres, e todos aqueles que tenham dedicação à comunidade e consciência bastante do interesse comum permanente têm direito de voto, e não podem ser tributados ou expropriados por utilidade pública, sem o seu consentimento ou o de seus representantes eleitos, nem podem ser submetidos a nenhuma lei à qual não tenham dado, da mesma forma, o seu consentimento para o bem público.

7º. Todo poder de suspender a vigência ou a execução de leis, exercido por qualquer autoridade sem o consentimento dos representantes do povo, é nocivo aos seus direitos e não deve ser admitido.

8º. Em todos os processos criminais ou que impliquem na pena de morte, o réu tem o direito de saber a causa e a natureza da acusação, de ser acareado com os acusadores e testemunhas, de produzir prova em sua defesa, bem como de ser julgado com presteza por um júri imparcial de sua vizinhança, o qual só pode considerá-lo culpado pela unanimidade de seus membros, sem que o réu seja obrigado a fornecer prova contra si mesmo. Ninguém será privado de sua liberdade, a não ser por força da lei da terra ou pelo julgamento de seus pares.

9º. Fianças criminais excessivas não devem ser exigidas, nem multas excessivas impostas, nem penas cruéis ou aberrantes infligidas.

10º. Mandados judiciais, que autorizem oficiais de justiça ou meirinhos a efetuar buscas em lugares suspeitos, sem prova do fato cometido, ou a deter pessoa ou pessoas não nomeadas, ou cujo delito não é

especificamente descrito e provado, são gravosos e opressivos e, por isso, não podem ser concedidos.
11º. Em litígios concernentes à propriedade, bem como em processos judiciais entre particulares, o júri tradicional é preferível a qualquer outro e deve ser tido como sagrado.
12º. A imprensa livre é um dos grandes baluartes da liberdade e não pode nunca ser restringida, senão por governos despóticos.
13º. Uma milícia bem organizada, composta de gente do povo, treinada no manejo das armas, constitui a defesa apropriada, natural e segura de um Estado livre. Exércitos permanentes em tempos de paz devem ser evitados como perigosos à liberdade. Em qualquer caso, a milícia deve ser estritamente subordinada ao poder civil e por ele governada.
14º. O povo tem direito a um governo uniforme e, por conseguinte, nenhum governo separado ou independente do governo da Virgínia deve ser composto ou instituído dentro dos limites de seu território.
15º. Nenhum governo livre, que traga as bênçãos da liberdade, pode ser garantido para um povo, senão pela adesão firme à justiça, à moderação, à temperança, à frugalidade e à virtude, assim como pelo recurso constante aos princípios fundamentais.
16º. A religião, ou os deveres que possuímos para com o nosso Criador, bem como o modo de cumpri-los, só podem ser dirigidos pela razão e pela convicção, não pela força ou violência. Em consequência, todos os homens são igualmente autorizados ao livre exercício da religião, de acordo com os ditados de sua consciência. É dever mútuo de todos praticar a indulgência cristã, o amor e a caridade, uns para com os outros.[11]

10. DECLARAÇÃO DE INDEPENDÊNCIA DOS ESTADOS UNIDOS DA AMÉRICA (1776)

Datada de 4 de julho de 1776, a Declaração de Independência dos Estados Unidos da América assinalou, na verdade, a ruptura de um conjunto de colônias de povoamento que, depois de um desenvolvimento marcado por relativa autonomia em relação à metrópole, se viu submetido a uma série de princípios mercantilistas devido a razões de natureza conjuntural. Com exceção dos grandes proprietários de terras

---

[11] COMPARATO, Fabio Konder. *A afirmação histórica dos direitos humanos*. São Paulo: Saraiva, 2003, p. 114-6.

e escravos do Sul – vinculados à agricultura de *plantation* –, a reação às medidas implementadas pelo governo inglês foi geral, revelando a falta de sintonia existente entre a classe de pequenos e médios proprietários agrícolas e o domínio metropolitano. Assim, se por um lado a Declaração de Independência representa a vontade de tomada do poder da burguesia colonial, por outro ela traz em si a afirmação solene de que os direitos mais básicos à vida, à liberdade e à felicidade estavam sendo violados pelo rei da Grã-Bretanha, o que só reafirmava os motivos da separação promovida pelo Segundo Congresso Continental da Filadélfia, em 1775, sob o comando de George Washington, no plano militar, e de Thomas Jefferson, no plano intelectual – dois dos pais fundadores da nação norte-americana.

> Quando, no curso dos acontecimentos humanos, se torna necessário a um povo dissolver os laços políticos que o ligavam a outro, e assumir, entre os poderes da Terra, posição igual e separada, a que lhe dão direito as leis da natureza e as do Deus da natureza, o respeito digno para com as opiniões dos homens exige que se declarem as causas que os levam a essa separação.
>
> Consideramos estas verdades como evidentes por si mesmas, que todos os homens são criados iguais, dotados pelo Criador de certos direitos inalienáveis, que entre estes estão a vida, a liberdade e a procura da felicidade. Que a fim de assegurar esses direitos, governos são instituídos entre os homens, derivando seus justos poderes do consentimento dos governados; que, sempre que qualquer forma de governo se torne destrutiva de tais fins, cabe ao povo o direito de alterá-la ou aboli-la e instituir novo governo, baseando-o em tais princípios e organizando-lhe os poderes pela forma que lhe pareça mais conveniente para realizar-lhe a segurança e a felicidade. Na realidade, a prudência recomenda que não se mudem os governos instituídos há muito tempo por motivos leves e passageiros; e, assim sendo, toda experiência tem mostrado que os homens estão mais dispostos a sofrer, enquanto os males são suportáveis, do que a se desagravar, abolindo as formas a que se acostumaram. Mas quando uma longa série de abusos e usurpações, perseguindo invariavelmente o mesmo objeto, indica o desígnio de reduzi-los ao despotismo absoluto, assistem-lhes o direito, bem como o dever, de abolir tais governos e instituir novos Guardiães para sua futura segurança. Tal tem sido o sofrimento paciente destas colônias e tal agora a necessidade que as força a alterar os sistemas anteriores de governo. A história do atual Rei da Grã-Bretanha compõe-se de repetidas injúrias e

usurpações, tendo todos por objetivo direto o estabelecimento da tirania absoluta sobre estes Estados. Para prová-lo, permitam-nos submeter os factos a um mundo cândido.

Recusou assentimento a leis das mais salutares e necessárias ao bem público.

Proibiu aos governadores a promulgação de leis de importância imediata e urgente, a menos que a aplicação fosse suspensa até que se obtivesse o seu assentimento, e, uma vez suspensas, deixou inteiramente de dispensar-lhes atenção.

Recusou promulgar outras leis para o bem-estar de grandes distritos de povo, a menos que abandonassem o direito de representação no legislativo, direito inestimável para eles e temível apenas para os tiranos.

Convocou os corpos legislativos a lugares não usuais, sem conforto e distantes dos locais em que se encontram os arquivos públicos, com o único fito de arrancar-lhes, pela fadiga, o assentimento às medidas que lhe conviessem.

Dissolveu Câmaras de Representantes repetidamente porque se opunham com máscula firmeza às invasões dos direitos do povo.

Recusou por muito tempo, depois de tais dissoluções, fazer com que outros fossem eleitos; em virtude do que os poderes legislativos incapazes de aniquilação voltaram ao povo em geral para que os exercesse; ficando durante esse tempo o Estado exposto a todos os perigos de invasão externa ou convulsão interna.

Procurou impedir o povoamento destes estados, obstruindo para esse fim as leis de naturalização de estrangeiros, recusando promulgar outras que animassem as migrações para cá e complicando as condições para novas apropriações de terras.

Dificultou a administração da justiça pela recusa de assentimento a leis que estabeleciam poderes judiciários.

Tornou os juízes dependentes apenas da vontade dele para gozo do cargo e valor e pagamento dos respectivos salários.

Criou uma multidão de novos cargos e para eles enviou enxames de funcionários para perseguir o povo e devorar-nos a substância.

Manteve entre nós, em tempo de paz, exércitos permanentes sem o consentimento dos nossos corpos legislativos.

Tentou tornar o militar independente do poder civil e a ele superior.

Combinou com outros sujeitar-nos a uma jurisdição estranha à nossa Constituição e não reconhecida pelas nossas leis, dando assentimento aos seus atos de pretensa legislação:
- para aquartelar grandes corpos de tropas entre nós;
- para protegê-las por meio de julgamentos simulados, de punição por assassinatos que viessem a cometer contra os habitantes destes estados;
- para fazer cessar o nosso comércio com todas as partes do mundo;
- por lançar impostos sem nosso consentimento;
- por privar-nos, em muitos casos, dos benefícios do julgamento pelo júri;
- por transportar-nos por mar para julgamento por pretensas ofensas;
- por abolir o sistema livre de leis inglesas em província vizinha, aí estabelecendo governo arbitrário e ampliando-lhe os limites, de sorte a torná-lo, de imediato, exemplo e instrumento apropriado para a introdução do mesmo domínio absoluto nestas colônias;
- por tirar-nos nossas cartas, abolindo as nossas leis mais valiosas e alterando fundamentalmente a forma do nosso governo;
- por suspender os nossos corpos legislativos, declarando-se investido do poder de legislar para nós em todos e quaisquer casos.

Abdicou do governo aqui por declarar-nos fora de sua proteção e fazendo-nos guerra.

Saqueou os nossos mares, devastou as nossas costas, incendiou as nossas cidades e destruiu a vida do nosso povo.

Está, agora mesmo, a transportar grandes exércitos de mercenários estrangeiros para completar a obra de morte, desolação e tirania, já iniciada em circunstâncias de crueldade e perfídia raramente igualadas nas idades mais bárbaras e totalmente indignas do chefe de uma nação civilizada.

Obrigou os nossos concidadãos aprisionados no mar alto a tomarem armas contra a própria pátria, para que se tornassem algozes dos amigos e irmãos ou para que caíssem em suas mãos.

Provocou insurreições internas entre nós e procurou trazer contra os habitantes das fronteiras os índios selvagens e impiedosos, cuja regra sabida de guerra é a destruição sem distinção de idade, sexo e condições.

Em cada fase dessas opressões solicitamos reparação nos termos mais humildes; responderam a nossas petições apenas com repetido agravo. Um príncipe cujo carácter se assinala deste modo por todos os atos capazes de definir um tirano não está em condições de governar um povo livre. Tampouco deixamos de chamar a atenção de nossos irmãos britânicos. De tempos em tempos, os advertimos sobre as tentativas do Legislativo deles de estender sobre nós uma jurisdição insustentável. Lembramos-lhes das circunstâncias de nossa migração e estabelecimento aqui. Apelamos para a justiça natural e para a magnanimidade, e conjuramo-los, pelos laços de nosso parentesco comum, a repudiarem essas usurpações que interromperiam, inevitavelmente, nossas ligações e a nossa correspondência. Permaneceram também surdos à voz da justiça e da consanguinidade. Temos, portanto de aceitar a necessidade de denunciar nossa separação e considerá-los, como consideramos o restante dos homens, inimigos na guerra e amigos na paz.

Nós, por conseguinte, representantes dos ESTADOS UNIDOS DA AMÉRICA, reunidos em CONGRESSO GERAL, apelando para o Juiz Supremo do mundo pela retidão das nossas intenções, em nome e por autoridade do bom povo destas colônias, publicamos e declaramos solenemente: que estas colônias unidas são e de direito têm de ser ESTADOS LIVRES E INDEPENDENTES; que estão desobrigados de qualquer vassalagem para com a Coroa Britânica, e que todo vínculo político entre elas e a Grã-Bretanha está e deve ficar totalmente dissolvido; e que, como ESTADOS LIVRES E INDEPENDENTES, têm inteiro poder para declarar a guerra, concluir a paz, contrair alianças, estabelecer comércio e praticar todos os atos e ações a que têm direito os estados independentes. E em apoio desta declaração, plenos de firme confiança na proteção da Divina Providência, empenhamos mutuamente nossas vidas, nossas fortunas e nossa sagrada honra.[12]

---

[12] Declaração de Independência dos Estados Unidos da América. 1776. Disponível em: <http://www.uel.br/pessoal/jneto/gradua/historia/recdida/declaraindepeEUAHISJNeto.pdf>. Acesso em: 11 de nov. 2019.

11. ESCRITOS POLÍTICOS – THOMAS JEFFERSON (1785-1788)

Como redator da *Declaração dos Direitos* e do *Estatuto de Liberdade Religiosa* do Estado da Virgínia, além da própria *Declaração de Independência dos Estados Unidos da América*, Thomas Jefferson (1743-1826) ganhou espaço de destaque intelectual entre os diversos participantes do processo de independência estadunidense. Defensor da ideia de que todos os homens deveriam ter o direito inalienável à vida, à liberdade e à busca da felicidade, Jefferson exerceu o cargo de presidente dos Estados Unidos entre 1801 e 1809, à frente do Partido Republicano. Antes disso, porém, este filho de uma rica família de fazendeiros da Virgínia passou pela grande experiência de ser o embaixador dos Estados Unidos na França, de 1785 a 1789, tendo testemunhado *in loco* os primeiros passos da Revolução Francesa. Então, por meio de uma riquíssima troca de correspondências com as principais lideranças da nova nação norte-americana, Jefferson expôs toda a sua repugnância em relação à monarquia e aos governos repressores do velho continente europeu, apresentando, em seu lugar, a educação do povo comum por um governo republicano como o único caminho possível para a conquista da felicidade e da liberdade.

II. Efeito da Forma de Governo sobre a Felicidade do Povo

1. Os males do governo hereditário e as vantagens do governo republicano

Realmente, é difícil conceber como um povo tão bom, como um rei tão bom, com governantes, em geral, com tão boas disposições, um clima tão ameno, um solo tão fértil, se torne tão ineficaz para produzir a felicidade humana por meio de uma única maldição – a da má forma de governo. É, entretanto, uma realidade. A despeito da moderação de seus governantes, o povo é pulverizado pelos vícios da forma de governo. Dos vinte milhões de habitantes que se supõe existam na França, sou de opinião que há dezenove milhões mais infelizes, mais malfadados, que o mais conspicuamente infeliz indivíduo de todos os Estados Unidos.
À Sra. Elizabeth Trist, Paris, 18 de agosto de 1785.

[...]

Nosso Ato para Liberdade de Religião está sendo extremamente aplaudido. Os embaixadores e ministros das várias nações da Europa, residentes nesta Corte, pediram-me cópias dele para enviá-las a seus soberanos, e ele foi inserido em todo o seu teor em vários livros agora no prelo, entre outros na *Encyclopédie*. Penso que produzirá considerável bem, mesmo nos países em que a ignorância, a superstição, a pobreza e a opressão do corpo e do espírito, em todas as formas, se acham tão firmemente estabelecidas na massa do povo que não se pode esperar que delas se desembaracem. Se todos os soberanos da Europa se dispusessem a trabalhar para emancipar o espírito dos súditos da ignorância e dos preconceitos atuais, e isso com o mesmo zelo com que se esforçam ao contrário, um milênio não os colocaria no mesmo alto nível que é o ponto de partida de nosso povo. O nosso não poderia ter sido tão belamente colocado sob o controle do senso comum do povo, não tivesse este sido separado de seus antepassados e mantido livre de contaminação, quer por eles, quer pelo povo do outro mundo, pela intervenção de tão vasto oceano. Para se conhecer o valor disso, deve ver-se-lhe a falta aqui. Julgo até então que a lei mais importante em todo o nosso código é a que se destina à difusão do conhecimento entre o povo. Não se pode criar outro fundamento mais seguro para a preservação da liberdade e da felicidade. Se alguém julga que reis, nobres ou sacerdotes são bons conservadores da felicidade pública, que venha para cá. É a melhor escola no mundo para curá-lo dessa loucura. Verá, com os próprios olhos, que essas classes de homens constituem uma ameaça à felicidade da massa do povo. A onipotência de seu efeito só se prova melhor neste país em particular, onde, não obstante o mais belo solo sobre a terra, o mais belo clima sob o céu e o povo mais benevolente, o mais alegre e amável caráter de que é suscetível a forma humana – onde tal povo, digo, cercado de tantas bênçãos da natureza, se acha oprimido de misérias pelos reis, nobres e sacerdotes, e por eles somente. Pregai, meu caro senhor, uma cruzada contra a ignorância. Estabelecei e melhorai a lei para educar o povo comum. Façamos saber a nossos compatriotas que somente o povo pode proteger-nos contra esses males, e que o tributo a ser pago para esse fim não é mais que a milionésima parte do que será pago a reis, sacerdotes e nobres que se erguerão entre nós se deixarmos o povo na ignorância.

A George Wythe, Paris, 13 de agosto de 1786.

[...]

Confesso que não sou amigo de governo muito enérgico. É sempre opressivo. Coloca os governadores, de fato, mais à vontade a expensas do povo. A última rebelião em Massachusetts proporcionou muito mais alarma do que penso devesse ter proporcionado. Calculai que uma única rebelião em treze Estados, no decurso de onze anos, constitui apenas uma para cada Estado num século e meio. Nenhum país estaria tanto tempo sem uma. Nem qualquer grau de poder nas mãos do governo impedirá insurreições. Na Inglaterra, onde a mão do poder é mais pesada que entre nós, raramente decorre meia dúzia de anos sem haver insurreição. Na França, onde ela é ainda mais pesada, se bem que menos despótica – como supõe Montesquieu – do que alguns outros países, e onde há sempre duzentos ou trezentos mil homens prontos para esmagar insurreições, houve três no decorrer dos três anos e meio em que tenho estado aqui, em cada uma das quais se empenhou maior número de homens do que em Massachusetts e se derramou mais sangue. Na Turquia, onde só cabecear o déspota significa morte, insurreições constituem os eventos de cada dia. Comparai, mais ainda, as ferozes depredações dos insurretos deles com a ordem, a moderação e a quase modéstia dos nossos. E dizei, finalmente, se se preserva melhor a paz dando energia ao governo ou instruindo o povo. Esta última é a mais certa e a mais legítima máquina de governo. Educai e esclarecei toda a massa do povo. Capacitai-o a ver que é do interesse dele preservar a paz e a ordem, e ele as preservará. E isto não requer elevadíssimo grau de educação para convencê-lo. O povo é a única base de confiança para preservação de nossa liberdade.

A James Madison, Paris, 20 de dezembro de 1787.

[...]

2. Sobre os males das monarquias

Eu era inimigo ferrenho de monarquias antes da minha vinda à Europa. Sou dez mil vezes mais desde que vi o que elas são. Não há, dificilmente, um mal que se conheça nestes países, cuja origem não possa ser atribuída a seus reis, nem um bem que não derive das pequenas fibras de republicanismo existente entre elas. Posso acrescentar, com segurança, que não há, na Europa, cabeça coroada cujo talento ou cujos méritos lhe dessem direito a ser eleito, pelo povo, conselheiro de qualquer paróquia.

A George Washington, Paris, 2 de maio de 1788.[13]

---

[13] JEFFERSON, Thomas. *Escritos políticos*. São Paulo: Abril Cultural, 1979, p. 11-6. (Col. Os pensadores.)

12. O FEDERALISTA (1788)

Fruto da reunião de artigos publicados na imprensa de Nova York em 1788 por Alexander Hamilton (1757-1804), James Madison (1751-1836) e John Jay (1745-1829), *O Federalista* tinha o objetivo de contribuir para a campanha de ratificação da nova Constituição elaborada na Filadélfia pela Convenção Federal, em meados de 1787, em substituição aos artigos da Confederação aprovados em 1781. A nortear as ideias dos três destacados líderes da Independência estadunidense, de um lado estão o combate à fragilidade do governo central criado pelos artigos da Confederação e a defesa de um pacto federal entre os diversos estados que fosse capaz de preservar a unidade nacional e a propriedade privada contra aquilo que eles chamavam já conservadoramente de "os excessos do povo" – isto é, o desejo de democratização radical surgido no decorrer da Independência –; de outro lado, a preocupação com o mal gerado pela existência de facções e com a possibilidade de a democracia degenerar em tirania em virtude do poder que é conferido por ela às maiorias, o que deveria ser combatido pela formação de uma República representativa de grande extensão territorial assentada no princípio da separação dos poderes.

O Tamanho e as Diversidades da União como um Obstáculo às Facções (Madison)

[...]
Entendo como facção um grupo de cidadãos, representando quer a maioria, quer a minoria do conjunto, unidos e agindo sob um impulso comum de sentimentos ou de interesses contrários aos direitos dos outros cidadãos ou aos interesses permanentes e coletivos da comunidade.

Há dois processos para remediar os malefícios das facções: um, pela remoção de suas causas; outro, pelo controle de seus efeitos.

Há também dois processos para remover as causas das facções: um, pela destruição da liberdade, que é essencial à sua existência; outro, fazendo com que todos os cidadãos tenham as mesmas opiniões, os mesmos sentimentos e os mesmos interesses. Nada seria mais verdadeiro do que afirmar que o primeiro remédio é pior que a doença. A liberdade é para as facções o que o ar é para o fogo, um elemento sem o qual elas instantaneamente se extinguem. Mas, suprimir a liberdade – que é essencial à vida política –, porque ela alimenta as facções, não seria uma tolice menor do que desejar a eliminação do ar – que é essencial à vida animal –, porque ele confere ao fogo seu poder destruidor.

O segundo expediente é tão impraticável quanto o primeiro seria insensato. Na medida em que a razão do homem continuar falível e ele puder usá-la à vontade, haverá sempre opiniões diferentes. Enquanto subsistir a conexão entre o raciocínio e o amor-próprio, suas opiniões e suas paixões terão uma influência recíproca umas sobre as outras; e as primeiras serão objetos aos quais as últimas se apegarão. A diversidade das aptidões humanas, nas quais se originam os direitos de propriedade, não deixam de ser um obstáculo quase insuperável para uma uniformidade de interesses. A proteção dessas aptidões é o primeiro objetivo do governo. Da proteção de aptidões diferentes e desiguais para adquirir bens, resulta imediatamente a posse de diferentes graus e tipos de propriedade; e a influência destes sobre os sentimentos e opiniões dos respectivos proprietários acarreta uma divisão da sociedade em diferentes interesses e partidos.

[...]

A conclusão a que somos levados é a de que as *causas* da facção não podem ser removidas e de que o remédio a ser buscado se encontra apenas nos meios de controlar os seus *efeitos*.

Se uma facção não chega a constituir maioria, o remédio é fornecido pelo princípio republicano, que habilita o partido majoritário a derrotar, através de votação regular, os projetos inconvenientes. A facção pode emperrar a administração e mesmo convulsionar a sociedade, mas, segundo prevê a Constituição, será incapaz de fazê-lo mascarando sua violência. Quando a maioria integra uma facção, a forma do governo popular, por sua vez, a habilita a sacrificar à sua paixão pelo poder ou a seus interesses tanto o bem público como os direitos dos outros cidadãos. Resguardar este bem público e estes direitos individuais contra os perigos de tal facção e, ao mesmo tempo, preservar o espírito e a forma do governo popular é, portanto, o grande objetivo para o qual nossas pesquisas estão voltadas. Permito-me acrescentar que é este o único grande desiderato pelo qual esta forma de governo pode ser salva do opróbrio de que, há muito, vem padecendo e ser recomendada à estima e à adoção pela humanidade.

Através de que meios pode este objetivo ser atingido? Evidentemente, há apenas dois. Ou se evita a ocorrência, simultaneamente, das mesmas paixões ou interesses por parte da maioria, ou esta maioria, coexistindo com tais paixões e interesses, tem de ser tornada incapaz, quantitativa e localmente, de tramar e executar esquemas de opressão. Se o impulso e a oportunidade coincidirem, sabemos que nem razões de ordem moral ou religiosa poderão oferecer um controle adequado. Tais razões não prevalecem sobre a injustiça e a violência dos indivíduos e perdem sua força na mesma proporção em que cresce o grupo em conluio, isto é, à medida que essa força se torna mais necessária.

A partir deste ponto de vista da questão, pode-se concluir que uma democracia pura – que defino como uma sociedade congregando um pequeno número de cidadãos que se reúnem e administram o governo pessoalmente – tem de admitir que não há cura para os males da facção. Uma paixão ou interesse comum dominará, em quase todos os casos, a maioria do conjunto; da própria forma de governo resultarão entendimentos e acordos; e nada haverá para controlar a propensão para sacrificar o partido mais fraco ou um indivíduo antipático. É por isso que tais democracias têm sido sempre palco de distúrbios e controvérsias, têm-se revelado incapazes de garantir a segurança pessoal ou os direitos de propriedade e, em geral, têm sido tão breves em suas vidas quanto violentas em suas mortes. Os políticos teóricos, que defendem tais tipos de governo, erroneamente supõem que ao reduzir a humanidade a uma perfeita igualdade em seus direitos políticos, conseguirão ao mesmo tempo igualar e assemelhar completamente seus bens, suas opiniões e seus sentimentos.

Uma república – que defino como um governo no qual se aplica o esquema de representação – abre uma perspectiva diferente e promete a cura que estamos buscando. Examinemos os pontos nos quais ela difere da democracia pura e compreenderemos tanto a natureza da cura como as vantagens que devem resultar da União.

Os dois grandes pontos de diferença entre uma democracia e uma república são: primeiro, o exercício do governo, nesta última, é delegado a um pequeno número de cidadãos eleitos pelos demais: segundo, são bem maiores o número de seus cidadãos e a área que ela pode abranger.

[...]

A questão resultante é se repúblicas pequenas são mais propícias do que as grandes à eleição de adequados guardiões do bem-estar público; a resposta é claramente a favor das grandes, por duas considerações óbvias.

Em primeiro lugar, deve-se observar que, por menor que seja uma república, seus representantes não devem ser muitos poucos, a fim de evitar a conspiração de alguns; e, por maior que ela seja, também não devem ser por demais numerosos, a fim de prevenir a confusão das multidões. Assim nos dois casos, o número dos representantes não sendo proporcional ao dos constituintes e até relativamente maior na república pequena, segue-se que, se a percentagem de personalidades capazes não for menor nas grandes do que nas pequenas repúblicas, aquelas terão maiores opções e, consequentemente, melhores probabilidades de escolhas acertadas.

Em segundo lugar, como cada representante será escolhido por um número maior de cidadãos nas grandes do que nas pequenas repúblicas, será mais difícil para os candidatos sem mérito utilizar a vitória nas eleições; e os sufrágios do povo, sendo mais livres, terão maior probabilidade de se concentrarem sobre pessoas que possuam os méritos mais atraentes e personalidades mais firmes e propagadoras.

[...]

Assim, vê-se claramente que as mesmas vantagens que uma república apresenta sobre uma democracia, em controlar os efeitos de facções, são desfrutadas por uma grande república em relação a uma pequena – e, pois, desfrutada pela União sobre os Estados que a compõem. Resultarão tais vantagens da substituição de representantes cujas opiniões esclarecidas e virtuosos sentimentos os colocam acima dos preconceitos locais e das maquinações injustas? Não se poderá negar que a representação da União tem mais probabilidades de possuir esses atributos indispensáveis. Não constitui ela uma segurança maior – propiciada pelo grande número e variedade de partidos – contra a eventualidade de qualquer dos partidos conquistar maioria e oprimir os restantes? Na mesma medida a maior variedade de partidos existentes dentro da União aumenta esta segurança. Em suma – não se criarão com ela maiores obstáculos ao planejamento e consecução de secretas aspirações de uma maioria injusta e interesseira? Aqui, ainda uma vez, o âmbito da União oferece as vantagens mais evidentes.

A influência de líderes facciosos pode provocar incêndios nos respectivos Estados, mas não será capaz de propagar uma conflagração geral entre os demais. Uma seita religiosa pode degenerar em facção política em uma parte da Confederação, mas a variedade de seitas dispersas por todo o seu território será de molde a preservar os conselhos nacionais contra quaisquer perigos oriundos dessa fonte. Uma necessidade violenta de papel-moeda, de abolir dívidas, de divisão igual da propriedade ou qualquer outro projeto impróprio ou pernicioso terá menos probabilidades de ser aceito por todo o corpo da União do que por um de seus membros, do mesmo modo que uma praga poderá infeccionar determinados distritos ou regiões, sem atacar todo o Estado.

Assim, dispomos, no âmbito e na estrutura adequada da União, de um remédio republicano para as doenças mais incidentes sobre um governo republicano. E de acordo com o grau de satisfação e orgulho que sentirmos por sermos republicanos será nosso entusiasmo em louvar o espírito e apoiar a posição dos federalistas.[14]

---

[14] WEFFORT, Francisco (org). *Os clássicos da política*. São Paulo: Ática, 1993, p. 262-9, v.1.

CAPÍTULO 2

OS DIREITOS HUMANOS
NO PERÍODO PÓS-REVOLUÇÃO FRANCESA:
A CONQUISTA DOS DIREITOS CIVIS E POLÍTICOS II

O primeiro ciclo de afirmação dos direitos humanos na história mundial tem na Revolução Francesa de 1789 um marco divisor inquestionável. Em primeiro lugar porque, diferentemente da Revolução Inglesa e da Independência dos Estados Unidos da América, ela tem um caráter decididamente universal, tendo direcionado a expansão dos seus ideais revolucionários para além dos limites das fronteiras nacionais do Estado francês.

Ademais, com sua natureza universal, a Revolução de 1789 distingue-se dos dois processos revolucionários que lhe antecederam também pela sua capacidade de colocar em cena sujeitos sociais e projetos de sociedade os mais diversos possíveis, todos eles dispostos a se entrechocarem em nome da liderança do processo de construção de um novo Estado e de uma nova sociedade.

A imagem que mais se aproxima daquilo que a França, a Europa e, por que não dizer, o mundo inteiro viveram a partir de 1789 é a de uma orquestra que mistura sons discordantes entre si, ou seja, uma cacofonia. Desde então, no bojo dessa cacofonia política, vieram à superfície de maneira explícita as mais variadas espécies de posicionamento político: reacionários, conservadores, revolucionários moderados, revolucionários extremados etc.

Não custa nada recordar que o próprio uso político da distinção entre "esquerda" e "direita" tem suas origens na França revolucionária, mantendo-se até hoje, passados mais de dois séculos, ainda que entre trancos e barrancos, como referência fundamental para a divisão do universo político em duas partes opostas. A primeira, identificada com as forças de transformação e do progresso; a segunda, colada às ideias de conservação e de ordem.

No que diz respeito especificamente aos direitos civis e políticos, o pós-1789 apresenta-se como um período constituído por inúmeras ondas formadas de avanços, estagnações e recuos, condicionadas pelas formas mediante as quais o pensamento liberal e a burguesia se posicionaram frente às crescentes pressões exercidas pelos movimentos sociais de trabalhadores inspirados pelos novos ideários democrático e socialista.

Dessa forma, entre 1789 e a segunda metade do século XIX, começam a ganhar forma no cenário político internacional desde um liberalismo tipicamente conservador – preocupado com a defesa a todo custo da propriedade privada e da economia livre de mercado – até um liberalismo democrático – engajado na necessidade de incorporar ao projeto liberal clássico as demandas democráticas advindas de baixo, das classes sociais subalternas, como o sufrágio universal –, passando por um liberalismo social, patrocinador da proposta de implementação de reformas sociais capazes de manter sob controle as possíveis insatisfações surgidas entre os trabalhadores. Um liberalismo que, nas suas três distintas expressões, nunca abriu mão da denúncia da tirania das maiorias e da defesa dos direitos das minorias a se expressar livremente.

Na verdade, o liberalismo pós-Revolução Francesa de 1789 foi obrigado a conviver com três novas realidades político-ideológicas, três novos projetos que, entre os próprios liberais até então hegemônicos, disputavam entre si o papel de liderança na construção do novo mundo contemporâneo: a democracia, o socialismo e o nacionalismo.

Assim, ora combatendo, ora aliando-se, os liberais tiveram de abrir os canais de diálogo com essas três novas tradições políticas. Isso, porém, não em meio a um período de paz perpétua, mas sim no decorrer da eclosão de inúmeras revoluções violentas voltadas para o aniquilamento das forças da conservação ainda remanescentes do Antigo Regime.

Dentro desse contexto, a conquista dos direitos civis e políticos continua a girar geograficamente em torno da Inglaterra, dos Estados Unidos e da França. Isso ocorre por meio das várias declarações de direitos que permaneceram sendo produzidas nesses países, tanto quanto pela riqueza da obra de alguns dos seus mais célebres filhos (os ingleses Thomas Paine e John Stuart Mill e o francês Alexis de Tocqueville), ou ainda por intermédio de movimentos que miravam a incorporação na sociedade de segmentos mais vastos da população desses países, como foram os casos da luta dos cartistas na Inglaterra e da batalha pela abolição da escravidão, responsável pela eclosão da Guerra de Secessão entre 1861 e 1865 nos Estados Unidos.

No entanto, no decorrer das revoluções que se sucederam durante o século XIX (1830, 1848 e 1871), é notório o início da sua expansão para outros países, por exemplo, para as duas novas nações que se formaram na segunda metade dos novecentos: Itália e Alemanha. Um movimento de universalização iniciado com a Revolução Francesa, que talvez tenha na figura do "cidadão do mundo" Giuseppe Garibaldi, nascido na Itália, sua mais perfeita expressão.

1. DECLARAÇÃO DOS DIREITOS DO HOMEM E DO CIDADÃO (1789)

No dia 14 de julho de 1789, o enfurecido povo de Paris tomava de assalto a Bastilha. Símbolo maior do absolutismo monárquico francês, a fortaleza construída no século XIV – que, em pouco tempo, havia se tornado a prisão oficial dos principais adversários do Antigo Regime na França – acabou por se tornar o alvo principal de uma massa de indivíduos socialmente insatisfeitos com o reinado de Luís XVI. Em termos políticos, a tomada da Bastilha por uma massa de homens e mulheres marcados pela fome representava a rebelião do Terceiro Estado, constituído por plebeus das mais diversas origens, contra o poder dos nobres e do alto clero – Primeiro e Segundo Estados. Uma rebelião que se transformou progressivamente em revolução à medida que o Terceiro Estado, por um lado, autodeclarou-se Assembleia Nacional, em 17 de junho, e, por outro lado, proclamou uma declaração – a Declaração dos Direitos do Homem e do Cidadão – antes mesmo da elaboração da nova Constituição francesa, em 26 de agosto. Com isso, a Revolução Francesa criava não apenas o atestado de óbito do Antigo Regime nos limites do território francês, como também toda uma tradição universalista de reconhecimento dos direitos civis.

> Os representantes do Povo Francês, constituídos em Assembleia Nacional, considerando que a ignorância, o esquecimento ou o desprezo dos direitos do homem são as únicas causas dos males públicos e da corrupção dos governos, resolveram expor numa Declaração solene os direitos naturais, inalienáveis e sagrados do homem, a fim de que essa Declaração, constantemente presente a todos os membros do corpo social, lhes recorde incessantemente seus direitos e deveres; a fim de que os atos do poder

legislativo e os do poder executivo, podendo ser comparados a todo instante com a finalidade de cada instituição política, sejam mais respeitados; a fim de que as reclamações dos cidadãos, baseadas daqui por diante em princípios simples e incontestáveis, redundem sempre na manutenção da constituição e na felicidade de todos.

Em consequência, a Assembleia Nacional reconhece e declara, em presença e sob os auspícios do Ser Supremo, os direitos seguintes do Homem e do Cidadão:

I – Os homens nascem e permanecem livres e iguais em direitos; as distinções sociais não podem ser baseadas senão na utilidade comum.

II – O objetivo de toda associação política é a conservação dos direitos naturais e imprescritíveis do homem; esses direitos são a liberdade, a propriedade, a segurança e a resistência à opressão.

III – O princípio de toda soberania reside essencialmente na nação; nenhuma corporação, nenhum indivíduo pode exercer autoridade que dela não emane expressamente.

IV – A liberdade consiste em poder fazer tudo aquilo que não prejudique a outrem. Assim, o exercício dos direitos naturais de cada homem não tem outros limites senão os que assegurem aos outros membros da sociedade o gozo desses mesmos direitos; esses limites não podem ser determinados senão pela lei.

V – A lei não tem senão o direito de proibir as ações prejudiciais à sociedade. Tudo que não seja proibido pela lei não pode ser impedido e ninguém pode ser obrigado a fazer o que ela não ordene.

VI – A lei é expressão da vontade geral; todos os cidadãos têm direito de concorrer pessoalmente ou por seus representantes à sua elaboração; ela deve ser a mesma para todos, seja protegendo, seja punindo. Todos os cidadãos, sendo iguais diante dela, são igualmente admissíveis a todas as dignidades, lugares e empregos públicos, segundo sua capacidade e sem outras distinções que as de suas virtudes e talentos.

VII – Ninguém pode ser acusado, detido nem conservado preso, senão nos casos determinados pela lei e segundo as formas por ela prescritas. Aqueles que solicitarem, expedirem, executarem ou fizerem executar ordens arbitrárias devem ser punidos; mas todo cidadão convocado ou detido em virtude da lei deve obedecer prontamente: ele se torna culpado pela resistência.

VIII – A lei não deve estabelecer senão as penas estrita e evidentemente necessárias e ninguém pode ser punido senão em virtude de uma lei elaborada e promulgada anteriormente ao delito e legalmente aplicada.

IX – Sendo todo homem considerado inocente até que seja declarado culpado, se for preciso prendê-lo, todo rigor desnecessário para consegui-lo deve ser severamente reprimido.

X – Ninguém deve ser molestado por causa de suas opiniões, mesmo religiosas, desde que sua manifestação não perturbe a ordem pública estabelecida pela lei.

XI – A livre manifestação dos pensamentos e opiniões é um dos direitos mais preciosos do homem; todo cidadão pode, portanto, falar, escrever, imprimir livremente, sob condição de responder pelo abuso dessa liberdade nos casos determinados pela lei.

XII – A garantia dos direitos do homem e do cidadão necessita de uma força pública; essa força é assim instituída para o benefício de todos e não para a utilidade particular daqueles a quem ela é confiada.

XIII – Para a manutenção da força pública e despesas de administração, uma contribuição comum é indispensável; ela deve ser repartida entre todos os cidadãos, segundo as suas possibilidades.

XIV – Os cidadãos têm direito de verificar por si mesmos ou por seus representantes a necessidade da contribuição pública, admiti-la livremente, acompanhar-lhe o emprego e determinar-lhe o total, sua repartição, cobrança e duração.

XV – A sociedade tem o direito de pedir a todo agente público contas de sua administração.

XVI – Não possui constituição toda sociedade na qual a garantia dos direitos não esteja assegurada nem determinada a separação dos poderes.

XVII – Sendo a propriedade um direito inviolável e sagrado, ninguém pode ser privado da mesma, a não ser quando a necessidade pública, legalmente verificada, o exigir evidentemente e sob a condição de uma justa e prévia indenização.[1]

2. DECLARAÇÃO DE DIREITOS DOS ESTADOS UNIDOS DA AMÉRICA (1789)

Votadas pelo Congresso dos Estados Unidos da América em 25 de setembro de 1789, as dez primeiras emendas à Constituição Federal constituem a Declaração de Direitos que se encontrava ausente no texto constitucional estadunidense aprovado em 1787. Tal ausência foi condenada tão logo os congressistas reuniram-se no decorrer da primeira legislatura. Então, sob a iniciativa do "federalista" James Madison, é apresentada uma proposta de emenda constitucional equivalente a

---

[1] FALCON, Francisco; MOURA, Gerson. *A formação do mundo contemporâneo*. Rio de Janeiro: Campus, 1989, p. 67-8.

uma declaração de direitos fundamentais. Esse autêntico *bill of rights* estadunidense trará no seu bojo duas das principais marcas daquilo que, durante o século XX, para o bem ou para o mal, se apresentou ao mundo inteiro como um novo paradigma civilizacional, ou, dito de outra maneira, dois ingredientes formadores do tão sonhado *american way of life* – o "estilo de vida americano". De um lado, o direito à liberdade religiosa, de palavra e de imprensa – responsável pela construção da imagem dos Estados Unidos como a "pátria dos direitos civis". De outro, o direito de manter e portar armas – base legal da transformação dos Estados Unidos em um país onde o "culto às armas" se apresenta como elemento constituinte da cultura nacional.

Emenda I
O Congresso não legislará no sentido de estabelecer uma religião, nem proibir o livre exercício de uma; nem cerceando a liberdade de expressão, ou de imprensa; ou o direito de o povo se reunir pacificamente e dirigir petições ao Governo para reparação de injustiças.

Emenda II
Sendo necessária à segurança de um Estado livre a existência de uma milícia bem organizada, o direito do povo a possuir e usar armas não poderá ser infringido.

Emenda III
Nenhum soldado deve, em tempo de paz, ficar alojado em qualquer casa sem o consentimento do proprietário, nem em tempo de guerra, a não ser da forma prescrita pela lei.

Emenda IV
O direito do povo à inviolabilidade de pessoas, casas, documentos e propriedade pessoal contra buscas e apreensões não razoáveis não deve ser violado, e não devem ser emitidos mandatos a não ser com causa provável apoiada por juramento ou declaração e descrevendo especificamente o local da busca e as pessoas ou coisas a serem apreendidas.

Emenda V
Nenhuma pessoa será detida para responder por um crime capital, ou outro crime infame, salvo por denúncia ou acusação perante um Grande Júri, exceto em casos que ocorram nas forças navais ou terrestres, ou na milícia, quando em serviço efetivo em situação de guerra ou perigo público;

nem pode qualquer pessoa ser julgada duas vezes pelo mesmo crime cuja condenação possa levar à pena capital ou ao encarceramento; nem ser obrigada a servir de testemunha em qualquer processo criminal contra si mesma, nem ser privada de vida, liberdade ou bens sem o devido processo legal; nem a propriedade privada poderá ser expropriada para uso público sem justa indenização.

Emenda VI
Em todos os processos penais o acusado terá direito a um julgamento rápido e público por um júri imparcial do Estado e distrito onde o crime tenha sido cometido, distrito esse que será previamente estabelecido por lei, e a ser informado da natureza e causa da acusação; a ser confrontado com as testemunhas de acusação; a ter um processo obrigatório para obtenção de testemunhas a seu favor e a ter a assistência de um advogado para sua defesa.

Emenda VII
Nos processos de direito consuetudinário, quando o montante em disputa exceder vinte dólares, deve ser garantido o direito a julgamento por júri, cuja decisão não poderá ser revista senão de acordo com as regras do direito consuetudinário.

Emenda VIII
Não será exigida fiança excessiva, nem impostas multas excessivas, nem penas cruéis ou invulgares.

Emenda IX
A enumeração de certos direitos na Constituição não deverá ser interpretada como negação ou coibição de outros direitos inerentes ao povo.

Emenda X
Os poderes não delegados aos Estados Unidos pela Constituição, nem por ela negados aos Estados, são reservados aos Estados ou ao povo, respectivamente.[2]

---

[2] Declaração dos Direitos dos Estados Unidos da América. 1789. Disponível em: <https://photos.state.gov/libraries/adana/30145/publications-other-lang/PORTUGUESE-CONTINENTAL.pdf>. Acesso em: 21 de nov. 2019.

3. DIREITOS DO HOMEM – THOMAS PAINE (1791-1792)

Vitoriosa a Independência dos Estados Unidos da América, Thomas Paine passa a se engajar no ambicioso projeto de lutar pela implantação da República nos países do Velho Continente – particularmente na França e na Inglaterra. Tendo esse objetivo em vista, Paine lançou em solo inglês, nos anos de 1791 e 1792, as duas partes de *Direitos do homem*. Na sua argumentação favorável à Revolução Francesa e à introdução da República na Inglaterra, era claro o confronto com as teses expostas pelo pensador contrarrevolucionário britânico Edmund Burke, que, no livro *Reflexões sobre a revolução na França*, atacara duramente a Revolução Francesa, saindo em defesa da Monarquia britânica. Contrariamente ao que defendia Burke, Paine procurou definir a República como a única forma de governo vinculada à razão, diversamente da Monarquia, sustentada pela ignorância de um país. No entanto, como que a demonstrar o seu caráter intransigentemente rebelde, Paine foi duplamente perseguido: de um lado, pela Monarquia britânica, que, acusando-o de sedição, o obrigou a deixar a Inglaterra; de outro lado, pelos jacobinos franceses, que, insatisfeitos com sua oposição à execução de Luís XVI, o mantiveram encarcerado por dez meses.

A George Washington
Presidente dos Estados Unidos da América

SENHOR: Apresento-vos um pequeno tratado em defesa dos princípios de liberdade para cujo estabelecimento tanto contribuiu a vossa exemplar virtude. Que os direitos do homem possam tornar-se universais como deseja a vossa benevolência, e que vos seja dado ter a ventura de ver o Novo Mundo regenerar o Velho, é a prece de, Senhor, vosso obrigado, obediente e humilde servidor, Thomas Paine.

[...]

CONCLUSÃO DA PRIMEIRA PARTE

A razão e a ignorância, coisas que se opõem, influenciam a grande massa da humanidade. Se qualquer delas consegue divulgar-se suficientemente num país, a máquina do governo pode prosseguir facilmente. A razão apresenta-se, e a ignorância submete-se ao que lhe é dito.

Os dois modos de governo que prevalecem no mundo são, em primeiro lugar, o governo por eleição e representação; em segundo lugar, o governo por sucessão hereditária. Aquele é geralmente conhecido pelo nome de república; este pelo nome de monarquia e aristocracia.

Essas duas formas distintas e opostas se erguem nas duas bases distintas e opostas da razão e da ignorância. Como o exercício do governo exige qualidades e capacidades, e como os talentos e as capacidades não possuem linha hereditária, é claro que a sucessão hereditária exige do homem uma crença que a sua razão não consegue subscrever e que só pode ser estabelecida sobre a sua ignorância; e quanto mais ignorante um país, tanto mais adequado a essa espécie de governo.

Pelo contrário, o governo numa república bem constituída não exige do homem crença outra que não a que lhe é dada pela razão. Ele vê a lógica do sistema inteiro, a sua origem e a sua operação; e sendo mais defendido na medida em que é melhor compreendido, as faculdades humanas agem com ousadia e, sob tal forma de governo, adquirem gigantesca virilidade.

[...]

Quando examinamos a infeliz condição do homem nos sistemas monárquicos e hereditários de governo, arrebatado do lar por uma força ou expulso por outra, e empobrecido pelos impostos mais do que pelos inimigos, torna-se evidente serem tais sistemas maus, e necessária uma revolução geral no princípio e na construção dos governos.

Que é o governo mais do que a gerência dos negócios de uma nação? Não é, e por natureza não pode ser, propriedade de nenhum homem, de nenhuma família, mas sim de toda a comunidade, que o sustenta; e embora por força ou dolo tenha sido usurpado e transformado em coisa hereditária, a usurpação não pode alterar o direito das coisas.

A soberania, como questão de direito, pertence exclusivamente à nação, e não a indivíduo nenhum; e toda nação tem sempre o direito inerente e inalienável de abolir qualquer forma de governo que ela considere inconveniente e estabelecer a que se harmonize com o seu interesse, disposição e felicidade. A romântica e bárbara distinção dos homens em soberanos e súditos, apesar de servir à condição dos cortesãos, não serve à dos cidadãos, e é destruída pelo princípio sobre o qual se fundam atualmente os governos. Todo cidadão é membro da soberania e como tal não pode reconhecer sujeição pessoal, e só pode obedecer às leis.

Quando os homens refletem no que é o governo, devem necessariamente imaginar que possui conhecimento de todos os propósitos e questões sobre os quais deve ser exercida a sua autoridade. Assim encarado o governo, o sistema republicano, estabelecido pela América e pela França, age para abranger toda uma nação; e o conhecimento necessário ao interesse de todas as partes deve ser encontrado no centro que as partes formam por representação. Todavia, os antigos governos se assentam numa construção que exclui tanto o conhecimento como a felicidade; o governo por monges, que nada sabem do mundo fora das paredes de um convento, é tão coerente quanto o governo por soberanos.

O que antigamente se chamou revolução foi pouco mais do que simples mudança de pessoas ou alteração de circunstâncias locais. Era com uma coisa que se erguia e tombava naturalmente, nada tendo em sua existência ou destino que pudesse influenciar para além do lugar que a tinha produzido. Mas o que agora se nos depara no mundo, depois da revolução da América e da revolução da França, é uma renovação da ordem natural das coisas, sistema de princípios tão universal quanto a verdade e a existência do homem, e a combinação da felicidade moral com a política e a prosperidade nacional:

I. Os homens nascem e continuam sempre livres e iguais com relação aos seus direitos. Por conseguinte, as distinções civis só podem estribar-se na utilidade pública.
II. O fim de toda associação política é a preservação dos direitos naturais e imprescritíveis do homem; e esses direitos são liberdade, propriedade, segurança e resistência à opressão.
III. A nação é essencialmente fonte de toda soberania; nenhum indivíduo nem nenhum grupo de indivíduos pode ter direito à autoridade que dela se não derive expressamente.

Não há nesses princípios nada capaz de atirar uma nação à balbúrdia pelo atiçamento da ambição. Destinam-se a invocar a prudência e as capacidades e a exercê-las para o bem público e não para o engrandecimento nem proveito de classes especiais de homens ou famílias. Fica abolida a soberania monárquica, inimiga da humanidade e fonte de miséria; e a soberania volta ao seu lugar natural e original, a nação. Se fosse o caso em toda a Europa, estaria eliminada a causa das guerras.
[...]
Como não é difícil notar, pelo estado esclarecido da humanidade, que os governos hereditários se estão acercando do declínio e que as revoluções sobre a ampla base da soberania nacional e do governo por representação estão abrindo caminho na Europa, seria ato de sensatez antecipar-lhes a aproximação e efetuar revoluções pela razão e pela acomodação, e não por convulsões.

Pelo que nos é dado ver agora, não se pode ter por improvável nada do que seja reforma no mundo político. É uma época de revoluções, em que tudo se pode procurar. A intriga das cortes, pelas quais se mantém o sistema de guerra, é capaz de provocar uma confederação de nações destinada a aboli-la; e um congresso europeu destinado a patrocinar o progresso do livre governo e promover a civilização das nações uma com relação a outra é coisa mais provável do que foram outrora as revoluções e a aliança da França e da América.[3]

4. A MARSELHESA (1792)

Em 1792, a história da França revolucionária passou a ter uma nova expressão, diversa daquela nascida em julho de 1789, quando da irrupção do processo revolucionário. Nesse momento, a revolução concretiza aquilo que já se encontrava no âmago do seu projeto histórico, isto é, a ruptura com os soberanos europeus. Da declaração de guerra à Áustria, no mês de abril, até o golpe de Estado dado pelo general Bonaparte em novembro de 1799, viveu-se uma guerra entre revolucionários e déspotas, uma guerra ideológica que atravessava o interior de cada povo com uma linha divisória própria entre revolucionários e contrarrevolucionários, batendo-se pela abolição ou manutenção do Antigo Regime. Nesse período, uma canção patriótica começou a ser entoada pelos soldados que compunham o exército considerado imbatível por quase duas décadas: o Grande Exército francês. Composta logo após a declaração de guerra à Áustria por um oficial do destacamento de Estrasburgo chamado Rouget de Lisle, a Marselhesa foi declarada canto nacional em 14 de julho de 1795, chegando a se tornar o hino nacional da III República Francesa em 1879. No entanto, para além do seu reconhecimento oficial, a Marselhesa se impõe até hoje como um hino à liberdade.

1
Avante, filhos da Pátria,
O dia da Glória chegou.
O estandarte ensangüentado da tirania
Contra nós se levanta.
Ouvís nos campos rugirem

---

[3] PAINE, Thomas. *Senso comum e outros escritos políticos*. São Paulo: Ibrasa, 1964, p. 67 e 97-103.

Esses ferozes soldados?
Vêm eles até nós
Degolar nossos filhos, nossas mulheres.
Às armas cidadãos!
Formai vossos batalhões!
Marchemos, marchemos!
Nossa terra do sangue impuro se saciará!

2
O que deseja essa horda de escravos
de traidores, de reis conjurados?
Para quem (são) esses ignóbeis entraves
Esses grilhões há muito tempo preparados? (bis)
Franceses! Para vocês, ah! que ultraje!
Que elans deve ele suscitar!
Somos nós que se ousa criticar
sobre voltar à antiga escravidão!

3
Que! essas multidões estrangeiras
Fariam a lei em nossos lares!
Que! as falanges mercenárias
Arrasariam nossos fiéis guerreiros (bis)
Grande Deus! por mãos acorrentadas
Nossas frontes sob o jugo se curvariam
E déspotas vís tornar-se-iam
Mestres de nossos destinos!

4
Estremeçam, tiranos! e vocês pérfidos,
Injúria de todos os partidos,
Tremei! seus projetos parricidas
Vão enfim receber seu preço! (bis)
Somos todos soldados para combatê-los,
Se nossos jovens heróis caem,
A França outros produz
Contra vocês, totalmente prontos para combatê-los!

5
Franceses, em guerreiros magnânimes,
Levem/ carreguem ou suspendam seus tiros!
Poupem essas tristes vítimas,
que contra vocês se armam a contragosto. (bis)

Mas esses déspotas sanguinários
Mas esses cúmplices de Bouillé,
Todos esses tigres que, sem piedade,
Rasgam o seio de suas mães!...

6

Entraremos na batalha
Quando nossos antecessores não mais lá estarão.
Lá encontraremos suas marcas
E o traço de suas virtudes. (bis)
Bem menos ciumentos de suas sepulturas
Teremos o sublime orgulho
De vingá-los ou de seguí-los.

7

Amor Sagrado pela Pátria
Conduza, sustente nossos braços vingativos.
Liberdade, querida liberdade
Combata com teus defensores!
Sob nossas bandeiras, que a vitória
Chegue logo às tuas vozes virís!
Que teus inimigos agonizantes

Vejam teu triunfo e nossa glória.[4]

5. DECLARAÇÃO DOS DIREITOS DO HOMEM E DO CIDADÃO (1793)

Entre 1789 e 1815 – este último ano assinala o término da Revolução Francesa, com a derrota de Napoleão Bonaparte para as tropas inglesas e prussianas na cidade de Waterloo –, a França atravessou diversas conjunturas políticas, todas elas marcadas por acirradas disputas em torno da liderança do processo revolucionário e do projeto de nação a ser construído sobre as ruínas do Antigo Regime. Em outras palavras, dentro de uma única revolução, ocorreram várias revoluções vinculadas aos interesses das diversas classes sociais e agrupamentos políticos em confronto. Dessa forma, se entre 1789 e 1792 efetivou-se a tentativa de

---

[4] A Marselhesa. 1792. Disponível em: <https://br.ambafrance.org/A-Marselhesa>. Acesso em: 11 de nov. 2019.

estabelecer uma Monarquia constitucional suficientemente capaz de institucionalizar uma nova sociedade burguesa, entre 1792 e 1794 levou-se a cabo o intuito de radicalizar a igualdade civil inicialmente conquistada na direção da igualdade política e até mesmo social, ultrapassando os limites burgueses iniciais rumo à realização dos interesses dos *sans-culottes* parisienses. Então, a moderação dos girondinos iluminados por Montesquieu cede espaço à radicalização dos jacobinos influenciados por Rousseau; a Declaração de Direitos de 1789 dá passagem à Declaração de Direitos de 1793.

> O povo francês, convencido de que o descuido e o desprezo dos direitos naturais do homem são as únicas causas das desgraças do mundo, decidiu expor, numa declaração solene, esses direitos sagrados e inalienáveis, a fim de que todos os cidadãos, podendo comparar sem cessar os atos do governo com a finalidade de toda instituição social, não se deixem jamais oprimir ou aviltar pela tirania; a fim de que o povo tenha sempre diante dos olhos as bases de sua liberdade e de sua felicidade; o magistrado, a regra de seus deveres; o legislador, o objeto de sua missão. – Em consequência, proclama, em presença do Ser Supremo, a declaração seguinte dos direitos do homem e do cidadão.
>
> Artigo Primeiro. A finalidade da sociedade é a felicidade comum. – O governo é instituído para garantir ao homem a fruição de seus direitos naturais e imprescritíveis.
>
> Art. 2. Esses direitos são a igualdade, a liberdade, a segurança, a propriedade.
>
> Art. 3. Todos os homens são iguais pela natureza e perante a lei.
>
> Art. 4. A lei é a expressão livre e solene da vontade geral; ela é a mesma para todos, quer proteja, quer puna; ela só pode ordenar o que é justo e útil à sociedade; ela só pode proibir o que lhe é nocivo.
>
> Art. 5. Todos os cidadãos são igualmente admissíveis aos empregos públicos. Os povos livres não conhecem outros motivos de preferência, salvo aqueles ligados às virtudes e aos talentos.
>
> Art. 6. A liberdade é o poder pertencente ao homem de fazer tudo o que não prejudica os direitos alheios: ela tem por princípio a natureza;

por regra, a justiça; por salvaguarda, a lei; seu limite moral é expresso na seguinte máxima: não faças a outrem o que não queres que te seja feito.

Art. 7. O direito de manifestar seu pensamento e suas opiniões, pela imprensa ou por qualquer outra via, o direito de se reunir pacificamente e o livre exercício dos cultos não podem ser proibidos. – A necessidade de enunciar tais direitos pressupõe a presença ou a lembrança recente do despotismo.

Art. 8. A segurança consiste na proteção, concedida pela sociedade a cada um de seus membros, para a conservação de sua pessoa, de seus direitos e de suas propriedades.

Art. 9. A lei deve proteger a liberdade pública e individual contra a opressão dos que governam.

Art. 10. Ninguém deve ser acusado, detido ou preso, senão nos casos determinados pela lei e de acordo com as formas por ela prescritas. Todo cidadão, convocado ou detido pela autoridade da lei, deve obedecer *incontinenti*; ele se torna culpado em caso de resistência.

Art. 11. Todo ato exercido contra um homem, fora dos casos e sem as formas que a lei determina, é arbitrário e tirânico; aquele contra o qual se quiser executá-lo pela violência tem o direito de repeli-lo pela força.

Art. 12. Os que solicitarem, expedirem, assinarem, executarem ou fizerem executar atos arbitrários são culpados e devem ser punidos.

Art. 13. Como todo homem presume-se inocente até que seja declarado culpado, se se julgar indispensável detê-lo, todo rigor desnecessário para a detenção deve ser severamente reprimido pela lei.

Art. 14. Ninguém deve ser julgado e punido, senão após ter sido ouvido e legalmente citado, e somente em razão de uma lei promulgada anteriormente ao delito. A lei que pune os delitos cometidos antes de sua promulgação é uma tirania; o efeito retroativo, atribuído à lei, é um crime.

Art. 15. A lei só pode estabelecer penas estrita e evidentemente necessárias: as penas devem ser proporcionais ao delito e úteis à sociedade.

Art. 16. O direito de propriedade é o que pertence a todo cidadão, para a fruição e disposição, como ele bem entender, de seus bens, de suas rendas, do fruto de seu trabalho e de sua indústria.

Art. 17. Nenhum gênero de trabalho, de cultura, de comércio pode ser proibido à indústria dos cidadãos.

Art. 18. Todo homem pode empenhar seus serviços e tempo; mas não pode vender a si próprio nem ser vendido; sua pessoa não é uma propriedade alienável. A lei não reconhece a domesticidade; somente pode existir uma obrigação de cuidados e de reconhecimento, entre o homem que trabalha e o que emprega.

Art. 19. Ninguém pode ser privado da mínima porção de sua propriedade sem o seu consentimento, a não ser quando a necessidade pública, legalmente verificada, o exige, e sob a condição de uma justa e prévia indenização.

Art. 20. Nenhum tributo pode ser estabelecido, a não ser por razões de utilidade geral. Todos os cidadãos têm o direito de concorrer ao estabelecimento de tributos, de fiscalizar o seu emprego e de exigir uma prestação de contas.

Art. 21. A assistência pública é uma dívida sagrada. A sociedade deve sustentar os cidadãos infelizes, dando-lhes trabalho, ou assegurando os meios de subsistência aos que não estejam em condições de trabalhar.

Art. 22. A instrução é uma necessidade de todos. A sociedade deve favorecer, com todos os seus poderes, os progressos da instrução pública, bem como pôr a instrução ao alcance de todos os cidadãos.

Art. 23. A garantia social consiste na ação de todos, para assegurar a cada qual a fruição e a conservação de seus direitos; essa garantia repousa na soberania nacional.

Art. 24. Ela não pode existir, se os limites das funções públicas não são claramente determinados pela lei e se a responsabilidade de todos os funcionários não é assegurada.

Art. 25. A soberania reside no povo; ela é una, indivisível, imprescritível e inalienável.

Art. 26. Nenhuma parcela do povo pode exercer o poder do povo inteiro; mas cada segmento do soberano, reunido em assembleia, deve gozar do direito de exprimir sua vontade com inteira liberdade.

Art. 27. Que todo indivíduo que usurpe a soberania seja *incontinenti* levado à morte pelos homens livres.

Art. 28. Um povo tem sempre o direito de rever, de reformar e de mudar sua Constituição. Uma geração não pode sujeitar às suas leis as gerações futuras.

Art. 29. Todos os cidadãos têm igual direito de concorrer à formação da lei e à nomeação de seus mandatários ou agentes.

Art. 30. As funções públicas são essencialmente temporárias; elas não podem ser consideradas como distinções nem como recompensas, mas como deveres.

Art. 31. Os delitos dos mandatários do povo e de seus agentes não devem jamais ficar impunes. Ninguém tem o direito de se considerar mais inviolável que os outros cidadãos.

Art. 32. O direito de apresentar petições aos depositários da autoridade pública não pode, em caso algum, ser proibido, suspenso ou limitado.

Art. 33. A resistência à opressão é a consequência dos demais Direitos do homem.

Art. 34. Há opressão contra o corpo social, quando um só de seus membros é oprimido. Há opressão contra cada membro, quando o corpo social é oprimido.

Art. 35. Quando o governo viola os direitos do povo, a insurreição é, para o povo inteiro e cada uma de suas parcelas, o mais sagrado dos direitos e o mais indispensável dos deveres.[5]

6. A DEMOCRACIA NA AMÉRICA – ALEXIS DE TOCQUEVILLE (1835)

Filho da pequena nobreza francesa do período histórico anterior à Revolução de 1789, Alexis de Tocqueville (1805-1859) foi uma espécie de anti-Rousseau do pensamento político contemporâneo. Isso porque, enquanto a ênfase do filósofo genebrino recaía sobre a ideia democrática de "vontade geral", o tema privilegiado do deputado na Assembleia Nacional Constituinte eleita em 1848 era a preocupação liberal com a defesa dos "direitos das minorias". Escrita após uma viagem aos Estados

---

[5] COMPARATO, Fábio Konder. *A afirmação histórica dos direitos humanos*. São Paulo: Saraiva, 2003, p. 157-60.

Unidos da América durante a presidência do democrata Andrew Jackson, a obra *A Democracia na América* tem como questão central a discussão acerca das formas pelas quais a tendência ao igualitarismo, presente na civilização americana, poderia ser realizada preservando as liberdades individuais, ou seja, afastando o perigo da construção de uma indesejável tirania da maioria. Em suma, o grande desafio proposto por Tocqueville consistiu na necessidade de construção de um regime político no qual a liberdade individual pudesse ser mantida ao lado do desenvolvimento da igualdade social, sem degenerar na formação de um Estado despótico – um desafio sempre atual que, nos dias de hoje, poderíamos denominar sem dúvidas de "desafio democrático".

6 – O Perigo da Democracia: a Onipotência

[...] Várias circunstâncias particulares tendem a tornar, na América, o poder da maioria não somente predominante, mas irresistível.

O império moral da maioria fundamenta-se na ideia que há mais luzes e sabedoria em muitos homens reunidos do que num só e no número do que na escolha feita pelos legisladores. É a teoria da igualdade aplicada às inteligências. Essa doutrina ataca o orgulho do homem em seu último asilo: por isso, a minoria só a acata com dificuldade; só se habitua com o tempo. Como todos os tipos de poder, talvez mais do que todos, o poder da maioria precisa ser duradouro para parecer legítimo. Quando começa a se estabelecer, só é obedecido pela força; somente após viver muito tempo sob seu domínio é que se começa a respeitá-lo.

[...]

O império moral da maioria fundamenta-se, ainda, em que os interesses do maior número devem ser preferidos aos da minoria. Ora, compreende-se sem dificuldade que se tenha por este direito um respeito que cresce ou diminui segundo a situação dos partidos. Quando uma nação está dividida entre vários interesses importantes e inconciliáveis, o privilégio da maioria é ignorado com frequência, porque se torna difícil submeter-se a ele.

Se existisse, na América, uma classe de cidadãos que o legislador tentasse despojar de certas vantagens, [...] é provável que a minoria não se submetesse facilmente às leis. Mas os Estados Unidos foram povoados por homens iguais entre si, não se encontra dissidência natural e permanente entre os interesses de seus diversos habitantes. [...] Todos os partidos, nesse país, estão dispostos a reconhecer os direitos da maioria, porque todos esperam, um dia, poder exercê-los em seu próprio proveito.

Portanto, a maioria tem, nos Estados Unidos, imenso poder de fato, e poder de opinião quase tão grande; e quando esta se forma a respeito de um assunto, não há, talvez, obstáculos que possam, não digo detê-la, mas mesmo retardar-lhe a marcha, deixá-la escutar as queixas dos que esmaga na passagem.

As consequências desse estado de coisas são funestas e perigosas para o futuro.

Considero ímpia a máxima segundo a qual, em matéria de governo, a maioria de um povo tem o direito de tudo fazer e, no entanto, situo a origem de todos os poderes nas vontades da maioria. Estaria em contradição comigo mesmo?

Existe uma lei geral que foi feita, ou pelo menos adotada, não somente pela maioria de tal ou tal povo, mas pela maioria de todos os homens. Essa lei é a justiça. A justiça forma, portanto, o limite do direito de qualquer povo. [...] Quando me recuso a obedecer a uma lei injusta, não nego à maioria o direito de dirigir; apelo à soberania do gênero humano contra a soberania do povo.

Há pessoas que não temeram afirmar que um povo, nas coisas que só interessam a ele mesmo, não poderia sair dos limites da justiça e da razão, e que assim, não se devia temer dar todo o poder à maioria que o representa. Mas é linguagem de escravo.

O que é uma maioria, tomada coletivamente, se não um indivíduo que tem opiniões e, com frequência, interesses contrários aos de um outro indivíduo, chamado minoria? [...] Os homens, reunindo-se, mudariam de caráter? Tornar-se-iam mais pacientes ante os obstáculos, porque se tornaram mais fortes? Não posso crê-lo; e o poder de fazer tudo, que recuso a um só dos meus semelhantes, não o daria a vários.

Não é que eu queira, para conservar a liberdade, misturar diversos princípios de governo num mesmo regime, de maneira a opor, realmente, uns aos outros. O regime que chamam misto sempre me pareceu uma quimera. Não há, para dizer a verdade, governo misto (no sentido que dão ao termo) porque em cada sociedade termina-se descobrindo um princípio que domina todos os outros. [...]

Creio que é sempre necessário colocar-se em algum lugar um poder social superior a todos os outros, mas vejo a liberdade em perigo quando esse poder não encontra diante de si nenhum obstáculo que possa reter-lhe a marcha e dar-lhe o tempo de moderar-se. A onipotência parece-me perigosa e má em si mesma. Seu exercício parece-me acima das forças do homem, de quem quer que seja. Só Deus me parece poder ser onipotente sem perigo, porque sua sabedoria e sua justiça são sempre iguais ao seu poder. Não há, portanto, na terra autoridade tão respeitável por si mesma nem revestida de um direito tão sagrado que eu desejasse deixar agir sem controle e dominar sem obstáculos. Quando, portanto, vejo dar o direito e a faculdade de fazer tudo a uma potência qualquer, quer se chame povo ou rei, democracia ou aristocracia, quer se exerça numa monarquia, quer numa república, então digo: aí está o germe da tirania, e procuro ir viver sob outras leis.

O que mais condeno nos governos democráticos, como o que está organizado nos Estados Unidos, não é, como muitos o pretendem na Europa, sua fraqueza, mas, ao contrário, sua força irresistível. O que mais me repugna na América não é a extrema liberdade reinante; é o pouco de garantia aí encontrado contra a tirania.

Quando um homem ou um partido sofrem uma injustiça nos Estados Unidos, a quem poderia dirigir-se? À opinião pública? É quem forma a maioria; ao corpo legislativo? Representa a maioria, e obedece-lhe cegamente; ao poder executivo? É nomeado pela maioria e serve-lhe de instrumento passivo; à força pública? Não é nada mais do que a maioria em armas; ao júri? É a maioria revestida do direito de ditar veredictos: os próprios juízes, em certos Estados, são eleitos pela maioria. Por iníqua e irracional que seja a medida que o atinge, é preciso, portanto, submeter-se. [...]

Não digo que nos tempos atuais se faça uso frequente da tirania na América, digo que não há garantia contra ela, e que é preciso procurar as causas da magnanimidade do governo nas circunstâncias e costumes mais do que nas leis.

[...]

As monarquias absolutas tinham desonrado o despotismo; evitemos que as democracias o reabilitem e que, tornando-o mais pesado para alguns, impeça a maioria de ver seu aspecto odioso e seu caráter envilecedor.

Nas nações mais orgulhosas do Velho Mundo, publicaram-se obras destinadas a retratar fielmente os vícios e os ridículos dos contemporâneos; La Bruyère morava no palácio de Luís XIV quando compôs seu capítulo sobre os grandes, e Molière criticava a corte em peças que eram representadas diante dos cortesãos. Mas o poder que domina nos Estados Unidos não pretende que se zombe dele assim. A menor crítica o fere, a mínima verdade picante o exaspera; é preciso que louvem desde as formas de sua linguagem até suas mais sólidas virtudes. Nenhum autor, por mais famoso que seja, pode escapar a essa obrigação de incensar seus concidadãos. A maioria vive, portanto, em perpétua adoração de si mesma; só estrangeiros, ou a experiência, podem fazer chegar certas verdades às orelhas americanas.

Se a América ainda não teve grandes escritores, não é preciso buscar outras razões; não existe gênio literário sem liberdade de espírito, e não há liberdade de espírito nos Estados Unidos.[6]

---

[6] TOCQUEVILLE, Alexis de. *A democracia na América*. São Paulo: Abril Cultural, 1979, p. 238-42. (Col. Os pensadores.)

7. PETIÇÃO NACIONAL DA CARTA DO POVO (1838)

Por ter sido a nação pioneira na realização da Revolução Industrial, a Inglaterra também foi a primeira a dar os exemplos iniciais de movimentos de contestação ao caráter explorador do novo sistema capitalista por parte da recém-nascida classe trabalhadora industrial. Primeiramente, com as ações luditas de quebra das máquinas, que alcançaram seu auge em 1812. Depois, com aquele que é considerado o primeiro movimento independente da classe trabalhadora inglesa: o cartismo. Presente de maneira ativa no jogo político britânico durante os dez anos que sucederam ao seu nascimento em 1838, o cartismo tem suas origens na redação da Carta do Povo pela Associação dos Trabalhadores de Londres, sob a liderança de William Lovett e Francis Place. Em resumo, a Carta era um documento que expressava a decepção dos artesãos radicais com os liberais que não haviam permitido a inclusão do direito de voto aos trabalhadores no Projeto de Reforma aprovado em 1832, limitando, assim, seus direitos políticos. Materializada por petições apresentadas ao Parlamento britânico, a Carta acabou se constituindo em um instrumento político decisivo para a futura democratização do poder político na Inglaterra.

PETIÇÃO NACIONAL

À Câmara dos Comuns do Reino Unido da Grã-Bretanha e Irlanda, reunidos em Parlamento, esta Petição dos seus conterrâneos sofredores abaixo-assinados.
[...]

EXIGIMOS SUFRÁGIO UNIVERSAL

O sufrágio, para ser livre da corrupção dos ricos e da violência dos poderosos, deve ser secreto.

A afirmação de nosso direito envolve, necessariamente, o poder de seu exercício sem controles.

EXIGIMOS VOTAÇÃO SECRETA

A conexão entre os representantes e o povo deve, para ser benéfica, ser íntima.

Os poderes legislativo e constituinte, para correção e para instrução, devem estar em contato frequente.

Erros, que são comparativamente leves quando suscetíveis a soluções rápidas e populares, podem produzir os efeitos mais desastrosos quando se permite que cresçam persistentemente por anos de permanência compulsória.

Para a segurança pública e a confiança do público, eleições frequentes são essenciais.

EXIGIMOS PARLAMENTOS ANUAIS

Com poder de escolha e liberdade de escolher, o alcance de nossa escolha deve ser irrestrito.

Somos compelidos, pelas leis existentes, a escolher como representantes homens que são incapazes de compreender nossas dificuldades, ou que têm pouca simpatia por elas; negociantes que se aposentaram do comércio e não sentem mais seus percalços; proprietários de terras que são tão ignorantes dos males quanto da sua cura; advogados para quem as honras do senado só interessam como forma de obter destaque nas cortes.

As tarefas de um representante, que seja diligente no desempenho de seu dever, são numerosas e onerosas.

Não é nem justo, nem razoável, nem seguro, que elas continuem sendo prestadas gratuitamente.

Exigimos que na próxima eleição dos membros dessa Honorável Casa, a aprovação do eleitorado seja a única qualificação exigida; e que para cada representante assim escolhido seja designada, a partir dos impostos públicos, uma remuneração justa e adequada pelo tempo que ele terá de dedicar ao serviço público.

Por fim, queremos sinceramente atestar a essa Honorável Casa, que essa petição não foi ditada por qualquer desejo inútil de mudança; que brota de nenhum apego imprudente a teorias fantasiosas; mas é o resultado de ampla e longa deliberação e de convicções, que os eventos de cada ano tendem mais e mais a fortalecer.

Até agora, a administração desse poderoso reino tem sido objeto para facções rivais fazerem seus experimentos egoístas.

Sentimos as consequências em nossos breves e dolorosos vislumbres de prazer incerto, engolidos por longas e escuras temporadas de sofrimento.

Se o autogoverno do povo não remover suas angústias, pelo menos removerá suas queixas.

O sufrágio universal trará, e só ele, paz verdadeira e duradoura para a nação; nós firmemente acreditamos que também trará prosperidade.

Queira, portanto, essa Honorável Casa submeter nossa petição à mais séria consideração; e envidar todos os esforços, por todos os meios constitucionais, em aprovar uma lei, outorgando a todo homem em idade legal, de mente sã, e não condenado por crime, o direito de votar para os membros do Parlamento; e determinar que todas as futuras eleições dos membros do Parlamento sejam secretas; e ordenar que a duração do Parlamento assim escolhido não exceda um ano; e abolir todas as exigências de propriedade para os membros; e providenciar devida remuneração enquanto estiverem no exercício de suas funções parlamentares.[7]

8. CONSTITUIÇÃO DA II REPÚBLICA FRANCESA (1848)

Depois do forte impulso inicial dado pelas revoluções liberais nos séculos XVII e XVIII, o desenvolvimento dos direitos humanos entra em uma fase de letargia na primeira metade do século XIX. Nesse período, a ideia de cidadania sofre duas derrotas seguidas no continente europeu. Em primeiro lugar, em função da política externa expansionista e militarista levada a cabo pela França, sob a liderança de Napoleão Bonaparte. Em segundo, após a derrota francesa nas Guerras Napoleônicas, com a restauração levada a cabo pelo Congresso de Viena em 1815. A partir desse momento, é a contrarrevolução que passa a dar as cartas, lutando pelo retorno do Antigo Regime. Sujeita à volta triunfal do espírito tradicionalista monárquico, a República – símbolo maior das batalhas empreendidas nos dois séculos anteriores – só voltaria a dar o ar da sua graça quando da vaga revolucionária de 1848, chamada de "Primavera dos Povos". Na França, em particular, a criação da Segunda República – sucessora da Primeira, construída em 1792 – deu-se na esteira da neutralização das propostas socialistas de defesa do direito ao trabalho e da vitória das forças liberais moderadas, as quais eram defensoras de uma República fundada na defesa da propriedade privada e na garantia da ordem pública.

---

[7] *The People's Petition*. 1838. Disponível em: <https://sourcebooks.fordham.edu/mod/1838chartism.asp>. Acesso em: 11 de nov. 2019. (Tradução feita por Ana Caroline Neves.)

PREÂMBULO

Em presença de Deus e em nome do povo francês, a Assembleia nacional proclama:

I – A França constitui-se em República. Ao adotar esta forma definitiva de governo, ela tem por objetivo caminhar mais livremente na via do progresso e da civilização, assegurar uma repartição sempre mais equitativa dos encargos individuais e das vantagens da sociedade, aumentar as facilidades da vida de todos pela redução gradual das despesas públicas e dos impostos, bem como fazer com que todos os cidadãos, sem nova comoção, pela ação sucessiva e constante das instituições e das leis, acedam a grau sempre mais elevado de moralidade, de luzes e de bem-estar.

II – A República francesa é democrática, una e indivisível.

III – Ela reconhece direitos e deveres anteriores e superiores às leis positivas.

IV – Ela tem por princípio a Liberdade, a Igualdade e a Fraternidade. Tem por base a Família, o Trabalho, a Propriedade, a Ordem Pública.

V – Ela respeita as nacionalidades estrangeiras, assim como entende fazer respeitar a sua; não empreende nenhuma guerra com intuito de conquista e não emprega jamais suas forças contra a liberdade de povo algum.

VI – Deveres recíprocos obrigam os cidadãos para com a República e a República para com os cidadãos.

VII – Os cidadãos devem amar a Pátria, servir a República, defendê-la com suas próprias vidas, participar dos encargos do Estado na proporção de sua fortuna; devem assegurar, pelo trabalho, os meios de vida, bem como, pela previdência, os recursos para o futuro; devem concorrer para o bem-estar comum, ajudando-se fraternalmente uns aos outros, assim como para a ordem geral, observando as leis morais e as leis escritas que regem a sociedade, a família e o indivíduo.

VIII – A República deve proteger os cidadãos em sua pessoa, sua família, sua religião, sua propriedade, seu trabalho, bem como pôr ao alcance de qualquer um a instrução indispensável a todos os homens; deve, por meio de uma assistência fraterna, assegurar os meios de subsistência aos cidadãos necessitados, quer proporcionando-lhes trabalho nos limites dos seus recursos, quer prestando, na falta da família, socorro aos que não estejam em condições de trabalhar.[8]

---

[8] COMPARATO, Fabio Konder. *A afirmação histórica dos direitos humanos*. São Paulo: Saraiva, 2003, p. 164-5.

9. O ANTIGO REGIME E A REVOLUÇÃO – ALEXIS DE TOCQUEVILLE (1856)

Passados 21 anos do início da publicação de *A democracia na América*, Tocqueville retorna ao cenário mais estritamente intelectual com um novo livro, que acabou por se tornar seu segundo clássico dentro do pensamento político liberal: *O Antigo Regime e a Revolução*. Nele, a preocupação inicial com a formação de governos despóticos responsáveis pelo aniquilamento das liberdades individuais e dos direitos das minorias retorna com força. Nessa nova obra, no entanto, a base geográfica da sua análise acerca dos riscos da formação de um poder tirânico a partir de um desenvolvimento igualitário desloca-se da experiência política estadunidense para a francesa, particularmente para a relação de continuidade existente entre o Antigo Regime e a Revolução Francesa. Diferentemente da ideia de que os revolucionários de 1789 teriam destruído a estrutura absolutista a fim de que fosse edificado seu poder, Tocqueville apresenta a tese original de que os primeiros se apoiaram nos destroços da segunda para que fosse construída a nova sociedade – isto é, o caráter centralizador do Estado monárquico ganhou sobrevida à medida que a Revolução encaminhava seu projeto igualitário em direção ao despotismo, e não à liberdade.

Aqueles que, lendo este livro, estudaram atentamente a França do século XVIII, puderam ver nascerem e se desenvolverem nesta sociedade duas paixões principais, que não foram, de modo algum, contemporâneas e que nem sempre tenderam para o mesmo objetivo.

A primeira, mais profunda e que vem de mais longe, é o ódio violento e inextinguível pela desigualdade. Nascera e se alimentara da visão da própria desigualdade e, desde há muito tempo, impulsionava os franceses com uma força contínua e irresistível a querer destruir em seus fundamentos tudo que restava das instituições da Idade Média e, uma vez limpo o terreno, construir sobre ele uma sociedade em que homens fossem tão semelhantes e as condições tão iguais como fosse possível à humanidade comportar.

A segunda, mais recente e menos enraizada, os impulsionava a querer viver não apenas como iguais mas como homens livres.

No fim do Antigo Regime, estas duas paixões são igualmente sinceras e parecem igualmente vivas. No início da Revolução, elas se encontram, misturam-se e confundem-se por um momento, estimulam-se uma à outra pelo contato e, finalmente, inflamam por igual todo o coração da França. É 89, tempo de inexperiência, sem dúvida, mas de generosidade, de entusiasmo, de virilidade e de grandeza; tempo de memória imortal para o qual as atenções dos homens se voltarão com admiração e com respeito, quando os que viveram, e nós mesmos, há muito tivermos desaparecido. Os franceses eram então muito orgulhosos de sua causa e de si próprios e chegavam a acreditar que poderiam ser iguais na liberdade. Criaram, então, em toda parte, instituições livres em meio às instituições democráticas. Pulverizaram a legislação caduca que dividia os homens em castas, corporações, classes, tornando seus direitos ainda mais desiguais que suas condições. Foram além disto: partiram de um golpe só as outras leis, obras mais recentes do poder real, que impediam à nação a livre fruição de si própria, e haviam colocado o governo ao lado de cada francês como seu preceptor, seu tutor e, caso necessário, como seu opressor. A centralização caía com o governo absoluto.

Mas quando a geração vigorosa que havia começado a Revolução foi destruída ou debilitada, como ocorre em geral a toda geração que enceta tais empresas, e quando, seguindo o curso natural de acontecimentos deste gênero, o amor da liberdade se foi desencorajando e enfraquecendo em meio à anarquia e à ditadura popular e a nação pôs-se fora de si e, de modo titubeante, começou a procurar o seu senhor – o governo absoluto encontrou facilidades prodigiosas para renascer e consolidar-se. Seu espírito punha-se à mostra sem dificuldades: deveria ser ao mesmo tempo o continuador da Revolução e o seu destrutor.

Com efeito, o antigo regime continha todo um conjunto de instituições de data moderna que, sem ser de modo algum hostis à igualdade, poderiam facilmente incorporar-se à nova sociedade, oferecendo, contudo, facilidades extraordinárias ao despotismo. Estas instituições foram procuradas e encontradas em meio às ruínas de todas as outras. Antigamente, tinham dado origem a hábitos, paixões e ideias que tendiam a manter os homens divididos e submissos. Tudo isto foi reanimado e estimulado. A centralização foi resgatada de suas ruínas e restaurada. E como, ao mesmo tempo em que esta se restabelecia, permanecia destruído tudo o que pudera limitá-la em outras épocas, emergiu repentinamente, das próprias entranhas da nação que vinha de derrubar a realeza, um poder mais extenso, mais minucioso e mais absoluto do que jamais se soube tenha sido exercido por nenhum dos nossos reis. A empresa parecia de uma temeridade extraordinária e seu sucesso inaudito porque só se pensava no que se via e se esquecia o que não se via. O dominador caiu, mas permaneceu de pé o que havia de mais substancial em sua obra. Seu governo estava morto mas sua administração continuava a viver. E todas as vezes que, depois, se desejou abater o poder absoluto, não se pode fazer mais do que colocar a cabeça da Liberdade sobre um corpo servil.

Desde que a Revolução começou até nossos dias, se tem muitas vezes visto a paixão da liberdade extinguir-se, depois renascer, extinguir-se uma vez mais para de novo renascer. Assim tem sido desde há muito tempo, sempre mal experimentada e mal regulada, fácil de desencorajar, de amedrontar e de vencer, superficial e passageira. Ao mesmo tempo, a paixão pela igualdade ocupa de modo constante o âmago dos corações, dos quais foi a primeira a se apoderar, associando-se aos sentimentos que nos são mais queridos. Se a primeira muda sem cessar de aspecto, diminui, cresce, se fortalece ou se debilita segundo os acontecimentos, a outra é sempre a mesma, sempre ligada ao mesmo objetivo com o mesmo ardor obstinado e muitas vezes cego, pronta a sacrificar tudo àqueles que lhe permitam satisfazer-se, guarnecendo o governo que lhe seja favorável e lisonjeando os hábitos, ideias e leis que o despotismo necessita para reinar.[9]

10. A LIBERDADE – JOHN STUART MILL (1859)

As ideias do filósofo e economista inglês John Stuart Mill (1806-1873) assinalam o início de uma nova fase do pensamento liberal na Europa. Por meio de sua obra, o liberalismo abriu-se para as demandas democráticas advindas dos setores subalternos da sociedade capitalista, isto é, os trabalhadores urbanos explorados desde o início da Revolução Industrial, na segunda metade do século XVIII. Pressionadas inicialmente pelo ludismo e, logo em seguida, pelo cartismo, as elites políticas inglesas deram-se conta de que, para que a situação não degenerasse em uma rebelião generalizada contra o sistema capitalista, algumas concessões precisavam ser feitas – especialmente a adoção do sufrágio universal e a implementação de reformas sociais. Foi justamente Stuart Mill o intelectual responsável por levar o liberalismo à tomada de consciência dessa exigência de edificação de uma liberdade social, que unisse a denúncia clássica dos liberais sobre os riscos da formação de uma tirania das maiorias à pregação de caráter socialista sobre a necessidade do respeito aos interesses externos aos indivíduos. Assim, ao reconhecer a urgência da ampliação do Estado liberal e da própria noção de liberdade, Stuart Mill deu vida a um liberalismo novo – um liberalismo democrático.

---

[9] TOCQUEVILLE, Alexis de. *O Antigo Regime e a Revolução*. São Paulo: Abril Cultural, 1979, p. 363-4. (Col. Os pensadores.)

INTRODUÇÃO

O assunto deste Ensaio não consiste na assim chamada Liberdade do Arbítrio, oposta de modo tão infeliz à doutrina inadequadamente designada de Necessidade Filosófica, mas na Liberdade Social ou Civil, ou seja, a natureza e os limites do poder que a sociedade pode legitimamente exercer sobre o indivíduo. [...]

A luta entre a Liberdade e a Autoridade é o traço mais evidente nos períodos históricos com que nos familiarizamos desde cedo, particularmente na Grécia, Roma e Inglaterra.

[...] Com o tempo, porém, uma república democrática veio a ocupar uma extensa porção da superfície da Terra, fazendo-se notar como um dos mais poderosos membros da comunidade das nações; então o governo eletivo e responsável tornou-se passível das observações e críticas que acompanham um grande fato ocorrido. Agora percebia-se que expressões como "autogoverno" e "poder do povo sobre si mesmo" não exprimiam o verdadeiro estado da questão. O "povo" que exerce o poder nem sempre é o mesmo povo sobre quem o poder é exercido, e o "autogoverno" de que se fala não é o poder de cada um por si mesmo, mas o de cada um por todos os outros. Além disso, a vontade do povo significa, em sentido prático, a vontade da *parte* mais numerosa ou mais ativa do povo – a maioria, ou os que logram se fazer aceitos como a maioria. Por consequência, o povo *pode* desejar oprimir uma parte de sua totalidade e contra isso não são necessárias menores precauções do que contra qualquer abuso de poder. Portanto, não deixa de ser importante a limitação do poder do governo sobre os indivíduos, mesmo quando os detentores do poder prestam regularmente contas à comunidade, isto é, a seu partido mais forte. Esse modo de ver as coisas, recomendando-se igualmente à inteligência dos pensadores e à tendência das classes importantes na sociedade europeia para cujos reais ou supostos interesses a democracia é hostil, não encontra dificuldade em se estabelecer; e agora nas especulações políticas geralmente se inclui a "tirania da maioria" como um dos males contra os quais exige proteção.

Assim como outras tiranias, a da maioria foi de início, e ainda hoje vulgarmente o é, sustentada pelo terror, operante principalmente por intermédio dos atos das autoridades públicas. No entanto, pessoas ponderadas notaram que quando a própria sociedade faz as vezes do tirano – a sociedade coletivamente, sobre os indivíduos isolados que a compõem –, os meios de tiranizar não se restringem aos atos que possa praticar pelas mãos de seus funcionários políticos. A sociedade pode executar, e executa, seus próprios mandatos; e se expede mandatos equivocados no lugar dos corretos, ou quaisquer mandatos a respeito de coisas nas quais não deveria interferir, pratica uma tirania social mais temível do que muitas espécies de opressão política, uma vez que, muito embora nem sempre venha sustentada por penalidades extremas, penetra mais profundamente nos detalhes da vida, escraviza a própria alma, deixando poucas vias de fuga. Não basta, portanto, a proteção contra a tirania do magistrado; é necessária também a proteção contra a tirania da opinião e do sentimento dominantes, contra a tendência da sociedade a impor, por meios outros que não os das penalidades civis, as próprias ideias e práticas, como regras de conduta aos que delas dissentem; a aguilhoar o desenvolvimento e, se possível, a impedir a formação de qualquer individualidade em desacordo com seus métodos, compelindo todos os tipos humanos a conformar-se ao seu modelo. Há um limite para a interferência legítima da opinião coletiva sobre a independência individual, e encontrar esse limite, guardando-o de invasões, é tão indispensável à boa condição dos negócios humanos como a proteção contra o despotismo político.

[...]

Assim, é nesse campo de batalha, e quase só nele, que se asseguram os direitos do indivíduo contra a sociedade em largas bases de princípios, além de se contrariar abertamente a reivindicação da sociedade a exercer autoridade sobre os dissidentes. Os grandes escritores, a quem o mundo deve a liberdade religiosa de que goza, afirmaram, em sua maioria, a liberdade de consciência como um direito irrevogável, negando em absoluto, ao mesmo tempo, que um ser humano seja responsável perante outros por suas crenças religiosas.

[...]

A finalidade deste Ensaio é sustentar um princípio bastante simples, capaz de governar absolutamente as relações da sociedade com o indivíduo no que diz respeito à compulsão e ao controle, quer os meios empregados sejam os da força física sob a forma de penalidades legais, quer a coerção moral da opinião pública. Esse princípio é o de que a autoproteção constitui a única finalidade pela qual se garante à humanidade, individual ou coletivamente, interferir na liberdade de ação de qualquer um. O único propósito de se exercer legitimamente o poder sobre qualquer membro de uma comunidade civilizada contra sua vontade, é evitar dano aos demais. Seu próprio bem, físico ou moral, não é garantia suficiente. Não pode ser legitimamente compelido a fazer ou a deixar de fazer por ser melhor para ele, porque o fará feliz, porque, na opinião dos outros, fazê-lo seria sábio ou mesmo acertado. Essas são boas razões para o advertir, contestar, persuadir, instar, mas não para o compelir ou castigar quando procede de outra forma. Para justificar esse exercício do poder, é preciso mostrar-lhe que a conduta que se pretende impedi-lo de ter produzirá mal a outrem. A única parte da conduta de cada um, pela qual é responsável perante a sociedade, é a que diz respeito a outros. Na parte que diz respeito apenas a si mesmo, sua independência é, de direito, absoluta. Sobre si mesmo, sobre seu corpo e mente, o indivíduo é soberano.

[...]
Tais interesses, conforme argumento, autorizam a sujeição da espontaneidade individual ao controle externo, mas apenas em relação às ações de cada um que afetam o interesse de outras pessoas. Quando algum indivíduo pratica um ato prejudicial a outros, configura-se um caso *prima facie* para puni-lo, quer mediante lei, quer, quando não se puderem aplicar com segurança as penalidades legais, mediante desaprovação geral.

[...]
Há, porém, uma esfera de ação sobre a qual a sociedade, em contraposição ao indivíduo, somente possui um interesse indireto, se é que o possui. Tal esfera compreende toda a porção da vida e conduta de uma pessoa que afeta apenas a ela mesma ou, se afeta igualmente a outros, afeta-os unicamente na medida em que há seu consentimento e participação livres, voluntários e conscientes. Quando digo apenas a ela mesma, entendo o que lhe interessa diretamente e em primeiro lugar, já que tudo o que a afeta pode afetar outros por intermédio dela, e a objeção que porventura se baseie nessa contingência será devidamente examinada na sequência. Essa, portanto, a região apropriada da liberdade humana. Abarca, primeiramente, o foro íntimo, exigindo liberdade de consciência no sentido mais amplo da palavra: liberdade de pensamento e de sentimento, absoluta independência de opinião e de sentimento em todos os assuntos, práticos ou especulativos, científicos, morais ou teológicos. Pode parecer que a liberdade de expressar e publicar opiniões se enquadre num princípio diferente, uma vez que pertence à parte da conduta do indivíduo que diz respeito a outras pessoas. Mas tendo quase a mesma importância da própria liberdade de pensamento, e escorando-se em grande parte nas mesmas razões, é praticamente inseparável dela. Em segundo lugar, o princípio exige liberdade de gostos e atividades; de formular um plano de nossa vida que esteja de acordo com nossas características; de fazer o que desejamos, sujeitando-nos às consequências que puderem advir, sem nenhum impedimento de nossos semelhantes, enquanto o que fizermos não os prejudicar, mesmo se julgarem nossa conduta tola, perversa ou errada. Terceiro, dessa liberdade de cada indivíduo se segue a liberdade, dentro dos mesmos limites, de associação entre indivíduos: liberdade de se unir para qualquer propósito que não envolva dano a outros, supondo-se que as pessoas assim associadas atingiram a maioridade e não foram forçadas nem iludidas a isso.

Nenhuma sociedade é livre se não se respeitam, em conjunto, essas liberdades, seja qual for a sua forma de governo; e nenhuma sociedade é completamente livre se tais liberdades não existirem em caráter absoluto e sem reservas. A única liberdade merecedora desse nome é a de buscar nosso próprio bem da maneira que nos seja conveniente, contanto que não tentemos privar outros do que lhes convém, ou impedir seus esforços de obtê-lo. Cada um é o guardião adequado de sua própria saúde, seja física, mental ou espiritual. A humanidade ganha mais tolerando que cada um viva conforme o que lhe parece bom do que compelindo cada um a viver conforme pareça bom ao restante.[10]

11. PROCLAMAÇÃO DA EMANCIPAÇÃO DOS ESCRAVOS – ABRAHAM LINCOLN (1863)

Passada a euforia pela independência estadunidense em relação à Inglaterra, foram se revelando aos poucos os conflitos internos que haviam sido acobertados pela luta contra o inimigo comum inglês. Na verdade, existiam dentro dos Estados Unidos de então duas sociedades diversas. Ao norte, uma sociedade assentada no trabalho livre assalariado; ao sul, uma sociedade baseada na mão de obra escrava – uma dualidade cada vez mais impraticável à medida que cresciam as pressões em prol da formação de um mercado consumidor interno e da implantação de um processo de industrialização. As tensões acumuladas em função da manutenção da escravidão pelos estados do sul explodiram quando da eleição, em 1860, do republicano Abraham Lincoln (1809--1865) para a presidência da República. Representante direto da luta dos nortistas pelo fim da escravidão, o governo de Lincoln teve de se bater contra a formação pelos sulistas de um governo dissidente (os confederados), intransigentemente contrário ao abolicionismo patrocinado pelas forças do norte (a União). Dessa disputa vencida pelas forças da União no decorrer dos cinco anos de Guerra de Secessão, entre 1861 e 1865, resultou o fim da escravidão em todo o território dos Estados Unidos.

1º de janeiro de 1863
Pelo Presidente dos Estados Unidos da América

PROCLAMAÇÃO

CONSIDERANDO que, no vigésimo segundo dia de setembro, do ano de Nosso Senhor de mil oitocentos e sessenta e dois, se publicou uma proclamação, da parte do Presidente dos Estados Unidos, contendo, entre outras coisas, as seguintes, a saber:

---

[10] STUART MILL, John. *A liberdade/Utilitarismo*. São Paulo: Martins Fontes, 2000, p. 5-25.

Que, no primeiro dia de janeiro, do ano de Nosso Senhor de mil oitocentos e sessenta e três, todas as pessoas mantidas como escravas, nos limites de qualquer Estado, ou parte designada de um Estado, e cujo povo esteja em rebelião contra os Estados Unidos, devem ser, daqui por diante, e para sempre livres; e que o poder executivo dos Estados Unidos, compreendendo a autoridade militar e a autoridade naval correspondentes, reconhece e mantém a liberdade de tais pessoas, e não fará ato nenhum, nem atos nenhuns, para reprimir tais pessoas, ou qualquer uma delas, em quaisquer esforços que possam efetuar, em prol da sua verdadeira liberdade.

Que o poder executivo, no primeiro dia de janeiro acima referido, por via de proclamação, designará os Estados e as partes de Estados, se as houver, cujo povo, respectivamente, esteja então em rebelião contra os Estados Unidos; e o fato de que algum Estado, ou o povo que os habita, estar, nesse dia, em boa-fé, representado no Congresso dos Estados Unidos, por membros nele escolhidos em eleições nas quais a maioria dos eleitores qualificados de tal Estado haja participado, deve, na ausência de forte testemunho em contrário, ser considerado evidência conclusiva de que esse mesmo Estado, e o povo nele compreendido, não se encontravam, nessa época, em rebelião contra os Estados Unidos.

Agora, portanto, eu, Abraham Lincoln, Presidente dos Estados Unidos, por virtude dos poderes a mim conferidos, na qualidade de Comandante-chefe do Exército e da Marinha dos Estados Unidos, em tempo de efetiva rebelião armada contra a autoridade e contra o governo dos Estados Unidos, e na forma de adequada e necessária medida de guerra, para suprimir a dita rebelião, ordeno, neste primeiro dia de janeiro, do ano de Nosso Senhor de mil oitocentos e sessenta e três, e de acordo com o meu propósito de assim tornar publicamente proclamado, pelo inteiro período de cem dias, a contar do dia primeiro acima referido, e designo, como sendo Estados e partes de Estados cujo povo, respectivamente, se encontram, neste dia, em rebelião contra os Estados Unidos, os seguintes a saber:

Arkansas, Texas, Louisiana [...], Mississipi, Alabama, Flórida, Geórgia, Carolina do Sul, Carolina do Norte e Virgínia [...].

E, pela virtude dos poderes, bem como dos propósitos anteriormente aludidos, eu de fato ordeno e declaro que todas as pessoas mantidas como escravas, dentro dos Estados agora designados, e das partes de Estados, daqui por diante devem ser livres; e que o governo executivo dos Estados Unidos, inclusive as autoridades militar e naval que lhe são outorgadas, reconhecerá e manterá a liberdade de ditas pessoas.

E eu por este meio imponho, ao povo, assim declarado como sendo livre, que se abstenha de toda violência, a menos que se faça necessária em defesa própria; e recomendo-lhes que, em todos os casos em que for permitido, trabalhem lealmente por salários razoáveis.

E eu ademais declaro e torno sabido que tais pessoas de condição adequada serão recebidas a serviço das forças armadas dos Estados Unidos, para guarnecer fortes, posições, estações e outros lugares, bem como para tripular navios, e para toda espécie do mencionado serviço.

E, para este ato, sinceramente acreditado como substanciando um ato de justiça, garantido pela Constituição, por decorrer de necessidade militar, invoco o criterioso julgamento da humanidade, bem como a graça do favor de Deus Todo-poderoso.

EM TESTEMUNHO DISSO, eu apus aqui a minha assinatura, e ordenei que o selo dos Estados Unidos fosse afixado.

Dado na Cidade de Washington, neste primeiro dia de janeiro, do ano de Nosso Senhor de mil oitocentos e sessenta e três, octogésimo sétimo da independência dos Estados Unidos da América.

Abraham Lincoln[11]

12. MEMÓRIAS DE GIUSEPPE GARIBALDI – ALEXANDRE DUMAS (1860)

Não são muito numerosos os casos na história mundial de personagens que se engajaram na luta pela liberdade e contra a tirania em mais de um país. Por isso mesmo, esses "cidadãos do mundo", donos de uma consciência cosmopolita, acabam sendo transformados em heróis típicos dos livros de ficção. No século XVIII, esse posto foi ocupado pelo inglês Thomas Paine – exemplo de luta pelos ideais da liberdade na América, na Inglaterra e na França. Já no século XIX, é difícil não localizar na figura do patriota italiano Giuseppe Garibaldi (1807-1882), a imagem perfeita do revolucionário sem fronteiras, disposto a se engajar no combate contra a tirania onde esta estiver presente. Grande liderança do processo de unificação nacional da Itália entre 1859 e 1870, Garibaldi também combateu pela França contra a Prússia, no biênio de 1870-1871, além de ter participado da Revolução Farroupilha, no sul do Brasil, entre 1839 e 1841, sob o comando de Bento Gonçalves. Porém, no caso específico da luta pela unidade nacional italiana (*il Risorgimento*), Garibaldi viu seu projeto republicano popular ser derrotado pelo monárquico conservador dos dois líderes do Estado do Piemonte – o Rei Vittorio Emanuele II e o Conde de Cavour.

---

[11] LINCOLN, Abraham. *A mensagem de Lincoln*. São Paulo: Ibrasa, 1964, p. 211-3.

Não fatigarei o leitor falando nas minhas primeiras viagens, em que nada de extraordinário me sucedeu, direi unicamente que atormentado sempre por um profundo patriotismo, nunca cessei de perguntar notícias sobre a ressurreição da Itália; mas infelizmente até a idade de vinte e quatro anos todo o trabalho foi inútil.

Enfim, numa viagem a Taganrog veio a bordo do meu navio um patriota italiano que me deu algumas notícias sobre a maneira por que marchavam os negócios da Itália.

Havia alguma esperança para o nosso desgraçado país.

Cristóvão Colombo não foi mais feliz quando, perdido no meio do Atlântico e ameaçado pelos seus companheiros a quem havia pedido só três dias, ouviu gritar: "Terra", do que eu quando ouvi pronunciar a palavra *pátria*, e vi no horizonte o primeiro farol preparado pela revolução francesa de 1830.

Havia então homens que se ocupavam da redenção da Itália!

Em outra viagem, transportei no *Clorinde*, a Constantinopla, alguns *Simonianos*, conduzidos por Emilio Parrault.

Tinha ouvido falar pouco na seita de Saint-Simon; sabia unicamente que estes homens eram apóstolos perseguidos de uma nova religião.

Vendo em Parrault um patriota italiano, dei-lhe parte de todos os meus pensamentos. Então durante essas noites transparentes do Oriente, que, como diz, Chateaubriand, não são as trevas, mas unicamente a ausência do dia, debaixo desse céu marchetado de estrelas, sobre esse mar cuja brisa parecia cheia de inspirações generosas, discutimos não só as mesquinhas questões de nacionalidade nas quais havia pensado muito, questões restritas à Itália e a cada província – mas até a grande questão da humanidade.

Este apóstolo provou-me que o homem que defende a sua pátria, ou que ataca a dos outros, é no primeiro caso um soldado piedoso; injusto no segundo – mas o homem que, se tornando cosmopolita, adota a todos por pátria e vai oferecer a sua espada e o seu sangue ao povo que luta contra a tirania, é mais do que um soldado – é um herói.

Teve então lugar no meu espírito uma mudança repentina. Pareceu-me ver em um navio não o veículo encarregado de transportar mercadorias entre os diversos países, mas o mensageiro do Senhor. Havia partido ávido de emoções e curioso por ver coisas novas, e a mim mesmo perguntava se esta ideia irresistível que me perseguia não tinha horizontes mais dilatados e por descobrir. Via esses horizontes através do longínquo véu do futuro.[12]

---

[12] DUMAS, Alexandre. *Memórias de José Garibaldi*. São Paulo: Monteiro Lobato, 1925, p. 26-27.

CAPÍTULO 3

OS DIREITOS HUMANOS NA ERA DAS REVOLUÇÕES SOCIALISTAS: A CONQUISTA DOS DIREITOS SOCIAIS

O segundo ciclo de afirmação dos direitos humanos na história mundial encontra-se intimamente vinculado ao desenvolvimento do pensamento socialista e às lutas implementadas pela recém-nascida classe trabalhadora industrial.

No seu âmago, a orientar toda a sua movimentação histórica, há uma profunda crítica à lógica que guiava o novo sistema socioeconômico capitalista, isto é, um sistema que para se manter vivo necessitava da "socialização da produção", por um lado, e da "concentração do produzido", por outro.

Em outras palavras, desde seu início, na passagem do século XVIII ao XIX, o capitalismo precisou que todos trabalhassem – ou pelo menos que todos procurassem trabalho – na mesma medida em que precisava limitar ao máximo a capacidade de consumo destes trabalhadores, dando forma, assim, a uma sociedade na qual muitos produziam as riquezas, mas poucos, muito poucos, tinham o direito de consumi-las.

Com isso, o capitalismo revelava-se por inteiro como um modo de produção que sabe construir a riqueza, mas que não sabe (ou não quer) distribuí-la de forma equânime – um modo de produção que recria incessantemente a desigualdade social. Ou seja, o capitalismo se desnuda como uma civilização fundada na exploração da força de trabalho alheia, incapaz de realizar por si só o sonho de uma sociedade igualitária.

Guiado pelo objetivo central da transformação dessa iníqua realidade, o movimento socialista passará a se impor progressivamente no decorrer do século XIX, em particular a partir de 1848, com a chamada "Primavera dos Povos" – uma onda revolucionária que varreu o continente europeu revelando os primórdios de uma nova espécie de antagonismo de classes, a saber, o que colocava frente a frente burguesia e operariado, empresário e trabalhador.

Não restam dúvidas de que foi o filósofo alemão Karl Marx o grande responsável pelo desvendamento da natureza injusta do sistema capitalista, tendo sido ele também, por meio de suas teorias, o pensador que mais influenciou os movimentos de orientação socialista no decorrer dos séculos XIX e XX.

Sob sua inspiração direta ou indireta, boa parte da história das revoluções socialistas acontecidas nos séculos XIX e XX foi escrita. Da experiência fracassada da Comuna de Paris, em 1871, até os três grandes processos revolucionários vitoriosos ocorridos na Rússia, em 1917, na China, em 1949, e em Cuba, em 1959, passando pelas derrotas das Revoluções na Alemanha e na Hungria, em 1919, as ideias revolucionárias marxistas sempre estiveram presentes a orientar as vanguardas socialistas com a utopia de uma nova sociedade sem exploradores nem explorados, sem opressores nem oprimidos.

Logo que vitoriosas, as novas nações socialistas implementaram medidas que reconheciam os direitos sociais como direitos fundamentais de todos os indivíduos. Assim, rapidamente, o acesso à educação, aos serviços de saúde, à previdência e assistência social, além da proteção ao trabalho, tornaram-se responsabilidade do poder público, passando a estar sob a rígida tutela do Estado.

Ademais, depois que metade do mundo havia se tornado socialista, no pós-Segunda Guerra Mundial, o Ocidente capitalista deu-se conta velozmente da necessidade de se autorreformar, mediante a concessão de direitos e garantias sociais às classes trabalhadoras, a fim de que se evitasse a eclosão de revoluções socialistas dentro das suas fronteiras, tal era a força de atração exercida pela propaganda revolucionária sobre as camadas subalternas da sociedade.

No entanto, como que a comprovar as contradições existentes na história em geral – e particularmente na história do desenvolvimento dos direitos humanos –, nos países em que o socialismo foi realmente construído a preocupação com a realização da igualdade social conviveu tragicamente com a instauração de regimes políticos despóticos, profundamente marcados pelo desrespeito aos direitos civis e políticos, assumindo como regra de ação sucessivos atentados contra as liberdades individuais e coletivas.

Em suma, a conquista dos direitos sociais nos países do "socialismo real" teve como corolário o aniquilamento dos direitos e garantias civis e políticos anteriormente conquistados. Em contrapartida, no mundo capitalista desenvolvido, não sem a existência de fortes tensões, os três tipos de direito conseguiram se manter de pé, não obstante o clima pesado da Guerra Fria, sob a forma do Estado de Bem-Estar Social – o *Welfare State*.

De todo modo, um fato parece ser inquestionável nesse segundo ciclo de afirmação dos direitos humanos, decorrente do reconhecimento dos direitos sociais: sua expansão generalizada por todas as partes do planeta. Uma universalização diretamente proporcional à forma também universal pela qual o capitalismo se abateu sobre o mundo inteiro.

1. MANIFESTO COMUNISTA – KARL MARX E FRIEDRICH ENGELS (1848)

O ano de 1848 representa um daqueles momentos centrais da história em que, da impressionante irrupção de acontecimentos explosivos, advém a definição de uma nova ordem social. Iniciada na França em fevereiro, com a queda do reinado de Luís Felipe, a gigantesca onda revolucionária que se espalhou por todo o continente europeu revelou que a união do Terceiro Estado na luta contra o Antigo Regime começava a se desfazer abruptamente. Chamada de "Primavera dos Povos", essa verdadeira revolução mundial já explicitava a afirmação definitiva da ordem capitalista e a nova espécie de conflito social existente entre burguesia e classe trabalhadora. A refletir essa nova forma de contradição de classes sociais encontra-se esta que é uma das obras fundadoras do pensamento revolucionário socialista: o *Manifesto Comunista*. Publicado em meio às jornadas revolucionárias de fevereiro, o famoso texto escrito por Karl Marx (1818-1883) e Friedrich Engels (1820-1895) como documento programático para a Liga dos Comunistas, fundada em 1847, traz em si, entre outras tantas questões, a indicação do proletariado como novo sujeito da transformação social e a defesa da abolição da propriedade privada como meio fundamental para a construção de uma sociedade fundada no princípio da igualdade social – a sociedade socialista.

Um espectro ronda a Europa – o espectro do comunismo. Todas as potências da velha Europa unem-se numa Santa Aliança para conjurá-la: o papa e o czar, Metternich e Guizot, os radicais da França e os policiais da Alemanha.

[...]

O objetivo imediato dos comunistas é o mesmo que o de todos os demais partidos proletários: constituição dos proletários em classe, derrubada da supremacia burguesa, conquista do poder político pelo proletariado.

As concepções teóricas dos comunistas não se baseiam, de modo algum, em ideias e princípios inventados ou descobertos por tal ou qual reformador do mundo.

São apenas a expressão geral das condições reais de uma luta de classes existente, de um movimento histórico que se desenvolve sob os nossos olhos. A abolição das relações de propriedade que têm existido até hoje não é uma característica peculiar exclusiva do comunismo.

Todas as relações de propriedade têm passado por modificações constantes em consequência das contínuas transformações das condições históricas.

A Revolução Francesa, por exemplo, aboliu a propriedade feudal em proveito da propriedade burguesa.

O que caracteriza o comunismo não é a abolição da propriedade geral, mas a abolição da propriedade burguesa.

Ora, a propriedade privada atual, a propriedade burguesa, é a última e mais perfeita expressão do modo de produção e de apropriação baseado nos antagonismos de classe, na exploração de uns pelos outros.

Neste sentido, os comunistas podem resumir sua teoria nesta fórmula única: abolição da propriedade privada.

[...]

Horrorizai-vos porque queremos abolir a propriedade privada. Mas em vossa sociedade a propriedade privada está abolida para nove décimos de seus membros. E é precisamente porque não existe para estes nove décimos que ela existe para vós. Acusai-nos, portanto, de querer abolir uma forma de propriedade que só pode existir com a condição de privar de toda propriedade a imensa maioria da sociedade.

Em resumo, acusai-nos de querer abolir vossa propriedade. De fato, é isso que queremos.

Censuram-nos, a nós comunistas, o querer abolir a propriedade pessoalmente adquirida, fruto do trabalho do indivíduo, propriedade que se declara ser a base de toda liberdade, de toda atividade, de toda independência individual.

A propriedade pessoal, fruto do trabalho e do mérito! Pretende se falar da propriedade do pequeno burguês, do pequeno camponês, forma de propriedade anterior à propriedade burguesa? Não precisamos aboli-la, porque o progresso da indústria já aboliu e continua a aboli-la diariamente. Ou porventura pretende-se falar da propriedade privada atual, da propriedade burguesa?

Mas, o trabalho do proletário, o trabalho assalariado cria propriedade para o proletário? De nenhum modo. Cria o capital, isto é, a propriedade que explora o trabalho assalariado e que só pode aumentar sob a condição de produzir novo trabalho assalariado, a fim de explorá-lo novamente. Em sua forma atual a propriedade se move entre os dois termos antagônicos: capital e trabalho. Examinemos os dois termos dessa antinomia.

[...]

Vimos anteriormente que a primeira fase da revolução operária é o advento do proletariado como classe dominante, a conquista da democracia.

O proletariado utilizará sua supremacia política para arrancar pouco a pouco todo capital à burguesia, para centralizar todos os instrumentos de produção nas mãos do Estado, isto é, do proletariado organizado em classe dominante, e para aumentar, o mais rapidamente possível, o total das forças produtivas.

Isto naturalmente só poderá realizar-se, a princípio, por uma violação despótica do direito de propriedade e das relações de produção burguesas, isto é, pela aplicação de medidas que, do ponto de vista econômico, parecerão insuficientes e insustentáveis, mas que no desenrolar do movimento ultrapassarão a si mesmas e serão indispensáveis para transformar radicalmente todo o modo de produção.

Essas medidas, é claro, serão diferentes nos vários países.

Todavia, nos países mais adiantados, as seguintes medidas poderão geralmente ser postas em prática:

1. Expropriação da propriedade latifundiária e emprego da renda da terra em proveito do Estado.
2. Imposto fortemente progressivo.
3. Abolição do direito de herança.
4. Confiscação da propriedade de todos os emigrados e sediciosos.
5. Centralização do crédito nas mãos do Estado por meio de um banco nacional com capital do Estado e com o monopólio.
6. Centralização, nas mãos do Estado, de todos os meios de transporte.
7. Multiplicação das fábricas e dos instrumentos de produção pertencentes ao Estado, arroteamento das terras incultas e melhoramento das terras cultivadas, segundo um plano geral.
8. Trabalho obrigatório para todos, organização de exércitos industriais, particularmente para a agricultura.
9. Combinação do trabalho agrícola e industrial, medidas tendentes a fazer desaparecer gradualmente a distinção entre a cidade e o campo.

10. Educação pública e gratuita de todas as crianças, abolição do trabalho das crianças nas fábricas, tal como é praticado hoje. Combinação da educação com a produção material etc.
11. Uma vez desaparecidos os antagonismos de classe no curso do desenvolvimento, e sendo concentrada toda a produção propriamente falando nas mãos dos indivíduos associados, o poder público perderá seu caráter político. O poder político é o poder organizado de uma classe para a opressão de outra. Se o proletariado, em sua luta contra a burguesia, se constitui forçosamente em classe, se se converte por uma revolução em classe dominante e, como classe dominante, destrói violentamente as antigas relações de produção, destrói juntamente com essas relações de produção as condições dos antagonismos entre as classes e as classes em geral e, com isso, sua própria dominação como classe.

Em lugar da antiga sociedade burguesa, com suas classes e antagonismos de classes, surge uma associação onde o livre desenvolvimento de cada um é a condição do livre desenvolvimento de todos.

[...]

Em resumo, os comunistas apoiam em toda parte qualquer movimento revolucionário contra o estado de coisas social e político existente.

Em todos estes movimentos, põem em primeiro lugar, como questão fundamental, a questão da propriedade, qualquer que seja a forma, mais ou menos desenvolvida, de que esta se revista.

Finalmente, os comunistas trabalham pela união e entendimento dos partidos democráticos de todos os países.

Os comunistas não se rebaixam a dissimular suas opiniões e seus fins. Proclamam abertamente que seus objetivos só podem ser alcançados pela derrubada violenta de toda a ordem social existente. Que as classes dominantes tremam à ideia de uma revolução comunista! Os proletários nada têm a perder nela a não ser suas cadeias. Têm um mundo a ganhar. PROLETÁRIOS DE TODOS OS PAÍSES, UNI-VOS![1]

2. MANIFESTO DA REFORMA – LOUIS BLANC (1848)

Uma das particularidades da "Primavera dos Povos" é o fato de se encontrarem à sua frente lideranças socialistas engajadas na luta pela realização do ideal de igualdade social. Para além de Marx e Engels,

---

[1] MARX, Karl; ENGELS, Friedrich. *Obras escolhidas*. Rio de Janeiro: Vitória, 1961, v. 1, p. 21-47.

estavam a liderar política e intelectualmente as movimentações de "48" homens que acabariam formando a primeira grande geração de revolucionários sociais. Nesse momento, talvez nenhum país tenha dado um número tão expressivo de lideranças socialistas quanto a França. Seguindo uma linhagem iniciada ainda no final do século XVIII por Robespierre, Saint-Just e Babeuf, encontraremos já no século XIX a presença de inimigos da recém-criada ordem social burguesa, como Proudhon, Blanqui e Louis Blanc (1811-1882). Diversos na forma de pensar a luta contra o capitalismo e a nova sociedade que nasceria dos seus escombros, eles tinham em comum o fato de serem herdeiros do radicalismo social nascido da Revolução de 1789. Assim, suas vidas cruzaram com a própria trajetória da Revolução de 1848, da sua rápida expansão à fulminante derrota, como aconteceu com Blanc: partícipe na queda da Monarquia de Julho e membro do governo provisório instalado em fevereiro, teve de se exilar após a derrota das Jornadas de Junho, quando o caráter do processo revolucionário deixava de ser burguês para se tornar proletário.

TODOS OS HOMENS SÃO IRMÃOS

Onde a igualdade não existe, a liberdade é uma mentira.

A sociedade só pode sobreviver através da desigualdade das aptidões e da diversidade de funções. Mas as aptidões superiores não devem conferir maiores direitos. Eles impõem deveres maiores.

Tal é o princípio da igualdade: a associação é sua forma necessária.

O fim último da associação é atingir a satisfação das necessidades intelectuais, morais e materiais de todos, pelo emprego de suas aptidões diversas e pelo concurso de seus esforços.

Os trabalhadores foram escravos, foram servos, são hoje assalariados; é preciso esforçar-se para fazê-los passar à categoria de associados.

Esse resultado só pode ser atingido pela ação de um poder democrático.

Um poder democrático é o que tem a soberania popular por princípio, o sufrágio universal por origem e por objetivo a realização da fórmula: Liberdade, Igualdade, Fraternidade.

Os governantes, numa democracia bem constituída, são apenas os mandatários do povo: devem ser responsáveis e sujeitos a demissão.

As funções públicas não são distinções e não se devem constituir em privilégios: são deveres.

Tendo todos os cidadãos um direito igual de contribuir para a nomeação dos mandatários do povo e para a formação da lei, é preciso, a fim de que essa igualdade de direito não seja ilusória, que toda função pública seja remunerada.

A lei é vontade do povo formulada por seus mandatários. Todos lhe devem obediência; mas todos têm o direito de analisá-la com isenção, para que seja modificada se for ruim.

A liberdade de imprensa deve ser mantida e consagrada como garantia contra os erros possíveis da maioria e como instrumento dos progressos do espírito humano.

A educação dos cidadãos deve ser comum e gratuita. É ao Estado que compete fornecê-la.

Todo cidadão deve passar pela educação do soldado. Ninguém pode eximir-se, mediante dinheiro, do dever de concorrer para a defesa do seu país.

Cabe ao Estado tomar a iniciativa das reformas industriais adequadas a levar a uma organização do trabalho que erga os trabalhadores da condição de assalariado à de associados.

É preciso substituir a comandita do crédito individual pela do crédito do Estado. O Estado, até que os proletários estejam emancipados, deve transformar-se no banqueiro dos pobres.

O trabalhador tem o mesmo direito que o soldado ao reconhecimento do Estado. Ao cidadão vigoroso e apto o Estado deve o trabalho; ao velho e ao enfermo deve ajuda e proteção.[2]

3. ESTATUTOS DA ASSOCIAÇÃO INTERNACIONAL DOS TRABALHADORES (1864)

Fundada em 28 de setembro de 1864 no St. Martin's Hall, em Londres, a Associação Internacional dos Trabalhadores foi criada em torno do ideal de construção de uma organização política nova, capaz de reunir ao seu redor os diversos movimentos operários nacionais críticos da ordem capitalista nos continentes europeu e americano. Dito de outra maneira, a Associação surge com o objetivo maior de organizar a luta dos trabalhadores contra a exploração implementada pelo sistema capitalista, por meio do espírito de solidariedade internacionalista.

---

[2] FALCÓN, Francisco; MOURA, Gerson. *A formação do mundo contemporâneo*. Rio de Janeiro: Campus, 1989, p. 69.

Orientando tal iniciativa estava a ideia de que, a fim de lutar contra um sistema socioeconômico que – pela primeira vez na história – assumia um caráter mundial, as classes trabalhadoras não poderiam deixar de se organizar de maneira igualmente internacional, ultrapassando os limites das fronteiras impostas pelos Estados nacionais. Então, sob a liderança de Marx e Engels e a decisiva participação dos seguidores do mutualismo de Proudhon e do anarquismo de Bakunin, nasce aquela que seria considerada a primeira grande iniciativa de organização de um partido internacional da classe trabalhadora – a Primeira Internacional –, dando prosseguimento à luta travada entre 1847 e 1852 pela Liga dos Comunistas, em torno do famoso lema: "Proletários de todos os países, uni-vos!".

Considerando:
Que a emancipação das classes trabalhadoras deverá ser conquistada pelas próprias classes trabalhadoras; que a luta pela emancipação das classes trabalhadoras não significa uma luta por privilégios e monopólios de classe, e sim uma luta por direitos e deveres iguais, bem como pela abolição de todo domínio de classe;
Que a servidão em todas as suas formas, toda miséria social, toda degradação intelectual e dependência política é o resultado da sujeição econômica do trabalhador aos monopolizadores dos meios de trabalho, isto é, das fontes da vida;
Que a emancipação econômica das classes trabalhadoras é, portanto, o objetivo primordial a que todo movimento político deve subordinar-se como meio;
Que todos os esforços visando a esse magno objetivo fracassaram até agora em virtude da falta de solidariedade entre os operários das diversas categorias de trabalho em cada país, bem como pela ausência de um vínculo fraternal de união entre as classes trabalhadoras dos diferentes países;
Que a emancipação do operariado não é um problema local ou nacional, mas sim um problema social, abrangendo todos os países onde existe a sociedade moderna, e dependendo para sua solução do apoio prático e teórico dos países mais avançados;
Que o atual ressurgimento do movimento operário nos países mais industriais da Europa, embora abra uma nova perspectiva, constitui uma solene advertência contra a repetição dos velhos erros e reclama a associação imediata dos movimentos ainda dissociados. Por esse motivo:
Fundou-se a Associação Operária Internacional.

A A.O.I. declara:

Que todas as sociedades e indivíduos a ela filiados reconhecerão a verdade, a justiça e a moral como base de suas relações recíprocas e para com a humanidade em geral, independentemente de cor, credo ou nacionalidade;

Não reconhecer *direitos sem deveres, nem deveres sem direitos*;

E dentro desse espírito foram elaborados os seguintes Estatutos.

1. Esta Associação é fundada no intuito de estabelecer um centro de comunicação e de cooperação entre as Sociedades Operárias existentes em diferentes países e voltadas para o mesmo objetivo, ou seja, a proteção, o progresso e a completa emancipação da classe operária. 2. A sociedade intitular-se-á "Associação Operária Internacional".

[...]

7. Tendo em vista que o êxito do movimento operário em cada país não pode ser assegurado senão pela força resultante da união e da organização e que, por outro lado, a utilidade do Conselho Geral será maior se em vez de tratar como uma multidão de pequenas sociedades locais, isoladas umas das outras, puder fazê-lo com uns poucos centros nacionais de sociedades operárias, os membros da Associação Internacional empregarão o máximo de seus esforços no sentido de reunir as sociedades operárias locais ainda isoladas, de seus respectivos países, em organismos nacionais, representados por órgãos centrais de caráter nacional. Fica entendido, entretanto, que a aplicação deste dispositivo dependerá da legislação especial de cada país e que, exceto quando houver obstáculos legais, nenhuma sociedade local independente será impedida de manter contato direto com o Conselho Geral.

7A. Em sua luta contra o poder coletivo das classes possuidoras, o proletariado só pode atuar como classe constituindo-se em um partido político distinto, em oposição a todos os velhos partidos constituídos pelas classes possuidoras.

Essa constituição do proletariado em partido político é indispensável para assegurar o triunfo da revolução social e de seu objetivo supremo: a abolição de classes.

A coligação de forças da classe operária, já alcançada pela luta econômica, deverá também servir, nas mãos dessa classe, como uma alavanca em sua luta contra o poder político de seus exploradores.

Tendo em vista que os senhores da terra e do capital sempre utilizam seus privilégios políticos para defender e perpetuar seu monopólio econômico e para escravizar o trabalho, a conquista do poder político torna-se a tarefa primordial do proletariado.[3]

---

[3] MARX, Karl; ENGELS, Friedrich. *Obras escolhidas*. Rio de Janeiro: Vitória, 1961, v. 1, p. 322-5.

4. HINO DA INTERNACIONAL (1871)

Em 18 de março de 1871, as camadas populares de Paris deram início a uma experiência política que pode ser considerada a primeira tentativa de implementação de uma revolução de caráter socialista na história da humanidade: a Comuna de Paris. Nas suas origens encontram-se a derrota da França para a Prússia, em setembro de 1870, e a formação de um governo provisório republicano de natureza conservadora encabeçado por Adolphe Thiers em fevereiro de 1871. Caracterizada, entre outras coisas, pela defesa, no plano político, da eleição para todos os cargos públicos por meio do sufrágio universal, e no plano social, do ensino gratuito e obrigatório, a Comuna de Paris teve uma vida muito curta, não tendo ultrapassado 72 dias, quando foi barbaramente reprimida por Thiers, com o apoio do exército prussiano. Um dos grandes legados da insurreição derrotada barbaramente após dois meses de resistência popular nas barricadas deu-se no plano musical. Isso porque, em junho de 1871, Eugène Pottier, um ex-*communard* sobrevivente, redigiu um poema que daria origem ao hino *A Internacional*, musicado pelo belga Pierre Degeyter logo após sua publicação em 1887. Com isso, o movimento socialista ganhava um dos seus maiores símbolos, juntamente à bandeira vermelha, ao Primeiro de Maio e à saudação com o punho cerrado.

De pé! Ó vítimas da fome
De pé! famélicos da terra
A indolente razão ruge e consome
A crosta bruta que a soterra!
De pé! De pé não mais senhores!
Se nada somos em tal mundo,
Sejamos todos, ó produtores!

Refrão:
Bem unidos, façamos,
Nesta luta final.
Uma terra sem amo,
A Internacional!

Messias, Deus, chefes supremos,
Nada esperamos de nenhum!
Sejamos nós que conquistemos
A terra mãe livre e comum!
Para não ter protestos vãos,
Para sair deste antro estreito,
Façamos nós por nossas mãos,
Tudo que a nós nos diz respeito

Refrão:
Bem unidos, façamos,
Nesta luta final.
Uma terra sem amo,
A Internacional!

Crime de rico, a lei o cobre,
O Estado esmaga o oprimido,
Não há direitos para o pobre,
Ao rico tudo é permitido
À opressão não mais sujeitos!
Somos iguais todos os seres:
Não mais deveres sem direitos
Não mais direitos sem deveres!

Refrão:
Bem unidos, façamos,
Nesta luta final.
Uma terra sem amo,
A Internacional!

Abomináveis na grandeza
Os reis das minas e da fornalha
Edificaram a riqueza
Sobre o suor de quem trabalha,
Todo o produto de sua
A corja rica o recolheu!
Querendo que ela restitua,
O povo só quer o que é seu.

Refrão:
Bem unidos, façamos,
Nesta luta final.
Uma terra sem amo,
A Internacional!

Fomos do fumo embriagados!
Paz entre nós, guerra aos senhores!
Façamos guerra de soldados!
Somos irmãos, trabalhadores,
Se a raça vil cheia de galas,
Nos quer a força canibais,
Logo verá que as nossas balas
São para os nossos generais.

Refrão:
Bem unidos, façamos,
Nesta luta final.
Uma terra sem amo,
A Internacional!

Somos os povos dos nativos.
Trabalhador forte e fecundo.
Pertence a terra aos produtores
Ó parasita deixa o mundo!
O parasita que te nutres
Do nosso sangue a gotejar,
Se nos faltarem os abutres,
Não deixa o sol te fulgurar!

Refrão:
Bem unidos, façamos,
Nesta luta final.
Uma terra sem amo,
A Internacional![4]

5. GERMINAL – ÉMILE ZOLA (1885)

Não foram muitos os exemplos de escritores dotados da capacidade de conciliar a descrição realista da vida social com a qualidade estética exigida para a construção de uma autêntica obra de arte. Desses poucos casos, o francês Émile Zola (1840-1902) talvez seja o maior destaque na literatura produzida na segunda metade do século XIX. Adepto dos

---

[4] Hino da Internacional. 1871. Disponível em: <https://www.marxists.org/portugues/tematica/musica/international.htm>. Acesso em: 11 de nov. 2019.

princípios estéticos naturalistas, Zola ficou famoso por ter narrado em vários romances a história natural e social de uma família durante o Segundo Império francês: os Rougon-Macquart. Já em *Germinal* – considerada por muitos especialistas a sua obra-prima –, o escritor parisiense procurou mostrar com maestria a luta da classe trabalhadora empregada nas minas de carvão na França. Reprisando, no campo específico da literatura, o esforço empreendido por Friedrich Engels em 1845, com a publicação de *A situação da classe operária na Inglaterra*, Zola pintou com cores fortes as condições extremamente perversas vividas pelos trabalhadores da recém-nascida sociedade urbana, industrial e capitalista francesa, condições essas marcadas pela fome, pela doença, pelo desemprego, pela precariedade das habitações e pela insalubridade nos locais de trabalho, em completo contraste com a ostentação do luxo e da riqueza pela burguesia.

[...]
Fora, Etienne seguiu pela estrada por algum tempo, absorto. Muitas ideias fervilhavam dentro dele. Mas teve uma sensação de ar livre, de céu aberto, e respirou longamente. O sol surgia no horizonte glorioso, era um despertar de regozijo por toda a extensão do campo. Uma vaga de ouro rolava do oriente ao ocidente, sobre uma imensa planície. Esse calor de vida avançava, estendia-se num estremecer de juventude, e nele vibravam os suspiros da terra, o canto dos pássaros, todos os murmúrios das águas e dos bosques. Era bom estar vivo, o velho mundo queria viver mais uma primavera.

E, avassalado por essa esperança, Etienne afrouxou o passo, examinando a paisagem, entranhando-se da alegria da nova estação. Pensava em si, sentia-se forte, amadurecido por sua dura experiência no fundo da mina. Sua educação estava terminada, partia armado, como soldado intelectual da revolução, tendo declarado guerra à sociedade, tal como a via e condenava. A alegria de reunir-se a Pluchart, de ser como Pluchart um chefe escutado, inspirava-lhe discursos, cujas frases lapidava. Pensava em alargar seu programa. O refinamento burguês que o elevara acima da sua classe injetava-lhe um ódio ainda maior contra a burguesia. Necessitava glorificar esses operários cujo cheiro de miséria tanto o incomodava agora; iria mostrá-los ao mundo como os únicos grandes, os únicos impecáveis, como a única nobreza e a única força capaz de retemperar a humanidade. Já se via na tribuna, triunfando com o povo, se este não o devorasse antes.

Um canto de cotovia, muito alto, fê-lo olhar para o céu. Pequenas nuvens vermelhas, os últimos vapores da noite, fundiam-se no límpido azul. E os rostos esfumados de Suvarin e Rasseneur lhe apareceram. Decididamente, tudo se estragava quando havia luta pelo poder. Fora o caso dessa famosa Internacional, que devia ter renovado o mundo e que agora estava impotente, após ver seu formidável exército dividir-se, esfarelar-se por causa das lutas intestinas. Teria razão Darwin, o mundo não seria mais que uma batalha, os fortes devorando os fracos, para o embelezamento e a continuidade da espécie? Essa questão perturbou-o, ainda que tivesse para ela resposta categórica, como homem verdadeiramente satisfeito com seu saber. Mas dissipou-lhe as dúvidas uma ideia que o encantou, a ideia de lançar a sua antiga explicação da teoria na primeira vez que discursasse. Se era necessário que uma classe fosse devorada, não seria o povo, cheio de vida, jovem ainda, quem iria devorar a burguesia, exausta de tantos prazeres? Com sangue novo se faria a sociedade nova. E, nesta espera de uma invasão de bárbaros, regenerando as velhas nações caducas, ressurgia sua fé absoluta numa revolução próxima, a verdadeira, a dos trabalhadores, cujo incêndio abrasaria o fim do século com a mesma cor purpúrea desse sol nascente, que via ensanguentar o céu.

Continuava caminhando, batendo com o seu cajado de corniso nos seixos da estrada; e, quando olhava ao redor, reconhecia as regiões por onde passava. Na Fourche-aux-Boeufs, lembrou-se de que ali passara, comandando a multidão, na manhã do assalto às minas. Hoje, o trabalho de bestas, mortal, mal pago, recomeçava. Debaixo do chão, muito no fundo, a setecentos metros, parecia-lhe ouvir golpes surdos, regulares, constantes: eram os companheiros que vira descer, os negros companheiros que cavavam, cheios de um ódio silencioso. Sem dúvida tinham sido derrotados, pois haviam deixado dinheiro e mortos, mas Paris não esqueceria os tiros da Voreux, o sangue do império também correria por aquela ferida incurável. E, se a crise industrial chegasse ao fim, se as fábricas reabrissem uma a uma, não tinha importância, o estado de guerra continuaria, a paz agora era impossível. Os mineiros já sabiam quantos eram, já conheciam a sua força, tinham sacudido com seu grito de justiça os operários da França inteira. A derrota deles não trazia segurança para ninguém; os burgueses de Montsou viram sua vitória minada pelo surdo mal-estar das sequelas da greve, e olhavam para trás, suspeitando de que seu fim continuava a espreitá-los, inevitável, do mais recôndito daquele grande silêncio. Eles compreendiam que a revolução renasceria sem descanso, talvez amanhã mesmo, com a greve geral, a união de todos os trabalhadores resultando em caixas de socorros que os levariam a aguentar por muitos meses comendo pão. Desta última vez, fora um empurrão dado na sociedade em ruínas, e tinham sentido perfeitamente o chão fugindo sob seus pés, sentiam formarem-se outras convulsões, sempre outras, até que esse velho edifício abalado desmoronasse, tragado como a Voreux, sorvido pelo abismo.

Etienne tomou à esquerda o caminho de Joiselle. Lembrou então que, ali, impedira a turba de destruir a Gaston-Marie. Ao longe, iluminadas pelo sol radiante, viu as torres do sino de rebate de diversas minas: Mirou à direita, Madeleine e Crèvecoeur lado a lado. O trabalho ressoava por toda parte, os golpes de picareta que ele julgava escutar nas entranhas da terra vibravam agora de um extremo ao outro da planície. Um golpe, e outro, e muitos outros, por baixo das plantações, das estradas, dos vilarejos, que riam à luz: todo o obscuro trabalho dos forçados do fundo da terra, tão recoberto pela massa enorme das rochas que era preciso sabê-lo estar sendo feito lá embaixo, para poder captar o seu grande suspiro doloroso. E agora pensava que talvez a violência não ajudasse muito. Cabos cortados, trilhos arrancados, lanternas quebradas, que esforço inútil! Não, não valia a pena três mil pessoas percorrerem as estradas transformadas em bando devastador. Pressentia vagamente que a legalidade, um dia, podia ser mais terrível. Sua inteligência amadurecia; livrara-se da doença do rancor. Sim, a mulher de Maheu, sensata como era, tinha razão, seria o golpe de misericórdia na burguesia: arregimentarem-se em silêncio, conhecerem-se, reunirem-se em sindicatos, assim que a lei o permitisse. Depois, no dia em que fossem multidão, no dia em que milhões de trabalhadores se apresentassem diante de alguns milhares de desocupados, tomar o poder, ser os donos. Ah! Que despertar da verdade e da justiça! O deus repleto e acocorado rebentaria na hora, o ídolo monstruoso escondido no fundo do seu tabernáculo, nesse desconhecido longínquo onde os miseráveis o alimentavam com sua carne, sem nunca tê-lo visto.

Mas Etienne, deixando o caminho de Vandame, entrou pela estrada pavimentada. Avistou Montsou à direita, desaparecendo no vale. Defronte tinha os escombros da Voreux, o buraco maldito que três bombas esgotavam, sem descanso. Depois, no horizonte, divisava as outras minas: Victoire, Saint-Thomas, Feutry-Cantel, enquanto, para o norte, as chaminés dos altos-fornos e as baterias das fornalhas de coque fumegavam no ar transparente da manhã. Se não queria perder o trem das oito, tinha que se apressar, havia ainda seis quilômetros a percorrer.

E sob os seus pés, continuavam as batidas cavas, obstinadas, das picaretas. Todos os companheiros estavam lá no fundo; ouvia-os seguindo-o a cada passo. Não era a mulher de Maheu sob aquele canteiro de beterrabas, curvada, com uma respiração que chegava até ele tão rouca, fazendo acompanhamento ao ruído do ventilador? À esquerda, à direita, mais adiante, julgava reconhecer outros, sob os trigais, as cercas vivas, as árvores novas. Agora, em pleno céu, o sol de abril brilhava em toda a sua glória, aquecendo a terra que germinava. Do flanco nutriz brotava a vida, os rebentos desabrochavam em folhas verdes, os campos estremeciam com o brotar da relva.

Por todos os lados as sementes cresciam, alongavam-se, furavam a planície, em seu caminho para o calor e a luz. Um transbordamento da seiva escorria sussurrante, o ruído dos germes expandia-se num grande beijo. E ainda, cada vez mais distintamente, como se estivessem mais próximos da superfície, os companheiros cavavam. Aos raios chamejantes do astro rei, naquela manhã de juventude, era daquele rumor que o campo estava cheio. Homens brotavam, um exército negro, vingador, que germinava lentamente nos sulcos da terra, crescendo para as colheitas do século futuro, cuja germinação não tardaria em fazer rebentar a terra.[5]

6. *RERUM NOVARUM* – LEÃO XIII (1891)

A eleição de Leão XIII (1810-1903), no ano de 1878, assinala uma guinada histórica na trajetória da Igreja Católica Romana. Com o novo papa, o Vaticano lançou-se na tentativa de restaurar o seu prestígio religioso, mediante a abertura de uma janela para o mundo. Para tanto, foram criadas as encíclicas, espécies de cartas dirigidas ao conjunto dos membros da Igreja com vistas a orientar a vida dos seus seguidores. Entre elas, a *Rerum Novarum* tem um destaque especial em função da apresentação da nova visão da Igreja em relação à questão social, revelando grande preocupação para com os interesses das classes trabalhadoras. Seu conteúdo, porém, não representa uma virada espontânea da parte de uma instituição até então marcada por um arraigado conservadorismo. Pelo contrário, sua razão de ser está intimamente vinculada ao temor causado pelo irresistível avanço político das ideias e do movimento socialista no continente europeu, avanço este que vinha crescendo desde 1848 e 1871, chegando a 1889 com força redobrada em virtude da fundação de uma nova Associação Internacional dos Trabalhadores, sucessora da Primeira, que foi dissolvida em 1872: a Segunda Internacional. Então, contra o discurso socialista da luta de classes,o papa Leão XIII procura opor o da cooperação mútua entre ricos proprietários e pobres operários.

---

[5] ZOLA, Émile. *Germinal*. São Paulo: Abril Cultural, 1979, p. 532-5.

CAUSAS DO CONFLITO

Em todo caso, estamos persuadidos, e todos concordam nisso, que é necessário, com medidas prontas e eficazes, vir em auxílio dos homens das classes inferiores, atendendo a que eles estão, pela maior parte, numa situação de infortúnio e de miséria imerecida. O século passado destruiu, sem as substituir por alguma coisa, as corporações antigas, que eram para eles uma proteção; os princípios e o sentimento religioso desapareceram das leis e das instituições públicas, e assim, pouco a pouco, os trabalhadores, isolados e sem defesa, têm-se visto, com o decorrer do tempo, entregues à mercê de senhores desumanos e à cobiça de uma concorrência desenfreada. A usura voraz veio condenar ainda mais o mal. Condenada muitas vezes pelo julgamento da Igreja, não tem deixado de ser praticada sob outra forma por homens, ávidos de ganância, e de insaciável ambição. A tudo isso deve acrescentar-se o monopólio do trabalho e dos papéis de crédito, que se tornaram um quinhão de um pequeno número de ricos e de opulentos, que impõe assim um jugo quase servil à imensa multidão dos operariados.

A SOLUÇÃO SOCIALISTA

Os socialistas, para curar este mal, instigam nos pobres o ódio contra os que possuem, e pretendem que toda a propriedade de bens particulares deve ser suprimida, que os bens de um indivíduo qualquer devem ser comuns a todos, e que a sua administração deve voltar para os Municípios ou para o Estado. Mediante esta transladação das propriedades e esta igual repartição das riquezas e das comodidades que elas proporcionam entre os cidadãos, lisonjeiam-se de aplicar um remédio eficaz aos males presentes. Mas semelhante teoria, longe de ser capaz de pôr termo ao conflito, prejudicaria ao operário se fosse posto em prática. Outrossim, é sumamente injusta, por violar os direitos legítimos dos proprietários, viciar as funções do Estado e tender para a subversão completa do edifício social.

[...]

A IGREJA E A QUESTÃO SOCIAL

[...]

O erro capital na questão presente é crer que as duas classes são inimigas natas uma da outra, como se a natureza tivesse armado os ricos e os pobres para se combaterem mutuamente num duelo obstinado. Isto é uma aberração tal, que é necessário colocar a verdade numa doutrina contrariamente oposta, porque assim como no corpo humano os membros, apesar da sua diversidade, se adaptam maravilhosamente uns aos outros, de modo que formam um todo exatamente proporcionado e que se poderá chamar simétrico, assim também, na sociedade, as duas classes estão destinadas pela natureza a unirem-se harmoniosamente e a conservarem-se mutuamente em perfeito equilíbrio. Elas têm imperiosa necessidade uma da outra: não pode haver capital sem trabalho, nem trabalho sem capital. A concórdia traz consigo a ordem e a beleza; ao contrário, dum conflito perpétuo só podem resultar confusão e lutas selvagens. Ora, para dirimir este conflito e cortar o mal na sua raiz, as Instituições possuem uma virtude admirável e múltipla.

E, primeiramente, toda a economia das verdades religiosas, de que a Igreja é guarda e intérprete, é de natureza a aproximar e reconciliar os ricos e os pobres, lembrando às duas classes os seus deveres mútuos e, primeiro que todos os outros, os que derivam da justiça.

OBRIGAÇÕES DOS OPERÁRIOS E DOS PATRÕES

Entre estes deveres, eis aqueles que dizem respeito ao pobre e ao operário: deve fornecer integralmente e fielmente todo o trabalho a que se comprometeu por contrato livre e conforme à equidade; não deve lesar o seu patrão, nem nos seus bens, nem na sua pessoa; as suas reivindicações devem ser isentas de violências, e nunca revestirem a forma de sedições; deve fugir dos homens perversos que, nos seus discursos artificiosos, lhes sugerem esperanças exageradas e lhes fazem grandes promessas, as quais só conduzem a estéreis pesares e à ruína das fortunas.

Quanto aos ricos e aos patrões, não devem tratar o operário como escravo, mas respeitar nele a dignidade do homem, realçada ainda pela do cristão. O trabalho do corpo, pelo testemunho comum da razão e da filosofia cristã, longe de ser um objeto de vergonha, faz honra ao homem, porque lhe fornece um nobre meio de sustentar a sua vida. O que é vergonhoso e desumano é usar dos homens como de vis instrumentos de lucro, e não os estimar senão na proporção do vigor dos seus braços. O cristianismo, além disso, prescreve que se tenham em consideração os interesses espirituais do operário e o bem da sua alma. Aos patrões compete velar para que a isto seja dada plena satisfação, que o operário não seja entregue à sedução e às solicitações corruptoras, que nada venha enfraquecer o espírito de família, nem os hábitos de economia. Proíbe também aos patrões que imponham aos seus subordinados um trabalho superior às suas forças ou em desarmonia com a sua idade ou o seu sexo.

Mas entre os deveres principais do patrão, é necessário colocar, em primeiro lugar, o de dar a cada um o salário que convém. Certamente, para fixar a justa medida do salário, há numerosos pontos de vista a considerar.

Duma maneira geral, recordem-se o rico e o patrão de que explorar a pobreza e a miséria, e especular com a indigência, são coisas igualmente reprovadas pelas leis divinas e humanas; que cometeria um crime de clamar vingança ao céu quem defraudasse a qualquer pessoa no preço dos seus labores: "Eis que o salário, que tendes extorquido por fraude aos vossos operários, clama contra vós; e o seu clamor subiu até os ouvidos dos Deus dos Exércitos" (Tg 5, 4). Enfim os ricos devem precaver-se religiosamente de todo o ato violento, toda a fraude, toda a manobra usurária que seja de natureza a atentar contra a economia do pobre, e isto mais ainda, este é menos apto para defender-se, e porque os seus haveres, por serem de mínima importância, revestem um caráter mais sagrado. A obediência a estas leis – perguntamos Nós – não bastaria só, de *per si*, para fazer cessar todo o antagonismo e suprimir-lhe as causas?

[...]

PROTEÇÃO DO TRABALHO DOS OPERÁRIOS, DAS MULHERES E DAS CRIANÇAS

No que diz respeito aos bens naturais e exteriores, primeiro que tudo é um dever da autoridade pública subtrair o pobre operário à desumanidade de ávidos especuladores, que abusam sem nenhuma discrição, das pessoas como das coisas. Não é justo nem humano exigir do homem tanto trabalho a ponto de fazer pelo excesso de fadiga embrutecer o espírito e enfraquecer o corpo. A atividade do homem, restrita como a sua natureza, tem limites que se não podem ultrapassar. O exercício e o uso aperfeiçoam-na, mas é preciso que de quando em quando se suspenda para dar lugar ao repouso. Não deve, portanto, o trabalho prolongar-se por mais tempo do que as forças permitem. Assim, o número de horas do trabalho diário não deve exceder a força dos trabalhadores, e a quantidade do repouso deve ser proporcional à qualidade do trabalho, às circunstâncias do tempo e do lugar, à compleição e saúde dos operários. O trabalho, por exemplo, de extrair pedra, ferro, chumbo, e outros materiais escondidos, debaixo da terra, sendo mais pesado e nocivo à saúde deve ser compensado, com uma duração mais curta. Deve-se também às estações, porque não poucas vezes um trabalho, que facilmente se suportaria numa estação, noutra é de fato insuportável ou somente se vence com dificuldade.

Enfim, o que um homem válido e na força da idade pode fazer, não será equitativo exigi-lo duma mulher ou duma criança. Especialmente a infância – e isto deve ser estritamente observado – não deve entrar na oficina senão quando a sua idade tenha suficientemente desenvolvido nela as forças físicas, intelectuais e morais; do contrário, como uma planta ainda tenra, ver-se-á murchar com demasiado precoce, e dar-se-á cabo da sua educação. Trabalhos há também que não se adaptam tanto à mulher, a qual a natureza destina de preferência aos arranjos domésticos, que, por outro lado salvaguardam admiravelmente a honestidade do sexo, e correspondem melhor, pela sua natureza, ao que pede a boa educação dos filhos e a prosperidade da família. Em geral, a duração do descanso deve medir-se pelo dispêndio das forças que ele deve restituir. O direito ao descanso de cada dia assim como à cessação do trabalho no dia do Senhor, deve ser a condição expressa ou tácita de todo contrato feito entre patrões e operários. Onde esta condição não entrar, o contrato não será probo, pois ninguém pode exigir ou prometer a violação dos deveres do homem para com Deus e para consigo mesmo.

O QUANTITATIVO DOS SALÁRIOS DOS OPERÁRIOS

Passemos agora a outra ponta da questão e de não menor importância, que, para evitar os extremos, demanda uma definição precisa. Referimo-nos à fixação do salário. Uma vez livremente aceito o salário por uma e outra parte, assim se raciocina, o patrão cumpre todos os seus compromissos desde que o pague e não é obrigado a mais nada. Em tal hipótese, a justiça só será lesada, se ele se recusasse a saldar a dívida ou o operário a concluir todo o seu trabalho, e a satisfazer as suas condições; e neste caso, com exclusão de qualquer outro, é que o poder público teria que intervir para fazer valer o direito de qualquer deles.

[...]

A ECONOMIA COMO MEIO DE CONCILIAÇÃO DAS CLASSES

O operário que receber um salário suficiente para ocorrer como desafogo às suas necessidades e as da sua família, se for avisado, seguirá o conselho que parece dar-lhe a própria natureza: aplicar-se-á a ser parcimonioso e obrará de forma que, com prudentes economias, vá juntando um pequeno pecúlio que lhe permita chegar um dia a adquirir um modesto patrimônio. Já vimos que a presente questão não podia receber solução realmente eficaz, se se não começasse por estabelecer com o princípio fundamental a inviolabilidade da propriedade particular. Importa pois que as leis favoreçam o espírito da propriedade, o reanimem e desenvolvam, tanto quanto possível, entre as massas populares.[6]

---

[6] LEÃO XIII, Papa. *Documentos pontifícios*, n. 2. Petrópolis: Vozes, 1950.

7. PROGRAMA DE ERFURT (1891)

No mesmo ano em que a Igreja Católica divulgava a *Rerum Novarum*, fazendo a apologia da ideia da harmonia entre as diversas classes sociais existentes sob o sistema capitalista, o movimento socialista alemão tornava público um dos seus documentos mais importantes, pautando-se na tese contrária de que os operários deveriam estabelecer uma luta áspera contra os seus exploradores burgueses. Escrito um ano após o término da aplicação das leis de exceção contra os socialistas promulgadas pelo chanceler alemão Otto von Bismarck em 1878, o Programa de Erfurt refletiu o excepcional crescimento numérico e político do Partido Social-Democrático dos Trabalhadores Alemães. Com o seu novo programa, a social-democracia alemã mostrava-se plenamente como um partido de massas; não mais uma vanguarda formada por um punhado de conspiradores, mas sim uma organização que contava com a participação de milhares de militantes e um corpo de intelectuais brilhantes, capazes de sistematizar e divulgar amplamente o legado teórico-político deixado por Marx. Assim, com o apoio de intelectuais socialistas como Eduard Bernstein e Karl Kautsky e de uma militância operária numerosa, a social-democracia alemã acabou se tornando uma das maiores referências do movimento socialista internacional.

> O Partido Social-Democrata da Alemanha não luta, portanto, por novos privilégios de classe mas pela supressão da dominação de classe e das próprias classes, e por direitos iguais e deveres iguais de todos sem exceção de sexo nem de raça. Partindo destas ideias, combate na sociedade presente, não só a exploração e a opressão dos trabalhadores assalariados, mas qualquer espécie de exploração e opressão, seja ela dirigida contra uma classe, um partido, um sexo ou uma raça.
> Partindo destes princípios, o Partido Social-Democrata da Alemanha reclama, primeiro que tudo:
>
> 1. O sufrágio universal igual, direto e o escrutínio secreto para todos os membros do Império com mais de vinte anos, sem distinção de sexo, em todas as eleições e em todas as votações. Sistema de representação proporcional e, até que este seja estabelecido, nova modificação legal das circunscrições eleitorais após cada

recenseamento. Períodos legislativos com duração de dois anos. Dias de eleições e de votações marcados para o dia de descanso legal. Indenização dos representantes eleitos. Supressão de todas as limitações dos direitos políticos, salvo para as pessoas feridas de interdição.
2. A legislação pelo povo por meio do direito de iniciativa e de *veto*. Autonomia administrativa do povo no Império, no Estado, na província e na comuna. Eleição dos funcionários pelo povo; responsabilidade penal destes últimos.
3. Educação para o serviço militar para todos. Milícias em substituição dos exércitos permanentes. A representação popular, única chamada a decidir da guerra e da paz. Regulação de todos os conflitos internacionais por via de arbitragem.
4. Abolição de todas as leis que limitam ou suprimem a livre expressão da opinião e o direito de associação e de reunião.
5. Abolição de todas as leis que, do ponto de vista do direito público e privado, colocam a mulher em estado de inferioridade em relação ao homem.
6. A religião declarada assunto privado. Supressão de todas as despesas feitas através dos fundos públicos para fins eclesiásticos e religiosos. As comunidades eclesiásticas e religiosas devem ser consideradas como associações privadas que regulam os seus assuntos com plena independência.
7. Laicidade da escola. Frequência obrigatória das escolas populares públicas. Gratuidade do ensino, dos fornecimentos escolares e da manutenção nas escolas populares públicas, bem como nos estabelecimentos de instrução superior para estudantes que, em virtude das suas capacidades, se considera que devem receber uma instrução mais elevada.
8. Gratuidade da justiça e da assistência judicial. Justiça promovida por juízes eleitos pelo povo. Apelação em matéria penal. Indenizações para as pessoas acusadas, presas e condenadas reconhecidas inocentes. Supressão da pena de morte.
9. Gratuidade da assistência médica, compreendendo os partos e os remédios. Gratuidade dos enterros.
10. Imposto progressivo sobre os rendimentos e a fortuna para cobrir todas as despesas públicas, na medida em que devam ser cobertas por impostos. Declaração obrigatória dos rendimentos. Imposto progressivo sobre as sucessões, de acordo com a importância da herança e com o grau de parentesco. Abolição de todos os impostos indiretos, direitos aduaneiros e outras medidas econômicas que sacrificam os interesses da coletividade aos interesses de uma minoria privilegiada.

Para a proteção da classe operária, o Partido Social-Democrata da Alemanha reclama, primeiro que tudo:

1. Uma eficaz legislação protetora do trabalho, nacional e internacional, nas seguintes bases:

    a) Fixação de um dia de trabalho normal de, no máximo, oito horas.
    b) Proibição do trabalho industrial para as crianças com menos de catorze anos.
    c) Proibição do trabalho noturno, salvo para os ramos de indústria que, devido à sua natureza, quer por razões técnicas, quer por razões de bem-estar geral, o exigem.
    d) Um intervalo de descanso ininterrupto de pelo menos trinta e seis horas, uma vez por semana, para cada operário.
    e) Proibição do *"truck-system"* (pagamento dos operários em mercadorias).

2. Fiscalização de todas as explorações industriais, inquéritos às condições de trabalho na cidade e no campo e regulamentação das condições do trabalho por uma repartição imperial do trabalho, repartições distritais do trabalho e câmaras de trabalho; higiene industrial rigorosamente observada.
3. A mesma situação para os operários agrícolas e empregados domésticos e para os trabalhadores industriais; supressão dos regulamentos respeitantes aos empregados domésticos.
4. Direito de coligação assegurado.
5. Seguro operário inteiramente a cargo do Império com participação determinante dos operários na sua administração.[7]

8. CONSTITUIÇÃO POLÍTICA DOS ESTADOS UNIDOS MEXICANOS (1917)

Nenhuma década marcou tão decisivamente a história contemporânea do México quanto a de 1910. Então, pela primeira vez, uma revolução de caráter social se abateu sobre um país agrário pertencente ao que viria a ser chamado de Terceiro Mundo. Nas suas origens, encontra-se

---

[7] ENGELS, Friedrich. *Crítica do programa de Erfurt*. Porto: Portucalense, 1971, p. 98-102.

o descontentamento de três grupos sociais: em primeiro lugar, as comunidades livres dos povoados localizados no centro e no sul do território mexicano, sistematicamente expulsas das suas terras no intervalo de uma geração; em segundo lugar, o contingente diverso de habitantes do norte do país formado por ex-pioneiros que lutaram contra os índios, pelas novas classes médias e por homens livres possuidores de cavalos e armas, também privados de suas terras; em terceiro lugar, os grandes proprietários rurais, que disputavam o controle dos seus estados com o governo central. Personificando esses três agrupamentos, Emiliano Zapata, Pancho Villa e Francisco Madero lideravam unidos pelo ódio nutrido contra o ditador Porfirio Díaz, presidente do México desde 1876. Inspirada pelo ideário anarcossindicalista, a Constituição de 1917 assinala um dos momentos mais radicais da Revolução Mexicana, trazendo em si o fato inédito de ter incluído os direitos trabalhistas no conjunto dos direitos fundamentais, além dos direitos civis e políticos.

TÍTULO VI
DO TRABALHO E DA PREVIDÊNCIA SOCIAL

Artigo 123
O Congresso da União e as legislaturas dos Estados deverão editar leis sobre o trabalho, fundadas nas necessidades de cada região, sem contrariar as seguintes bases, que regerão o trabalho dos operários, diaristas, empregados, domésticos e artesãos e, de maneira geral, todo contrato de trabalho.

I. – A duração máxima da jornada de trabalho será de oito horas.
II. – A jornada máxima de trabalho noturno será de sete horas. Ficam proibidos os trabalhos insalubres ou perigosos para as mulheres em geral, e para os menores de dezesseis anos. Fica também proibido, a umas e outros, o trabalho noturno industrial, bem como o trabalho, nos estabelecimentos comerciais, após as dez horas da noite.
III. – Os jovens maiores de doze anos e menores de dezesseis terão a jornada máxima de seis horas. Não poderá ser contratado o trabalho de menores de doze anos.
IV. – Para cada seis dias de trabalho, o operário deverá desfrutar de um dia de descanso.
V. – As mulheres, durante os três meses anteriores ao parto, não realizarão trabalhos físicos que exijam esforço material considerável. No

mês seguinte ao parto desfrutarão obrigatoriamente de descanso, devendo perceber salário integral, conservar o emprego e os direitos que houverem adquirido por seu contrato. No período de lactação, terão dois descansos extraordinários por dia, de meia hora cada um, para amamentar os filhos.

VI. – O salário mínimo a que o trabalhador fará jus será o que se considerar suficiente, atendendo-se às condições de cada região, para satisfazer as necessidades normais de vida do operário, de sua educação e lazer honesto, enquanto chefe de família. Em toda empresa agrícola, comercial, fabril ou mineira, os trabalhadores terão direito a uma participação nos lucros, que será regulada como indicado no inciso IX.

VII. – Para trabalho igual deve corresponder salário igual, sem se levarem em conta o sexo ou a nacionalidade.

VIII. – O salário mínimo não será sujeito a penhora, compensação ou desconto.

IX. – A fixação do tipo de salário mínimo e da participação nos lucros, a que se refere o inciso VI, far-se-á por comissões especiais, que se formarão em cada Município, subordinadas à Junta Central de Conciliação, que será criada em cada Estado.

X. – O salário deverá ser pago exatamente em moeda de curso legal, não se permitindo fazê-lo em mercadorias, nem com vales, fichas ou qualquer outro signo representativo com que se pretenda substituir a moeda.

XI. – Quando, por circunstâncias extraordinárias, devam ser aumentadas as horas da jornada de trabalho, pagar-se-á como salário, pelo tempo excedente, cinquenta por cento mais do que o fixado para as horas normais. Em caso algum, o trabalho extraordinário poderá exceder de três horas diárias, nem de três vezes consecutivas. Os homens menores de dezesseis anos e as mulheres de qualquer idade não serão admitidos nesta classe de trabalhos.

XII. – Em toda empresa agrícola, industrial, mineira, ou de qualquer outra classe de trabalho, os patrões estarão obrigados a proporcionar aos trabalhadores habitações cômodas e higiênicas, pelas quais poderão cobrar aluguéis que não excederão de meio por cento mensal do valor cadastral das propriedades. Deverão, igualmente, criar escolas, enfermarias e demais serviços necessários à comunidade. Se as empresas estiverem situadas em locais povoados e empregarem um número de trabalhadores superior a cem, terão a primeira das obrigações mencionadas.

XIII. – Ademais, nos centros de trabalho com população superior a duzentos habitantes, dever-se-á reservar uma área de terreno de não menos que cinco mil metros quadrados, para o estabelecimento de mercados públicos e para a instalação de edifícios destinados aos serviços municipais e aos centros recreativos. Ficam proibidos, em qualquer centro de trabalho, o estabelecimento de venda de bebidas alcoólicas e as casas de jogos de azar.

XIV. – Os empresários serão responsáveis pelos acidentes do trabalho e pelas moléstias profissionais dos trabalhadores, em razão do exercício da profissão ou do trabalho que executarem; por conseguinte, os patrões deverão pagar a indenização correspondente, conforme a consequência decorrente seja da morte, ou simplesmente a incapacidade temporária ou permanente para o trabalho, de acordo com o que as leis determinarem. Essa responsabilidade subsistirá ainda no caso de o patrão contratar o trabalho por via de intermediário.

XV. – O patrão será obrigado a observar, na instalação de seu estabelecimento, os preceitos legais sobre higiene e saúde, e a adotar as medidas adequadas para prevenir acidentes no uso das máquinas, dos instrumentos e do material de trabalho, assim como organizar este de tal forma que resulte para saúde e a vida dos trabalhadores a maior garantia compatível com a natureza do estabelecimento, sob as penas que para o caso as leis determinarem.

XVI. – Tanto os operários quanto os empresários terão direito a se associarem em defesa dos seus respectivos interesses, formando sindicatos, associações profissionais etc.

XVII. – As leis reconhecerão como um direito dos operários e dos patrões as greves e o fechamento temporário dos estabelecimentos.

XVIII. – As greves serão lícitas quando tiverem por objetivo conseguir o equilíbrio entre os diversos fatores de produção, harmonizando os direitos do trabalho com os do capital. Nos serviços públicos, será obrigatório para os trabalhadores avisar a Junta de Conciliação e Arbitragem, com dez dias de antecedência, sobre a data marcada para a suspensão do trabalho. As greves serão consideradas ilícitas, unicamente quando a maioria dos grevistas praticar atos violentos contra as pessoas ou as propriedades, ou, no caso de guerra, quando ocorrerem nos estabelecimentos ou serviços que dependam do governo. Os operários dos estabelecimentos fabris militares do Governo da República não ficarão compreendidos nas disposições deste item, por serem assimilados ao Exército Nacional.

XIX. – O fechamento temporário de estabelecimentos será lícito, unicamente quando o excesso de produção torne necessário suspender o trabalho para manter os preços num limite suportável, mediante prévia aprovação da Junta de Conciliação e Arbitragem.

XX. – As divergências ou os conflitos entre o capital e o trabalho ficarão sujeitos à decisão de uma Junta de Conciliação e Arbitragem, formada por igual número de representantes dos operários e dos patrões, e um do governo.

XXI. – Se o patrão se negar a submeter suas divergências à arbitragem, ou não aceitar o laudo pronunciado pela Junta, dar-se-á por terminado o contrato de trabalho e ele ficará obrigado a indenizar o operário com a importância correspondente a três meses de salário, sem prejuízo da responsabilidade que resultar do conflito. Se a recusa for dos trabalhadores, dar-se-á por terminado o contrato de trabalho.

XXII. – O patrão que despedir um operário sem causa justificada, ou por haver ele entrado para uma associação ou sindicato, ou ainda por haver ele tomado parte em uma greve lícita, ficará obrigado, à escolha do trabalhador, a cumprir o contrato, ou a indenizá-lo com a importância correspondente a três meses de salário. Terá igualmente o patrão esta obrigação, quando o operário se despedir por falta de probidade do patrão, ou pelo fato de receber dele maus-tratos, seja em sua pessoa, seja na pessoa de seu cônjuge, de seus pais, filhos ou irmãos. O patrão não poderá eximir-se desta responsabilidade, quando os maus-tratos procederem de seus dependentes ou familiares, atuando com o seu consentimento ou tolerância.

XXIII. – Os créditos a favor dos trabalhadores por salário ou ordenados vencidos no último ano, bem como por indenizações, terão preferência sobre quaisquer outros, nos casos de concurso de credores ou falência.

XXIV. – Pelas dívidas contraídas pelos trabalhadores para com seus patrões, sócios, familiares ou dependentes, será responsável unicamente o próprio trabalhador, e em caso algum e por nenhum motivo tais dívidas poderão ser cobradas dos membros da sua família, nem serão exigíveis por quantia que exceder a do salário do trabalhador durante o mês.

XXV. – O serviço de colocação de trabalhadores será gratuito para estes, seja ele realizado pelas repartições municipais, pelas bolsas de trabalho, ou por qualquer outra instituição oficial ou particular.

XXVI. – Todo contrato de trabalho, celebrado entre um mexicano e um empresário estrangeiro, deverá ser legalizado pela autoridade municipal competente e visado pelo cônsul da nação para a qual o trabalhador tiver de ir, sendo que, além das cláusulas ordinárias, especificar-se-á claramente que as despesas de repartição ficarão a cargo do empresário contratante.

XXVII. – Serão nulas e não obrigarão os contratantes, embora se expressem no contrato, as condições:

a) que estipulem um horário de trabalho desumano, por notoriamente excessivo, tendo em vista a natureza do trabalho;
b) que fixem um salário que não seja remunerador, a juízo das Juntas de Conciliação e Arbitragem;
c) que estipulem prazo superior a uma semana para a percepção do salário diário;
d) que indicarem um lugar de recreio, hotel, café, taberna, cantina ou loja para o pagamento do salário, salvo se se tratar de empregados nesses estabelecimentos;
e) que implicarem obrigação direta ou indireta de adquirir os artigos de consumo em lojas ou lugares determinados;
f) que permitam reter o salário a título de multa;

g) que constituam renúncia feita pelo operário das indenizações a que tenha direito por acidente de trabalho e moléstias profissionais, prejuízos ocasionados por descumprimento do contrato, ou por despedida do emprego;
h) todas as demais estipulações que impliquem renúncia de algum direito consagrado a favor do operário nas leis de proteção e auxílio aos trabalhadores.

XXVIII. – As leis que determinarão os bens constituintes do patrimônio da família, bens esses que serão inalienáveis, não poderão sujeitar-se a ônus reais nem a penhora, e serão transmissíveis a título de herança com simplificação das formalidades dos juízos sucessórios.

XXIX. – Considera-se de utilidade social o estabelecimento de Caixas de Seguros Populares, de invalidez, de vida, de cessação involuntária de trabalho, de acidentes e outras com fins análogos, razão pela qual tanto o Governo Federal como o de cada Estado deverão fomentar a organização de instituições dessa natureza, para infundir e inculcar a previdência popular.

XXX. – Da mesma forma, serão consideradas de utilidade social as sociedades cooperativas para a construção de casas baratas e higiênicas, destinadas a serem adquiridas como propriedade pelos trabalhadores em prazos determinados.[8]

9. DECLARAÇÃO DOS DIREITOS DO POVO TRABALHADOR E EXPLORADO (1918)

Caracterizada pelo predomínio de uma economia basicamente agrícola e pela existência de um regime político despótico, a Rússia czarista foi inicialmente abalada pela Revolução de 1905, quando o czar Nicolau II foi obrigado a fazer concessões liberais como a aceitação do funcionamento do Parlamento (a Duma). Com a Revolução de Fevereiro de 1917, a Monarquia russa é destruída, dando lugar a um governo provisório encabeçado por Kerensky, que, por sua vez, seria derrubado pela Revolução de Outubro de 1917, quando, sob a liderança de Lenin e do partido bolchevique, os Sovietes de deputados operários, soldados e camponeses assumem o poder em nome do lema "pão, paz e terra". Base da futura Constituição soviética aprovada em

---

[8] COMPARATO, Fábio Konder. *A afirmação histórica dos direitos humanos*. São Paulo: Saraiva, 2003, p. 178-84.

julho de 1918, a presente Declaração traz em si um pouco da história do conflito estabelecido no imediato pós-1917 entre a Assembleia Constituinte (com maioria dos socialistas-revolucionários de direita) e os Sovietes (com maioria dos bolcheviques). Rejeitada na primeira reunião da Assembleia Constituinte, a Declaração seria posteriormente aprovada no III Congresso dos Sovietes, abrindo caminho para a dissolução da primeira sob a alegação de estar desempenhando o papel de apoio à luta dos contrarrevolucionários pela derrubada do poder soviético.

A ASSEMBLEIA CONSTITUINTE DECRETA:

I

1. A Rússia é proclamada república dos Sovietes de deputados operários, soldados e camponeses. Todo o poder, no centro e localmente, pertence a estes Sovietes.
2. A República Soviética da Rússia institui-se na base da união livre de nações livres como federação de repúblicas soviéticas nacionais.

II

Tendo-se assinalado como tarefa fundamental liquidar toda a exploração do homem pelo homem, suprimir por completo a divisão da sociedade em classes, esmagar implacavelmente a resistência dos exploradores, estabelecer a organização socialista da sociedade e a vitória do socialismo em todos os países, a Assembleia Constituinte decreta ainda:

1. É abolida a propriedade privada da terra. Toda a terra, com todos os edifícios, o gado e as alfaias e outros acessórios da produção agrícola, é declarada patrimônio de todo o povo trabalhador.
2. Ratifica-se a lei soviética sobre o controle operário e sobre o Conselho Superior da Economia Nacional, com o objetivo de assegurar o poder do povo trabalhador sobre os exploradores e como o primeiro passo para a passagem completa das fábricas, minas, estradas de ferro e outros meios de produção e de transporte para a propriedade do Estado operário e camponês.
3. Ratifica-se a passagem de todos os bancos para a propriedade do Estado operário e camponês, como uma das condições da libertação das massas trabalhadoras do jugo do capital.

4. Com o fim de suprimir as camadas parasitárias da sociedade é introduzido o trabalho geral obrigatório.
5. Para assegurar toda plenitude do poder às massas trabalhadoras e eliminar toda possibilidade de restauração do poder dos exploradores decreta-se o armamento dos trabalhadores, a formação de um exército vermelho socialista de operários e camponeses e o completo desarmamento das classes possuidoras.

III

1. Exprimindo a sua inabalável decisão de arrancar a humanidade das garras do capital financeiro e do imperialismo, que inundaram a terra de sangue na guerra atual, a mais criminosa de todas, a Assembleia Constituinte adere totalmente à política aplicada pelo Poder Soviético de romper com os tratados secretos, organizar a mais ampla confraternização com os operários e camponeses dos exércitos atualmente em guerra entre si e obter, custe o que custar, por medidas revolucionárias, uma paz democrática entre os povos, sem anexações e sem contribuições, na base da livre autodeterminação das nações.
2. Com o mesmo fim, a Assembleia Constituinte insiste na completa ruptura com a bárbara política da civilização burguesa, que edificava a prosperidade dos exploradores em algumas nações eleitas sobre a escravização de centenas de milhões de trabalhadores na Ásia, nas colônias em geral e nos países pequenos.
3. A Assembleia Constituinte saúda a política do Conselho de Comissários do Povo, que proclamou a completa independência da Finlândia, que começou a retirar as tropas da Pérsia e declarou a liberdade de autodeterminação da Armênia.
4. A Assembleia Constituinte considera a lei soviética sobre a anulação dos empréstimos concluídos pelo governo do tzar, dos latifundiários e da burguesia como um primeiro golpe no capital bancário, financeiro internacional, exprimindo a certeza de que o Poder Soviético continuará firmemente neste caminho, até a completa vitória da insurreição operária internacional contra o jugo do capital.

IV

Tendo sido eleita na base de listas partidárias constituídas antes da Revolução de Outubro, quando o povo ainda não podia erguer-se em toda a sua massa contra os exploradores, não conhecia toda a força de resistência deles na defesa dos seus privilégios de classe, não tinha abordado ainda na prática a criação da sociedade socialista, a Assembleia Constituinte consideraria fundamentalmente errado, mesmo do ponto de vista formal, contrapor-se ao Poder Soviético.

Em essência a Assembleia Constituinte considera que agora, no momento da luta final do povo contra os seus exploradores, não pode haver lugar para os exploradores em nenhum dos órgãos do poder. O poder deve pertencer inteira e exclusivamente às massas trabalhadoras e aos seus representantes plenipotenciários – os Sovietes de deputados operários, soldados e camponeses.

Apoiando o Poder Soviético e os decretos do Conselho de Comissários do Povo, a Assembleia Constituinte considera que as suas tarefas se esgotam com o estabelecimento das bases fundamentais da reorganização socialista da sociedade.

Ao mesmo tempo, aspirando à criação de uma aliança verdadeiramente livre e voluntária e, consequentemente, tanto mais estreita e duradoura entre as classes trabalhadoras de todas as nações da Rússia, a Assembleia Constituinte limita a sua tarefa ao estabelecimento dos princípios fundamentais da Federação das Repúblicas Soviéticas da Rússia, deixando aos operários e camponeses de cada nação a adoção de decisões independentes no seu próprio congresso soviético plenipotenciário sobre se desejam, e em que bases, participar no governo federal e nas restantes instituições soviéticas federais.[9]

10. CONSTITUIÇÃO DA REPÚBLICA DE WEIMAR (1919)

A Constituição alemã elaborada em 1919 na cidade de Weimar – a Constituição de Weimar – é resultado direto de um dos períodos mais conturbados da história da Alemanha. Por um lado, ela reflete a grave derrota sofrida na Primeira Guerra Mundial (1914-1918), pela qual o governo alemão foi obrigado a assinar, em 28 de junho de 1919, um tratado (o Tratado de Versalhes) que o forçava a pagar pesadas indenizações aos vencedores da guerra, além de perder suas colônias e partes do seu território – como a Alsácia-Lorena – para a França. Por outro lado, ela é fruto da tentativa malsucedida de imposição de uma revolução comunista em janeiro de 1919, quando, liderado por Karl Liebknecht e Rosa Luxemburgo, o grupo de extrema-esquerda chamado Liga Espartaquista tentou tomar o poder do Estado. Em meio a esse contexto de grande

---

[9] LENIN, Vladimir Ilitch. *Obras escolhidas*. São Paulo: Alfa-Omega, 1980, v. 2, p. 448-50.

conturbação social e política, os alemães elegeram a Assembleia Nacional Constituinte responsável pela redação da Constituição sobre a qual se fundaria a nova República da Alemanha, vigente até a ascensão da extrema-direita nazista em 1933. Uma Constituição ambígua, premida pela tentativa de conciliar as concepções socialistas e liberais, mas que, no fim das contas, deu ao mundo as bases legais de um Estado fundado no ideal da democracia social.

QUINTA SEÇÃO – A VIDA ECONÔMICA

Art.151 – A ordenação da vida econômica deve obedecer aos princípios da justiça, com o fim de assegurar a todos uma existência conforme à dignidade humana. Dentro desses limites, é garantida a liberdade econômica dos indivíduos. [...]

Art.152 – Nas relações econômicas, a liberdade de contratar é válida, na forma da lei.
A usura é proibida. São nulos os negócios jurídicos que atentem contra os bons costumes.

Art. 153 – A propriedade é garantida pela Constituição. Seu conteúdo e seus limites resultam das disposições legais. [...]
A propriedade obriga. Seu uso deve, ademais, servir ao bem comum.
[...]

Art. 157 – A força de trabalho é posta sob a proteção do Estado Central (*Reich*).
O Estado Central institui um direito de trabalho uniforme.
[...]

Art. 159 – A liberdade de associação, para a proteção e o progresso das condições econômicas e de trabalho, é garantida para cada uma e todas as profissões. Todas as convenções e medidas regulamentares, que limitem ou estorvem essa liberdade, são ilícitas.
[...]

Art. 161 – Para conservação da saúde e capacidade de trabalho, para proteção da maternidade e assistência contra as consequências econômicas da velhice, da invalidez e das vicissitudes da vida, o Estado Central (*Reich*) institui um amplo sistema de seguros, com a colaboração obrigatória dos segurados.

Art. 162 – O Estado Central toma a iniciativa de propor uma regulação internacional das relações jurídicas de trabalho, tendente a criar um padrão mínimo geral de direitos sociais.

Art. 163 – Sem prejuízo de sua liberdade pessoal, todos os alemães têm o dever moral de utilizar suas forças físicas e espirituais para o bem da comunidade.

A todo alemão dá-se a possibilidade de prover à sua subsistência pelo seu trabalho. Enquanto não se lhe puder proporcionar uma oportunidade de trabalho, cuidar-se-á de suas necessidades de subsistência. As particularidades locais serão atendidas mediante leis especiais do Estado central (*besondere Reichsgesetze*).

Art. 164 – A classe média na agricultura, na indústria e no comércio deve ser amparada pela legislação e a administração pública, e protegida contra a sobrecarga e a exclusão.

Art. 165 – Os operários e empregados são chamados a colaborar, em igualdade de direitos com os empresários, na regulação das condições de salário e trabalho, assim como na evolução econômica geral das forças produtivas. São reconhecidas as organizações de ambas as categorias e bem assim as convenções que celebrarem entre si.

Para salvaguarda de seus interesses sociais e econômicos, os operários e empregados mantêm representantes legais nos conselhos de empresa, bem como, de acordo com os setores econômicos, em Conselhos Distritais de Trabalhadores e num Conselho Nacional de Trabalhadores.

Os Conselhos Distritais de Trabalhadores e o Conselho Nacional de Trabalhadores, para o cumprimento das tarefas econômicas gerais e para a colaboração na execução das leis de socialização, reúnem-se com os representantes dos empresários, e bem assim com os dos grupos sociais interessados, em Conselhos Distritais Econômicos e num Conselho Econômico Nacional. Os Conselhos Distritais Econômicos e o Conselho Econômico Nacional devem ser organizados de forma que todos os grupos profissionais relevantes, segundo sua importância econômica e social, sejam neles representados.[10]

---

[10] COMPARATO, Fábio Konder. *A afirmação histórica dos direitos humanos*. São Paulo: Saraiva, 2003, p. 192-5.

11. CONSTITUIÇÃO DA REPÚBLICA DE CUBA (1976)[11]

Em 1º de janeiro de 1959, a ilha caribenha de Cuba foi tomada de assalto por uma revolução. Seu objetivo inicial era a derrubada do regime ditatorial que lá havia sido instalado pelo ex-sargento Fulgencio Batista, em 1952, por um golpe de Estado. Seus primeiros passos remontam a 1953, com a tentativa frustrada de invasão de um quartel do exército, e 1956, com o desembarque na ilha de um pequeno grupo armado saído do México. Rechaçados pelas tropas do Exército cubano, os sobreviventes dessa última empreitada tomaram o rumo das montanhas de uma remota província – a Sierra Maestra. À frente de todas essas iniciativas rebeldes estava um jovem advogado formado pela Universidade de Havana chamado Fidel Castro. Entre 1956 e 1958, sob a liderança de Fidel e do médico argentino Ernesto "Che" Guevara, os revolucionários expandiram a sua força por meio de uma estratégia de guerrilhas, formando inúmeros focos guerrilheiros por todo o território da ilha. Logo que vitoriosa, a Revolução Cubana torna claro seu caráter nacionalista e anti-imperialista, não tendo ainda um objetivo socialista explícito – fato que apenas se concretizará após a malsucedida tentativa de invasão de Cuba por exilados cubanos com o decisivo apoio norte-americano, em 1961.

CAPÍTULO V
IGUALDADE

Artigo 40
Todos os cidadãos gozam de iguais direitos e estão sujeitos a iguais deveres.

Artigo 41
A discriminação por motivo de raça, cor, sexo ou origem nacional está proscrita e é sancionada pela lei.

---

[11] Esclarecemos que, nos três próximos itens, em virtude da relevância histórica da eclosão da crise terminal que se abateu sobre os regimes políticos socialistas do Leste europeu em 1989, a partir da "queda do muro de Berlim", selecionamos, dentre as constituições de Cuba, União Soviética e China, aquelas que se encontravam em vigor naquele fatídico ano, ou seja, as proclamadas respectivamente em 1976, 1977 e 1982.

As instituições do Estado educam a todos, desde a mais tenra idade, no princípio da igualdade dos seres humanos.

Artigo 42

O Estado consagra o direito conquistado pela Revolução de que os cidadãos, sem distinção de raça, cor ou origem nacional:

- têm acesso, segundo méritos e capacidades, a todos os cargos e empregos do Estado, da Administração Pública e da produção e prestação de serviços;
- ascendem a todas as hierarquias das forças armadas revolucionárias e da segurança e ordem interior, segundo méritos e capacidade;
- recebem salário igual por trabalho igual;
- desfrutam do ensino em todas as instituições docentes do país, desde a escola primária até as universidades, que são as mesmas para todos;
- recebem assistência médica em todas as instalações hospitalares;
- se domiciliam em qualquer setor, zona ou bairro das cidades e se alojam em qualquer hotel;
- são atendidos em todos os restaurantes e demais estabelecimentos de serviço público;
- usam, sem separações, os transportes marítimos, ferroviários, aéreos e automotores;
- desfrutam dos mesmos balneários, praias, parques, círculos sociais e demais centros de cultura, desportos, recreação e descanso.

Artigo 43

A mulher goza de iguais direitos que o homem no econômico, político, social e familiar.

Para garantir o exercício destes direitos e especialmente a incorporação da mulher ao trabalho social, o Estado atenta para que se proporcionem postos de trabalho compatíveis com sua constituição física; lhe concede licença retribuída por maternidade, antes e depois do parto; organiza instituições, tais como círculos infantis, semi-internatos e internatos escolares, e se esforça para criar todas as condições que propiciam a realização do princípio da igualdade.

CAPÍTULO VI
DIREITOS, DEVERES E GARANTIAS FUNDAMENTAIS

Artigo 44

O trabalho na sociedade socialista é um direito, um dever e um motivo de honra para cada cidadão.

O trabalho é remunerado conforme a sua qualidade e quantidade; ao proporcioná-lo atendem-se as exigências da economia e a sociedade, a escolha do trabalhador e sua aptidão e qualificação; o garante o sistema econômico socialista, que propicia o desenvolvimento econômico e social, sem crise, e que com ele eliminou o desemprego e acabou para sempre com a parada sazonal chamada "tempo morto".

Se reconhece o trabalho voluntário, não remunerado, realizado em benefício de toda sociedade, nas atividades industriais, agrícolas, técnicas, artísticas e de serviço, como formador da consciência comunista do nosso povo.

Cada trabalhador tem o dever de cumprir cabalmente as tarefas que lhe correspondem no seu emprego.

Artigo 45
Todo aquele que trabalha tem direito ao descanso, que se garante pela jornada de trabalho de oito horas, o descanso semanal e as férias anuais pagas.

O Estado fomenta o desenvolvimento de instalações e planos de férias.

Artigo 46
Mediante o sistema de seguridade social, o Estado garante a proteção adequada a todo trabalhador impedido pela sua idade, invalidez ou enfermidade.

Em caso de morte do trabalhador garante similar proteção a sua família.

Artigo 47
O Estado protege, mediante a assistência social, aos anciãos sem recursos nem amparo e a qualquer pessoa não apta para trabalhar que careça de familiares em condições de prestar-lhe ajuda.

Artigo 48
O Estado garante o direito à proteção, segurança e higiene do trabalho, mediante a adoção de medidas adequadas para a prevenção de acidentes e enfermidades profissionais.

Aquele que sofre um acidente no trabalho ou contrai uma enfermidade profissional tem direito à atenção médica e a subsídio ou aposentadoria em casos de incapacidade temporária ou permanente para o trabalho.

Artigo 49
Todos têm direito a que se atente e proteja sua saúde. O Estado garante este direito:

– com a prestação da assistência médica e hospitalar gratuita, mediante a rede de instalações de serviço médico rural, das policlínicas, hospitais, centros profiláticos e de tratamento especializado;

- com a prestação de assistência odontológica gratuita;
- com o desenvolvimento dos planos de divulgação sanitária e de educação para saúde, exames médicos periódicos, vacinação geral e outras medidas preventivas das enfermidades. Nestes planos e atividades coopera toda a população através das organizações sociais e de massas.

Artigo 50

Todos têm direito à educação. Este direito está garantido pelo amplo e gratuito sistema de escolas, semi-internatos, internatos e bolsas de estudo, em todos os tipos e níveis de ensino, e pela gratuidade do material escolar, o que proporciona a cada criança e jovem, qualquer que seja a situação econômica da sua família, a oportunidade de realizar estudos de acordo com suas aptidões, as exigências sociais e as necessidades do desenvolvimento econômico-social.

Os homens e mulheres adultos têm assegurado este direito, nas mesmas condições de gratuidade e com facilidades específicas que a lei regula, mediante a educação de adultos, o ensino técnico e profissional, a capacitação laboral nas empresas e organismos do Estado e os cursos de educação superior para os trabalhadores.

Artigo 51

Todos têm direito à educação física, ao desporto e à recreação.

O desfrute deste direito está garantido pela inclusão do ensino e prática da educação física e o desporto nos planos de estudo do sistema nacional de educação; e pela amplitude da instrução e os meios postos à disposição do povo, que facilitam a prática massiva do desporto e a recreação.[12]

12. CONSTITUIÇÃO DA UNIÃO DAS REPÚBLICAS SOCIALISTAS SOVIÉTICAS (1977)

Ao contrário do que imaginara Marx, o aparecimento histórico da revolução socialista não se deu em nenhum país capitalista desenvolvido, como França, Inglaterra ou Alemanha. Pelo contrário, todas as experiências revolucionárias bem-sucedidas na luta em nome do ideal de construção de uma nova sociedade, sem explorados nem exploradores,

---

[12] SENADO FEDERAL. *Direitos humanos*: declarações de direitos e garantias. Brasília: Senado Federal, 1990, p. 85-92. (Tradução do texto em espanhol feita pelo autor.)

ocorreram em países atrasados tanto no campo econômico quanto no político, a começar pela Rússia em 1917. Então, do interior de um país esgotado pela Primeira Guerra Mundial, começa a brotar o primeiro Estado socialista da história da humanidade: a União das Repúblicas Socialistas Soviéticas. Entre 1922 e 1991, da sua proclamação à sua dissolução, a URSS procurou levar a cabo um projeto comprometido com a realização da igualdade social; no entanto, seu processo de implantação – desde os primeiros passos dados com a dissolução da Assembleia Constituinte – sempre contou, em variados níveis, com a adoção de medidas fortemente autoritárias no plano político e extremamente centralizadoras no campo econômico. Isso se deu por meio da formação de uma estrutura de poder marcada pelo forte controle do Estado e pela onipresença do Partido Comunista – uma estrutura comum a todos os países que seguiram o modelo soviético de construção do socialismo, o chamado "socialismo real".

II. O ESTADO E A PERSONALIDADE

CAPÍTULO 6
CIDADANIA DA URSS
IGUALDADE DE DIREITO DOS CIDADÃOS

Artigo 33
Na URSS é estabelecida uma cidadania única. Cada cidadão de uma república federada é cidadão da URSS.
A lei sobre a cidadania da URSS determina os fundamentos e a ordem em que se outorga e se revoga a cidadania soviética.
Os cidadãos da URSS no estrangeiro gozam do amparo e da proteção do Estado soviético.

Artigo 34
Os cidadãos da URSS são iguais perante a lei, independentemente da sua origem, posição social e econômica, raça e nacionalidade, sexo, grau de instrução, língua, atitude para com a religião, gênero e caráter das suas ocupações, lugar de residência e outras circunstâncias.
A igualdade de direitos dos cidadãos da URSS é assegurada em todos os domínios da vida econômica, política, social e cultural.

Artigo 35
A mulher e o homem têm na URSS direitos iguais.

Asseguram o exercício destes direitos a concessão à mulher de possibilidades iguais às do homem no campo da instrução e preparação profissional, no trabalho, na sua remuneração, na promoção no trabalho e na atividade sociopolítica e cultural, assim como medidas especiais de proteção ao trabalho e à saúde da mulher; a criação de condições especiais que permitam à mulher conjugar o trabalho com a maternidade; a defesa jurídica, o apoio material e moral à maternidade e à infância, incluindo a concessão de férias pagas e outras vantagens às grávidas e às mães, a redução gradual do tempo de trabalho das mulheres que têm filhos de tenra idade.

Artigo 36
Os cidadãos da URSS de diferentes raças e nacionalidades têm direitos iguais.

Assegura a realização destes direitos a política de desenvolvimento e aproximação em todos os domínios, de todas as nações e etnias da URSS, a educação dos cidadãos dentro do espírito do patriotismo soviético e do internacionalismo socialista, e a possibilidade de utilizar a língua materna e os idiomas de outros povos da URSS.

A lei castiga toda a restrição direta ou indireta dos direitos ou o estabelecimento de privilégios diretos ou indiretos aos cidadãos por causa da raça e nacionalidade a que pertençam, assim como toda propaganda de exclusivismo, de hostilidade ou desdém racial ou nacional.

Artigo 37
Aos cidadãos estrangeiros e às pessoas sem cidadania são-lhes garantidos na URSS todas as liberdades e direitos previstos pela lei, incluindo o direito de apelar para o Tribunal e outros organismos do Estado para defender os seus direitos pessoais, de propriedade, de família etc.

Os cidadãos estrangeiros e as pessoas sem cidadania que se encontram no território da URSS são obrigados a respeitar a Constituição da URSS e a observar as leis soviéticas.

Artigo 38
A URSS concede o direito de asilo aos estrangeiros perseguidos por defenderem os interesses dos trabalhadores e a causa da paz, por participarem nos movimentos revolucionários e de libertação nacional, pelas suas atividades progressistas sociopolíticas, científicas ou pelas suas atividades criadoras de outro gênero.

CAPÍTULO 7
DIREITOS, LIBERDADES E DEVERES FUNDAMENTAIS
DOS CIDADÃOS DA URSS

Artigo 39
Os cidadãos da URSS possuem a plenitude de direitos e liberdades socioeconômicos, políticos e pessoais, proclamados e garantidos pela Constituição da URSS e pelas leis soviéticas. O regime socialista assegura a ampliação dos direitos e liberdades, o constante melhoramento das condições de vida dos cidadãos à medida que se cumprem os programas de desenvolvimento socioeconômico e cultural.

O usufruto dos direitos e liberdades pelos cidadãos não deve prejudicar os interesses da sociedade e do Estado, nem os direitos dos demais cidadãos.

Artigo 40
Os cidadãos da URSS têm direito ao trabalho, quer dizer, a obter um trabalho garantido e remunerado segundo a sua quantidade e qualidade, e não inferior ao mínimo salarial estabelecido pelo Estado, incluindo o direito de escolher a profissão, o gênero de ocupação e o trabalho de acordo com a sua vocação, as suas aptidões, preparação profissional, grau de instrução e em conformidade com as necessidades da sociedade.

Asseguram este direito o sistema econômico socialista, o crescimento constante das forças produtivas da sociedade, a preparação profissional gratuita, a elevação da qualificação e a assimilação de novas especialidades, o desenvolvimento dos sistemas de orientação e colocação profissionais.

Artigo 41
Os cidadãos da URSS têm direito ao descanso.

Asseguram este direito o estabelecimento de uma semana de trabalho nunca superior a 41 horas para os operários e empregados, a jornada de trabalho reduzida para uma série de profissões e ramos, a redução das horas do trabalho noturno, as férias anuais pagas, os dias de descanso semanal, assim como a ampliação da rede de instituições culturais e educativas e casas de repouso, o fomento do desporto de massas, de educação física e do turismo, a criação de possibilidades favoráveis para descansar no lugar da residência e outras condições para o usufruto racional do lazer.

Os colcoses regulamentam a duração do tempo de trabalho e de descanso dos colcosianos.

Artigo 42
Os cidadãos da URSS têm direito à proteção e à saúde.

Garantem este direito a assistência médica qualificada e gratuita, prestada pelas instituições estatais da saúde pública; a ampliação de rede de instituições para o tratamento e o fortalecimento da saúde dos cidadãos; o desenvolvimento e o aperfeiçoamento da técnica de segurança e da higiene profissionais; a aplicação de amplas medidas profiláticas; a aplicação de medidas de providência para sanear o meio ambiente; o desvelo especial pela saúde das novas gerações, incluindo a proibição do trabalho de menores, não ligado à instrução e à educação de trabalho; a expansão das investigações científicas, orientadas para prevenir e reduzir a mobilidade e assegurar a longevidade ativa dos cidadãos.

Artigo 43

Os cidadãos da URSS têm o direito à assistência econômica na velhice, em caso de doença, bem como de perda total ou parcial da capacidade de trabalho e do amparo de família.

Garantem este direito os seguros sociais dos operários, funcionários e colcosianos, subsídios pagos em caso de perda temporária da capacidade de trabalho; o pagamento por conta do Estado e dos colcoses das pensões por velhice, invalidez e perda do amparo da família; a colocação dos cidadãos diminuídos nas suas capacidades de trabalho; o desvelo pelos cidadãos idosos e pelos inválidos, e outras formas de seguro social.

Artigo 44

Os cidadãos da URSS têm direito à habitação.

Garantem este direito o desenvolvimento e a proteção do fundo habitacional estatal e social, a contribuição de habitações em copropriedade ou individuais, a distribuição equitativa e sob o controle social da superfície habitável facilitada à medida que se realiza o programa de construção de casas de habitação confortáveis, assim como as rendas de casa e as taxas de serviços municipais baratas. Os cidadãos da URSS devem conservar cuidadosamente a habitação concedida.

Artigo 45

Os cidadãos da URSS têm direito à instrução.

Garantem este direito a gratuidade de todos os tipos de ensino, a implantação com caráter geral do ensino secundário obrigatório para a juventude, o amplo desenvolvimento do ensino profissional e técnico, secundário, especializado e superior, com base na vinculação do ensino à vida e à produção: o desenvolvimento do ensino noturno e por correspondência; a concessão de bolsas e vantagens do Estado aos alunos e estudantes, a entrega gratuita de manuais escolares, a possibilidade de estudar na escola na língua materna; a criação de possibilidades para a formação autodidática.

Artigo 46

Os cidadãos da URSS têm direito a desfrutar dos progressos da cultura. Este direito é garantido mediante o acesso geral aos valores da cultura pátria e universal que se encontram nos fundos estatais e sociais; mediante o desenvolvimento e a distribuição proporcional das instituições culturais e educativas no território do país; mediante o desenvolvimento da televisão e do rádio, da publicação de livros e da imprensa periódica, da rede de bibliotecas gratuitas; mediante a ampliação do intercâmbio cultural com os Estados estrangeiros.

Artigo 47

De acordo com os fins da edificação comunista, é garantida a todos os cidadãos da URSS a liberdade de criação científica, técnica e artística. Esta liberdade é garantida mediante a ampla difusão das investigações científicas, da atividade dos inventores e racionalizadores e mediante o fomento da literatura e da arte. O Estado cria as possibilidades materiais necessárias para isto, apoia as sociedades voluntárias e as associações de artistas, organiza a aplicação das invenções e das propostas racionalizadoras à economia nacional e a outras esferas da vida.

O Estado protege os direitos dos autores, inventores e racionalizadores.[13]

13. CONSTITUIÇÃO DA REPÚBLICA POPULAR DA CHINA (1982)

A formação da República Popular da China, em outubro de 1949, assinala a chegada ao poder dos comunistas chineses liderados por Mao Tsé-tung, encerrando uma luta longa e plena de momentos heroicos – a Revolução Chinesa. Seu início remonta ao ano de 1927, quando os nacionalistas do Partido Nacional do Povo, o Kuomintang, dirigidos por Chiang Kai-shek, voltam-se contra seus ex-aliados comunistas no exato momento em que assumem o comando da República Chinesa criada em 1911 por Sun Yat-sen. Perseguidos violentamente pelos nacionalistas, cerca de cem mil comunistas percorreram algo em torno de dez mil quilômetros na direção do extremo norte do país, durante um ano e meio, entre 1934 e 1935, em um movimento conhecido como a Longa Marcha. Tal luta terá continuidade entre 1937 e 1945, quando a nova tarefa dos comunistas,

---

[13] SENADO FEDERAL. *Direitos humanos*: declarações de direitos e garantias. Brasília: Senado Federal, 1990, p. 291-97. (Tradução do texto em espanhol feita pelo autor.)

outra vez unidos aos nacionalistas, passou a ser a expulsão dos inimigos japoneses, que haviam invadido o território chinês. Passada a Segunda Guerra Mundial, a luta do Partido Comunista Chinês continuou, em disputa com o Kuomintang, agora mediante um plano que consistia em fazer a revolução como uma guerra popular de longa duração, em que os exércitos guerrilheiros cercariam as cidades a partir dos campos até a obtenção da vitória final, com o controle político do imenso Estado chinês.

CAPÍTULO II
DIREITOS E DEVERES FUNDAMENTAIS DOS CIDADÃOS
[...]

Artigo 42

Os cidadãos da República Popular da China têm direito ao trabalho e o dever de trabalhar.

O Estado cria, por todos os meios, condições para o emprego, reforça a proteção laboral, melhora as condições de trabalho e, sobre a base do desenvolvimento da produção, incrementa as remunerações pelo trabalho e os serviços de bem-estar.

O trabalho constitui um honroso dever de todos os cidadãos aptos para fazê-lo. Os trabalhadores tanto das empresas estatais como das organizações econômicas coletivas da cidade e do campo devem encarar seu trabalho com a atitude de donos do Estado. O Estado promove a emulação socialista no trabalho e recompensa os trabalhadores exemplares e avançados. Estimula os cidadãos a participar no trabalho voluntário.

O Estado concede um adequado treinamento laboral aos cidadãos antes da sua ocupação.

Artigo 43

Os trabalhadores da República Popular da China têm direito ao descanso.

O Estado expande as facilidades para o descanso e repouso dos trabalhadores e fixa a jornada laboral e o regime de férias para os operários e empregados.

Artigo 44

O Estado aplica, segundo o estipulado pela lei, o regime de aposentadoria aos operários e empregados das empresas e instituições e os funcionários dos organismos estatais. O Estado e a sociedade asseguram os meios de subsistência aos aposentados.

Artigo 45
Os cidadãos da República Popular da China têm direito à assistência material do Estado e da sociedade na velhice e em caso de enfermidade ou de perda da sua capacidade laboral. Para garantir o gozo deste direito, o Estado promove os serviços de seguro social, assistência social, assistência médica e saúde pública.

O Estado e a sociedade garantem os meios de subsistência aos militares inválidos, socorrem as famílias dos mártires revolucionários e outorgam trato preferencial aos familiares dos membros do Exército.

O Estado e a sociedade ajudam a criar condições de trabalho, vida e educação para os cidadãos cegos, surdos, mudos e outros inválidos.

Artigo 46
Os cidadãos da República Popular da China têm o direito e o dever de receber educação.

O Estado promove o desenvolvimento integral – moral, intelectual e físico – das crianças, adolescentes e jovens.

Artigo 47
Os cidadãos da República Popular da China têm liberdade de se dedicar à investigação científica, à criação literária e artística e às demais atividades culturais. O Estado estimula e favorece o labor criador e proveitoso para o povo que realizam os cidadãos dedicados à educação, à ciência, à tecnologia, à literatura, à arte e a outras atividades culturais.

Artigo 48
Na República Popular da China, a mulher goza dos mesmos direitos que o homem na vida política, econômica, cultural, social e familiar.

O Estado protege os direitos e interesses da mulher, põe em prática o princípio de igual salário para igual trabalho entre homens e mulheres e prepara e promove quadros entre as mulheres.

Artigo 49
O Estado protege o matrimônio, a família, a maternidade e a infância.

Tanto o marido como a esposa têm o dever de praticar a planificação familiar.

Os pais têm o dever de sustentar e educar os seus filhos menores de idade, e os filhos maiores de idade, o de sustentar e ajudar os seus pais.

É proibido violar a liberdade de matrimônio e maltratar os anciãos, as mulheres ou as crianças.[14]

---

[14] SENADO FEDERAL. *Direitos humanos*: declarações de direitos e garantias. Brasília: Senado Federal, 1990, p. 67-70. (Tradução do texto em espanhol feita pelo autor.)

CAPÍTULO 4

OS DIREITOS HUMANOS E A LUTA PELA DEMOCRACIA PARA TODOS: A (RE)CONQUISTA DE (VELHOS) NOVOS DIREITOS NO SÉCULO XX

O terceiro ciclo de afirmação dos direitos humanos na história mundial assinala a irrupção de um triplo fenômeno ocorrido no decorrer da segunda metade do século XX, mais precisamente nos anos pós-Segunda Guerra Mundial. Nele, a exigência da conquista de direitos até então inexistentes teve de conviver com os reclamos em nome da ampliação do número de indivíduos e grupos sociais contemplados pelos direitos já conquistados em períodos históricos anteriores.

Em primeiro lugar, este terceiro ciclo é a expressão da revolta e do inconformismo diante da percepção de que o caráter universal contido na tradição dos direitos humanos não havia ainda sido concretizado de fato. Isso porque, tanto entre agrupamentos sociais minoritários como entre algumas maiorias sociais, o reconhecimento dos direitos civis, políticos e sociais ainda se encontrava suspenso por inúmeras barreiras de natureza formal, barreiras essas fortemente embasadas em preconceitos capazes de tornar legítimas as mais horrendas formas de discriminação social, opressão política e exploração econômica.

Entre tais minorias e maiorias excluídas de fato das promessas dos direitos humanos, podem ser facilmente encontrados os negros, as mulheres, os homossexuais, os "loucos", além dos trabalhadores pobres das incontáveis periferias do mundo. E não obstante suas condições específicas de exclusão social, não foram poucos os exemplos nacionais em que, senão a totalidade, pelo menos a maioria desses grupos encontrava-se, até a segunda metade do século XX, unida na condição de deserdados até mesmo pela igualdade jurídico-formal. Resumidamente, todos seriam iguais perante a lei, com a exceção de tais grupos.

Em segundo lugar, esse terceiro ciclo também é a expressão da insatisfação com um mundo marcado pela expansão imperialista, por revoluções sociais e guerras mundiais que mostraram à humanidade até que ponto o homem poderia chegar quando guiado pela sede incontrolável de poder, seja no campo político, seja no campo econômico – uma sede de poder que não respeitou minimamente aqueles indivíduos que disseram não à opinião oficial dos governantes e que, por isso mesmo, tiveram de pagar, senão com a vida, pelo menos com a perda da liberdade, o fato de terem expressado uma opinião contrária à dos donos do poder.

Essa foi, em grande parte, a história dos dissidentes e perseguidos políticos por regimes ditatoriais, de leste a oeste, do mundo comunista ao mundo capitalista, passando pelas nações da África e Ásia colonizadas pelos europeus – a história de três das maiores barbáries levadas a cabo nos marcos da nossa modernidade: a colonialista, a nazista e a stalinista. Uma história da barbárie, de campos de concentração e de extermínios em massa.

Por fim, esse terceiro ciclo retrata a entrada em cena de novas lutas por novos direitos. Das mobilizações ambientalistas em prol da preservação da natureza e da imposição de limites à ação predadora do ser humano sobre o seu *habitat* às manifestações pacifistas em nome de um mundo livre das armas de destruição em massa e da corrida armamentista travada entre as duas grandes potências do planeta no segundo pós-guerra – Estados Unidos e União Soviética –, o que passa a estar em jogo é a própria capacidade da Terra em se manter viva, neutralizando as intenções exterminadoras implementadas pelos próprios homens.

A complementar as movimentações antiexterministas patrocinadas por ambientalistas e pacifistas, avançaram com força no último quartel do século XX as exigências de proteção à dignidade dos povos sujeitos à ação também exterminadora de Estados despóticos e ditadores de plantão – ambos capazes de perpetrar atos de genocídio inescrupulosos contra povos indefesos.

A fim de barrá-los é que os defensores dos direitos humanos buscaram incorporar a necessidade da consolidação dos direitos dos povos, passando a caracterizar as ações de perseguição e extermínio praticadas contra agrupamentos religiosos, étnicos e nacionais como crimes praticados, na verdade, não contra grupos específicos, mas contra toda a população mundial – crimes contra a humanidade.

Crimes que, infelizmente, continuaram a se repetir quanto mais nos aproximávamos do século XXI, como nos incompreensíveis assassinatos em massa cometidos contra homens, mulheres e crianças indefesos na Guerra Civil de Ruanda e nas várias guerras ocorridas dentro do processo de desagregação da ex-Iugoslávia.

Em suma, o que esse ciclo mais recente de expansão dos direitos humanos deixa de mais importante é a exigência de que a democracia não seja um privilégio de algumas poucas elites, mas sim um direito realmente vivido por todos sob a forma de uma conquista sem fim, do mesmo modo que é infindável o legado de paz deixado a toda a humanidade por três dos maiores espíritos de liberdade e justiça do século XX: o indiano Mahatma Gandhi, o estadunidense Martin Luther King e o sul-africano Nelson Mandela.

1. A REVOLUÇÃO DOS BICHOS – GEORGE ORWELL (1945)

Uma das melhores formas de aferir o caráter democrático de um Estado, sociedade ou, até mesmo, um indivíduo encontra-se na sua capacidade de aceitação da sátira. Isso porque o humor, mais do que qualquer outra arma, é dotado de uma força única, responsável por colocar em prática uma ação essencialmente libertadora – a ação de fazer as pessoas rirem. Assim, o riso é um ato, por natureza, incômodo aos regimes despóticos e seus ditadores. Em *A revolução dos bichos*, George Orwell (1903-1950), escritor inglês nascido na Índia, construiu a mais famosa parábola satírica acerca do processo de degeneração do ideal igualitário na União Soviética. Nessa obra, o militante socialista que lutou na Guerra Civil Espanhola contra as tropas franquistas narra as desventuras de uma revolução encabeçada por animais domésticos contra seus donos humanos em uma fazenda. Feita em nome do igualitarismo, essa revolução rapidamente dá forma a um regime ditatorial controlado pelos porcos, reproduzindo a mesma situação de dominação, exploração e desigualdade anteriormente existente. Em 1949, o mesmo Orwell voltaria suas baterias contra o despotismo soviético no romance *1984* – agora não mais sob a forma de comédia, mas sim como o profético relato de uma tragédia: a tragédia do totalitarismo.

Os porcos revelaram que, nos últimos três meses, haviam aprendido a ler e a escrever, num velho livro de ortografia que pertencera aos filhos de Jones e fora jogado ao lixo. Napoleão mandou buscar latas de tinta branca e marchou à frente até a porteira das cinco barras, que dava para a estrada principal. Então, Bola-de-Neve (quem escrevia melhor) pegou o pincel entre as juntas da pata, cobriu de tinta o nome "Granja do Solar" do travessão superior e, em seu lugar, escreveu "Granja dos Bichos". Seria esse o nome da granja, dali em diante. Depois disso, voltaram para as casas da granja; Bola-de-Neve e Napoleão mandaram buscar uma escada e fizeram-na encostar à parede do fundo do celeiro grande. Explicaram que, segundo os estudos que haviam feito nos últimos três meses, era possível resumir os princípios do Animalismo em Sete Mandamentos. Esses Sete Mandamentos seriam agora escritos na parede, constituindo a lei inalterável pela qual a Granja dos Bichos deveria reger sua vida para sempre.

Com alguma dificuldade (pois não é fácil a um porco equilibrar se numa escada de mão), Bola-de-Neve subiu e começou a trabalhar, enquanto Garganta, alguns degraus abaixo, segurava a lata de tinta. Os Mandamentos foram escritos na parede alcatroada em grandes letras brancas que podiam ser lidas a muitos metros de distância.

Eram os seguintes:

Os sete mandamentos

Qualquer coisa que ande sobre duas pernas é inimigo.
O que ande sobre quatro pernas, ou tenha asas, é amigo.
Nenhum animal usará roupa. Nenhum animal dormirá em cama.
Nenhum animal beberá álcool. Nenhum animal matará outro animal.
Todos os animais são iguais.

[...]
Certo dia no início do verão, Garganta mandou que as ovelhas o seguissem e levou-as para um campo situado nos confins da granja, que fora tomado de brotação de vidoeiro. As ovelhas passaram o dia inteiro roendo as brotações, sob a supervisão de Garganta. À noite, ele regressou à granja, mas, como o tempo estava quente, disse às ovelhas que permanecessem lá. Terminaram ficando a semana toda, durante a qual os outros bichos nem as enxergavam. Garganta passava com elas a maior parte do dia. Ensinava-lhes, segundo explicou, uma nova canção para a qual precisava de certo sigilo.

Foi logo após o retorno das ovelhas, numa noite agradável, quando os bichos haviam terminado seu trabalho e regressavam à granja, que se ouviu, vindo do pátio, um relinchar horripilante. Arrepiados, os animais estacaram. Era a voz de Quitéria. Ela relinchou outra vez, e os bichos dispararam a galope para o pátio. Viram, então, o que ela havia visto.

Um porco caminhava sobre as duas patas traseiras.

Sim, era Garganta. Um tanto desajeitado, devido à falta de prática em manter seu apreciável volume naquela posição, mas em perfeito equilíbrio, passeava pelo pátio. Momentos depois saiu pela porta da casa uma comprida coluna de porcos, todos caminhando sobre as patas de trás. Uns melhor que os outros, um ou dois até meio desequilibrados e dando a impressão de que apreciariam o apoio de uma bengala, mas todos fizeram a volta ao pátio bastante bem. Finalmente houve um alarido dos cachorros, ouviu-se o cocorocó esganiçado do garnisé e emergiu Napoleão, majestosamente, desempenado, largando olhares arrogantes para os lados, com os cachorros brincando à sua volta.

Trazia nas mãos um chicote.

Houve um silêncio mortal. Surpresos, aterrorizados, uns junto aos outros, os bichos olhavam a fila de porcos marchar lentamente em redor do pátio. Pareceu-lhes enxergar o mundo de cabeça para baixo. Então veio um momento em que, passado o primeiro choque e a despeito de tudo – a despeito do horror dos cachorros e do hábito, arraigado após tantos anos, de nunca se queixarem, nunca criticarem, pouco importava o que sucedesse –, poderiam lançar uma palavra de protesto. Porém exatamente nesse instante, como se obedecessem a um sinal combinado, as ovelhas, em uníssono, estrondaram num espetacular balido:

– Quatro pernas bom, duas pernas *melhor*! Quatro pernas bom, duas pernas *melhor*! Quatro pernas bom, duas pernas *melhor*!

Baliram durante cinco minutos sem cessar. E quando se calaram, fora-se a oportunidade da palavra de protesto, pois os porcos já haviam voltado para dentro da casa.

Benjamin sentiu um focinho esfregar-lhe o lombo. Era Quitéria. Seus olhos pareciam mais encobertos que nunca. Sem dizer palavra, ela o puxou delicadamente pela crina, levando-o até o fundo do grande celeiro, onde estavam escritos os Sete Mandamentos. Durante um ou dois minutos ficaram olhando a parede alcatroada com o grande letreiro branco.

– Minha vista está falhando – disse ela finalmente. – Mesmo quando eu era moça, não conseguia ler o que estava escrito aí. Mas parece-me agora que a parede está meio diferente. Os Sete Mandamentos são os mesmos de sempre, Benjamim?

Pela primeira vez Benjamim consentiu em quebrar sua norma e leu para ela o que estava escrito na parede. Nada havia, agora, senão um único mandamento dizendo:

TODOS OS ANIMAIS SÃO IGUAIS
MAS ALGUNS ANIMAIS SÃO MAIS IGUAIS
QUE OS OUTROS.[1]

---

[1] ORWELL, George. *A revolução dos bichos*. Rio de Janeiro: O Globo, 2003, p. 18-9 e 90-2.

2. PENSAMENTOS SOBRE A NÃO VIOLÊNCIA – MAHATMA GANDHI (1948[2])

Provavelmente, nenhum personagem da história do século XX está mais associado ao sentimento de paz universal presente na tradição dos direitos humanos do que o líder do movimento de independência nacional da Índia, Mohandas Karamchand Gandhi, o Mahatma – "a Grande Alma" – Gandhi (1869-1948). Ao liderar a luta de resistência contra o domínio colonial da Inglaterra, Gandhi deu vida à ideia de uma revolução pensada como ato coletivo fundado no princípio da não cooperação não violenta: desobediência civil, boicote dos produtos britânicos, recusa do pagamento de impostos etc. Mediante essas formas de ação originais, Gandhi conseguiu insuflar o nacionalismo presente na espiritualidade hindu, introduzindo elementos críticos modernizadores responsáveis pela rejeição ao tradicional sistema de castas indiano. Conquistada a independência, em 15 de agosto de 1947, a Índia Britânica seria desmembrada em vários Estados, entre os quais a Índia, de maioria hindu, e o Paquistão, de maioria muçulmana. No entanto, um ano após a libertação das amarras coloniais, Gandhi pagaria com a própria vida a defesa do princípio da não violência, sendo assassinado por um militante extremista defensor do exclusivismo hindu. Porém, morto o homem, o ideal da paz passou a contar com um símbolo eterno.

> *Satyagraha* e *Ahimsa* são como duas faces da mesma medalha, ou melhor, como as duas faces de um pequeno disco de um metal liso e sem incisões. Quem poderá dizer qual é a certa? A *não violência* é o meio. A *Verdade*, o fim.
> [...]
> A não violência é a mais alta qualidade de oração. A riqueza não pode consegui-la, a cólera foge dela, o orgulho devora-a, a gula e a luxúria ofuscam-na, a mentira esvazia-a, toda a pressão não justificada a compromete.

---

[2] Por terem sido expressos em diferentes momentos da sua vida, optamos por colocar o ano da morte de Gandhi como referência cronológica dos seus pensamentos sobre a não violência.

Não violência não quer dizer renúncia a toda forma de luta contra o mal. Pelo contrário. A não violência, pelo menos como eu a concebo, é uma luta ainda mais ativa e real que a própria lei do talião – mas em plano moral.

A não violência não pode ser definida como um método passivo ou inativo. É um movimento bem mais ativo que outros e exige o uso das armas. A verdade e a não violência são, talvez, as forças mais ativas de que o mundo dispõe.

Para tornar-se verdadeira força, a não violência deve nascer do espírito.

Creio que a não violência é infinitamente superior à violência, e que o perdão é bem mais viril que o castigo...

A não violência, em sua concepção dinâmica, significa sofrimento consciente. Não quer absolutamente dizer submissão humilde à vontade do malfeitor, mas um empenho, com todo o ânimo, contra o tirano. Assim um só indivíduo, tendo como base esta lei, pode desafiar os poderes de um império injusto para salvar a própria honra, a própria religião, a própria alma e adiantar as premissas para a queda e a regeneração daquele mesmo império.

O método da não violência pode parecer demorado, muito demorado, mas eu estou convencido de que é o mais rápido.

Após meio século de experiência, sei que a humanidade não pode ser libertada senão pela não violência. Se bem entendi, é esta a lição central do cristianismo.
[...]
Possuo a não violência do corajoso? Só a morte dirá. Se me matarem e eu com uma oração nos lábios pelo meu assassino e com o pensamento em Deus, ciente da sua presença viva no santuário do meu coração, então, e só então, poder-se-á dizer que possuo a não violência do corajoso.
[...]
A força de um homem e de um povo está na *não violência*. Experimentem.[3]

---

[3] CLARET, Martin (coord.). *O pensamento vivo de Gandhi*. São Paulo: Martin Claret, 1985, p. 67-86.

3. DECLARAÇÃO UNIVERSAL DOS DIREITOS HUMANOS (1948)

Ainda sob o impacto das atrocidades cometidas durante a Segunda Guerra Mundial – quando o número de mortos foi calculado em torno de 60 milhões de pessoas e o de refugiados em aproximadamente 40 milhões –, a Assembleia Geral das Nações Unidas aprovou, em 10 de dezembro de 1948, aquele que viria a ser o ápice de um longo processo de lutas iniciado no decorrer das revoluções liberais-burguesas dos séculos XVII e XVIII: a Declaração Universal dos Direitos Humanos. Elaborada por uma comissão específica da recém-criada – em 1945 – Organização das Nações Unidas (ONU), a Declaração foi redigida com o intuito de proclamar definitivamente os direitos fundamentais da humanidade, o respeito inviolável à dignidade do ser humano. Com ela, passa a ter reconhecimento internacional a definição de direitos humanos como o acúmulo de três níveis diferenciados de direitos – a saber, os direitos civis, os direitos políticos e os direitos sociais –, além de ter sido dado um decisivo passo em direção à afirmação dos direitos dos povos. Uma conquista que pode muito bem ser compreendida como a universalização do projeto histórico da Revolução Francesa pela tríade liberdade, igualdade e fraternidade, acrescido da vontade de construir um mundo no qual a paz vencesse a guerra.

CONSIDERANDO que o reconhecimento da dignidade inerente a todos os membros da família humana e seus direitos iguais e inalienáveis é o fundamento da liberdade, da justiça e da paz no mundo,

CONSIDERANDO que o desprezo e o desrespeito pelos direitos do homem resultaram em atos bárbaros que ultrajaram a consciência da Humanidade, e que o advento de um mundo em que os homens gozem de liberdade de palavra, de crença e da liberdade de viverem a salvo do temor e da necessidade foi proclamado como a mais alta aspiração do homem comum,

CONSIDERANDO ser essencial que os direitos do homem sejam protegidos pelo império da lei, para que o homem não seja compelido, como último recurso, à rebelião contra a tirania e a opressão,

CONSIDERANDO ser essencial promover o desenvolvimento de relações amistosas entre as nações,

CONSIDERANDO que os povos das Nações Unidas reafirmaram, na Carta, sua fé nos direitos do homem e da mulher, e que decidiram promover o progresso social e melhores condições de vida em uma liberdade mais ampla,

CONSIDERANDO que os Estados Membros se comprometeram a promover, em cooperação com as Nações Unidas, o respeito universal aos direitos e liberdades fundamentais do homem e a observância desses direitos e liberdades,

CONSIDERANDO que uma compreensão comum desses direitos e liberdades é da mais alta importância para o pleno cumprimento desse compromisso,

A *Assembleia Geral das Nações Unidas* proclama a presente *"Declaração Universal dos Direitos do Homem"* como o ideal comum a ser atingido por todos os povos e todas as nações, com o objetivo de que cada indivíduo e cada órgão da sociedade, tendo sempre em mente esta Declaração, se esforce, através do ensino e da educação, por promover o respeito a esses direitos e liberdades, e, pela adoção de medidas progressivas de caráter nacional e internacional, por assegurar o seu reconhecimento e a sua observância universais e efetivos, tanto entre os povos dos próprios Estados-Membros, quanto entre os povos dos territórios sob sua jurisdição.

Artigo 1
Todos os homens nascem livres e iguais em dignidade e direitos. São dotados de razão e consciência e devem agir em relação uns aos outros com espírito de fraternidade.

Artigo 2
I) Todo homem tem capacidade para gozar os direitos e as liberdades estabelecidos nesta Declaração sem distinção de qualquer espécie, seja de raça, cor, sexo, língua, religião, opinião política ou de outra natureza, origem nacional ou social, riqueza, nascimento, ou qualquer outra condição.
II) Não será também feita nenhuma distinção fundada na condição política, jurídica ou internacional do país ou território a que pertença uma pessoa, quer se trate de um território independente, sob tutela, sem governo próprio, quer sujeito a qualquer outra limitação de soberania.

Artigo 3
Todo homem tem direito à vida, à liberdade e à segurança pessoal.

Artigo 4
Ninguém será mantido em escravidão ou servidão; a escravidão e o tráfico de escravos estão proibidos em todas as suas formas.

Artigo 5
Ninguém será submetido a tortura, nem a tratamento ou castigo cruel, desumano ou degradante.

Artigo 6
Todo homem tem o direito de ser, em todos os lugares, reconhecido como pessoa perante a lei.

Artigo 7
Todos são iguais perante a lei e têm direito, sem qualquer distinção, a igual proteção da lei. Todos têm direito a igual proteção contra qualquer discriminação que viole a presente Declaração e contra qualquer incitamento a tal discriminação.

Artigo 8
Todo homem tem direito a receber dos tribunais nacionais competentes remédio efetivo para os atos que violem os direitos fundamentais que lhe sejam reconhecidos pela constituição ou pela lei.

Artigo 9
Ninguém será arbitrariamente preso, detido ou exilado.

Artigo 10
Todo homem tem direito, em plena igualdade, a uma justa e pública audiência por parte de um tribunal independente e imparcial, para decidir de seus direitos e deveres ou do fundamento de qualquer acusação criminal contra ele.

Artigo 11
I) Todo homem acusado de um ato delituoso tem o direito de ser presumido inocente até que a sua culpabilidade tenha sido provada de acordo com a lei, em julgamento público no qual lhe tenham sido asseguradas todas as garantias necessárias a sua defesa.

II) Ninguém poderá ser culpado por qualquer ação ou omissão que, no momento, não constituíam delito perante o direito nacional ou internacional. Também não será imposta pena mais forte do que aquela que, no momento da prática, era aplicável ao ato delituoso.

Artigo 12
Ninguém será sujeito a interferências na sua vida privada, na sua família, no seu lar ou na sua correspondência, nem a ataques a sua honra e reputação. Todo homem tem direito à proteção da lei contra tais interferências ou ataques.

Artigo 13
I) Todo homem tem direito à liberdade de locomoção e residência dentro das fronteiras de cada Estado.
II) Todo homem tem o direito de deixar qualquer país, inclusive o próprio, e a este regressar.

Artigo 14
I) Todo homem, vítima de perseguição, tem o direito de procurar e de gozar asilo em outros países.
II) Este direito não pode ser invocado em casos de perseguição legitimamente motivada por crimes de direito comum ou por atos contrários aos objetivos e princípios das Nações Unidas.

Artigo 15
I) Todo homem tem direito a uma nacionalidade.
II) Ninguém será arbitrariamente privado de sua nacionalidade, nem do direito de mudar de nacionalidade.

Artigo 16
I) Os homens e mulheres de maior idade, sem qualquer restrição de raça, nacionalidade ou religião, têm o direito de contrair matrimônio e fundar uma família. Gozam de iguais direitos em relação ao casamento, sua duração e sua dissolução.
II) O casamento não será válido senão com o livre e pleno consentimento dos nubentes.
III) A família é o núcleo natural e fundamental da sociedade e tem direito à proteção da sociedade e do Estado.

Artigo 17
I) Todo homem tem direito à propriedade, só ou em sociedade com outros.
II) Ninguém será arbitrariamente privado de sua propriedade.

Artigo 18
Todo homem tem direito à liberdade de pensamento, consciência e religião; este direito inclui a liberdade de mudar de religião ou crença e a liberdade de manifestar essa religião ou crença, pelo ensino, pela prática, pelo culto e pela observância, isolada ou coletivamente, em público ou em particular.

Artigo 19
Todo homem tem direito à liberdade de opinião e expressão; este direito inclui a liberdade de, sem interferências, ter opiniões e de procurar, receber

e transmitir informações e ideias por quaisquer meios, independentemente de fronteiras.

Artigo 20
I) Todo homem tem direito à liberdade de reunião e associação pacíficas.
II) Ninguém pode ser obrigado a fazer parte de uma associação.

Artigo 21
I) Todo homem tem o direito de tomar parte no governo de seu país diretamente ou por intermédio de representantes livremente escolhidos.
II) Todo homem tem igual direito de acesso ao serviço público do seu país.
III) A vontade do povo será a base da autoridade do governo; esta vontade será expressa em eleições periódicas e legítimas, por sufrágio universal, por voto secreto ou processo equivalente que assegure a liberdade de voto.

Artigo 22
Todo homem, como membro da sociedade, tem direito à segurança social e à realização, pelo esforço nacional, pela cooperação internacional e de acordo com a organização e recursos de cada Estado, dos direitos econômicos, sociais e culturais indispensáveis à sua dignidade e ao livre desenvolvimento de sua personalidade.

Artigo 23
I) Todo homem tem direito ao trabalho, à livre escolha de emprego, a condições justas e favoráveis de trabalho e à proteção contra o desemprego.
II) Todo homem, sem qualquer distinção, tem direito a igual remuneração por igual trabalho.
III) Todo homem que trabalha tem direito a uma remuneração justa e satisfatória, que lhe assegure, assim como a sua família, uma existência compatível com a dignidade humana, e a que se acrescentarão, se necessário, outros meios de proteção social.
IV) Todo homem tem direito a organizar sindicatos e a neles ingressar para proteção de seus interesses.

Artigo 24
Todo homem tem direito a repouso e lazer, inclusive a limitação razoável das horas de trabalho e a férias remuneradas periódicas.

Artigo 25
I) Todo homem tem direito a um padrão de vida capaz de assegurar a si e a sua família saúde e bem-estar, inclusive alimentação, vestuário,

habitação, cuidados médicos e os serviços sociais indispensáveis, e direito à segurança em caso de desemprego, doença, invalidez, viuvez, velhice ou outros casos de perda de meios de subsistência em circunstâncias fora de seu controle.

II) A maternidade e a infância têm direito a cuidados e assistência especiais. Todas as crianças, nascidas dentro ou fora do matrimônio, gozarão da mesma proteção social.

Artigo 26

I) Todo homem tem direito à instrução. A instrução será gratuita, pelo menos nos graus elementares e fundamentais. A instrução elementar será obrigatória. A instrução técnico-profissional será acessível a todos, bem como a instrução superior, esta baseada no mérito.

II) A instrução será orientada no sentido do pleno desenvolvimento da personalidade humana e do fortalecimento do respeito pelos direitos do homem e pelas liberdades fundamentais. A instrução promoverá a compreensão, a tolerância e amizade entre todas as nações e grupos raciais ou religiosos, e coadjuvará as atividades das Nações Unidas em prol da manutenção da paz.

III) Os pais têm prioridade de direito na escolha do gênero de instrução que será ministrada a seus filhos.

Artigo 27

I) Todo homem tem o direito de participar livremente da vida cultural da comunidade, de fruir das artes e de participar do progresso científico e de fruir de seus benefícios.

II) Todo homem tem direito à proteção dos interesses morais e materiais decorrentes de qualquer produção científica, literária ou artística da qual seja autor.

Artigo 28

Todo homem tem direito a uma ordem social e internacional em que os direitos e liberdades estabelecidos na presente Declaração possam ser plenamente realizados.

Artigo 29

I) Todo homem tem deveres para com a comunidade, na qual o livre e pleno desenvolvimento de sua personalidade é possível.

II) No exercício de seus direitos e liberdades, todo homem estará sujeito apenas às limitações determinadas pela lei, exclusivamente com o fim de assegurar o devido reconhecimento e respeito dos direitos e liberdades de outrem e de satisfazer as justas exigências da moral, da ordem pública e do bem-estar de uma sociedade democrática.

III) Esses direitos e liberdades não podem, em hipótese alguma, ser exercidos contrariamente aos objetivos e princípios das Nações Unidas.

Artigo 30
Nenhuma disposição da presente Declaração pode ser interpretada como o reconhecimento a qualquer Estado, grupo ou pessoa, do direito de exercer qualquer atividade ou praticar qualquer ato destinado à destruição de quaisquer direitos e liberdades aqui estabelecidos.[4]

4. AS ORIGENS DO TOTALITARISMO – HANNAH ARENDT (1951)

A filósofa alemã de origem judia Hannah Arendt (1906-1975) é considerada uma das principais consciências críticas do século XX. Para a discípula dos filósofos Martin Heidegger e Karl Jaspers, o século passado teria sido uma era nova e desconhecida, marcada pela existência de sinais claros de uma crise mais geral da própria modernidade inaugurada pelo Iluminismo. Dentro desse contexto, duas das mais perfeitas expressões dessa crise estariam localizadas no nazismo e no comunismo, movimentos identificados por Arendt como ideologias totalitárias responsáveis pela banalização do terror, por meio da exploração da solidão organizada das massas e do objetivo de conquista global e domínio total, pontos em comum que uniriam Hitler e Stalin. Para uma pensadora que definia a política como uma ação voltada para a liberdade, nada seria mais repugnante que a tendência do século XX de obstruir e/ou suprimir esta última por meio das suas várias guerras e revoluções. Assim, a fim de que a banalização do mal implementada pelos totalitarismos nazista e comunista fosse bloqueada nas suas origens liberticidas, toda a condescendência com o sofrimento humano deveria ser evitada na mesma medida em que a dignidade do ser humano necessitaria de novas garantias.

---

[4] ONU. Declaração Universal dos Direitos Humanos. 1948. Disponível em: http://www.dhnet.org.br/direitos/deconu/textos/integra.htm. Acesso em: 21 de nov. 2019.

PREFÁCIO À PRIMEIRA EDIÇÃO

Duas guerras mundiais numa geração, separadas por uma série ininterrupta de guerras locais e revoluções, e que não foram seguidas de tratados de paz para os vencidos e de trégua para os vencedores, levaram à antevisão de uma terceira guerra mundial entre as duas grandes potências que ficaram. O momento de expectativa é como a calma que sobrevém quando já não há esperança. Já não ansiamos por uma eventual restauração da antiga ordem do mundo com todas as suas tradições, nem pela reintegração das massas de cinco continentes, arremessadas ao caos produzido pela violência das guerras e revoluções e pela progressiva decadência do que restou. Nas mais diversas condições e nas circunstâncias mais diferentes contemplamos a evolução dos mesmos fenômenos – entre eles o que resulta no problema de refugiados, gente destituída de lar em número sem precedentes, gente desprovida de raízes em intensidade inaudita.

Nunca antes o nosso futuro foi mais imprevisível, nunca dependemos tanto das forças políticas que podem a qualquer instante fugir às regras do bom senso e do interesse próprio – forças que pareceriam insanas se fossem medidas pelos padrões dos séculos anteriores. É como se a humanidade se tivesse dividido entre os que acreditam na onipotência humana (e que julgam ser tudo possível a partir da adequada organização das massas nesse sentido) e os que têm como principal experiência da vida a falta de qualquer poder.

A análise histórica e o pensamento político permitem crer, embora de modo indefinido e genérico, que a estrutura essencial de toda a civilização atingiu um ponto de ruptura. Mesmo quando aparentemente mais bem preservada em certas partes do mundo, esta estrutura não permite antever a futura evolução do que resta do século XX, ou fornecer explicações adequadas aos seus horrores. Incomensurável esperança, entremeada com indescritível temor, parece corresponder melhor a esses acontecimentos que o juízo equilibrado e o discernimento comedido. Mas os eventos fundamentais do nosso tempo preocupam do mesmo modo os que acreditam na ruína e os que se entregam ao otimismo temerário.

Este livro foi escrito com mescla do otimismo temerário e do temerário desespero. Afirma que o Progresso e a Ruína são duas faces da mesma medalha; que ambos resultam da superstição, não da fé. Foi escrito com a convicção de serem passíveis de descoberta os mecanismos que dissolveram os tradicionais elementos do nosso mundo político e espiritual num amálgama, onde tudo parece ter perdido o seu valor específico, escapando à nossa compreensão e tornando-se inútil para fins humanos. A passividade de ceder ao processo de desintegração converteu-se em tentação irresistível, não só porque esse processo assumiu a espúria aparência de "necessidade histórica", mas também porque os valores em vias de destruição começaram a parecer inertes, exangues, inexpressivos e irreais.

A convicção de que tudo o que acontece no mundo deve ser compreensível pode levar-nos a interpretar a História por meio de lugares-comuns. Compreender não significa negar nos fatos o chocante, eliminar deles o inaudito, ou, ao explicar fenômenos, utilizar analogias e generalidades que diminuam o impacto da realidade e o choque da experiência. Significa, antes de mais nada, examinar e suportar conscientemente o fardo que o nosso século colocou sobre nós – sem negar a sua existência, nem vergar humildemente ao seu peso. Compreender significa, em suma, encarar a realidade sem preconceitos e com atenção, e resistir a ela – qualquer que seja.

Assim, deve ser possível, por exemplo, encarar e compreender o fato, chocante decerto, de que fenômenos tão insignificantes e desprovidos de importância na política mundial como a questão judaica e o antissemitismo se transformaram em agente catalisador de, primeiro, o movimento nazista; segundo, de uma guerra mundial; e, finalmente, da construção das fábricas de morte em massa. Também há de ser possível compreender a grotesca disparidade entre a causa e o efeito que compunham a essência do imperialismo, quando dificuldades econômicas levaram, em poucas décadas, à profunda transformação das condições políticas no mundo inteiro; a curiosa contradição entre o "realismo", como era cinicamente enaltecido pelos movimentos totalitários, e o visível desdém destes sistemas por toda a textura da realidade; ou a irritante incompatibilidade entre o real poderio do homem moderno (maior do que nunca, tão grande que pode ameaçar a própria existência do seu universo) e a sua incapacidade de viver no mundo que o seu poderio criou, e de lhe compreender o sentido.

A tentativa totalitária da conquista global e do domínio total constituiu a resposta destrutiva encontrada para todos os impasses. Mas a vitória totalitária pode coincidir com a destruição da humanidade, pois, onde quer que tenha imperado, minou a essência do homem. Assim, de nada serve ignorar as forças destrutivas do nosso século.

O problema é que a nossa época interligou de modo tão estranho o bom e o mau que, sem a "expansão pela expansão" dos imperialistas, o mundo jamais poderia ter se tornado um só; sem o mecanismo político da burguesia do "poder pelo poder", as dimensões da força humana nunca poderiam ter sido descobertas; sem o mundo fictício dos movimentos totalitários, nos quais as incertezas essenciais do nosso tempo acabaram por ser desnudadas com clareza sem par, poderíamos ter sido levados à ruína sem jamais saber o que estava acontecendo.

E se é verdade que, nos estágios finais do totalitarismo, surge um mal absoluto (absoluto, porque já não pode ser atribuído a motivos humanamente compreensíveis), também é verdade que, sem ele, poderíamos nunca ter conhecido a natureza realmente radical do Mal.

O antissemitismo (não apenas o ódio aos judeus), o imperialismo (não apenas a conquista) e o totalitarismo (não apenas a ditadura) – um após o outro, um mais brutalmente que os outros –, demonstraram que a dignidade humana precisa de nova garantia, somente encontrável em novos princípios políticos e em nova lei na Terra, cuja vigência desta vez alcance toda a humanidade, mas com força limitada, pois, ao mesmo tempo, gerada por novas entidades territoriais e controladas por elas.

Já não podemos dar-nos ao luxo de extrair aquilo que foi bom no passado e simplesmente chamá-lo de nossa herança, deixar de lado o mau e simplesmente considerá-lo um peso morto, que o tempo, por si mesmo, relegará ao esquecimento. A corrente subterrânea da história ocidental veio à luz e usurpou a dignidade da nossa tradição. Esta é a realidade em que vivemos. E é por isto que são inúteis todos os esforços feitos para fugir ao horror do presente, na nostalgia por um passado ainda eventualmente intacto, ou no antecipado oblívio de um futuro melhor.[5]

5. OS PRISIONEIROS ESQUECIDOS – PETER BENENSON (1961)

Em 1961, o advogado inglês Peter Benenson (1921-2005) tomou conhecimento de que dois estudantes portugueses haviam sido condenados a sete anos de prisão pelo simples fato de terem feito um brinde em nome da liberdade em um bar de Lisboa. À época, Portugal vivia sob um regime ditatorial liderado por Antonio de Oliveira Salazar, o qual teve início em 1933. A indignação diante do fato levou Benenson a escrever, em 28 de maio, um artigo no jornal londrino *The Observer* em defesa da organização de uma campanha internacional pela libertação de todos os indivíduos presos por discordarem pacificamente das posições oficiais dos governos, garantindo-lhes um julgamento justo. Nesse exato momento, nascia uma das mais importantes organizações não governamentais do mundo: a Anistia Internacional (AI). Tendo recebido o Prêmio Nobel da Paz em 1977, a AI pauta a sua luta pela defesa dos chamados "presos de consciência", isto é, indivíduos detidos em função das "suas convicções, cor, sexo, origem étnica, idioma ou religião, que não tenham recorrido à violência ou advogado o seu uso". Tendo como emblema uma vela acesa envolta por uma cerca de arame farpado, a AI

---

[5] ARENDT, Hannah. *O sistema totalitário*. Lisboa: Dom Quixote, 1978, p. 9-11.

continua a lutar, tantos anos após a sua fundação, pela ideia de que a nossa própria liberdade depende da liberdade dos outros.

Abra seu jornal em qualquer dia da semana e encontrará uma notícia de algum lugar do mundo sobre alguém sendo aprisionado, torturado ou executado porque suas opiniões ou sua religião são inaceitáveis para seu governo. Existem vários milhões de pessoas presas, nem todas atrás das Cortinas de Ferro e de Bambu – e seus números estão aumentando. O leitor do jornal é acometido de um sentimento de impotência. Contudo, se esses sentimentos de repugnância por todo o mundo pudessem ser unidos em ação comum, poder-se-ia fazer algo eficaz.

Em 1945, os membros fundadores das Nações Unidas aprovaram a Declaração Universal dos Direitos Humanos. Artigo 18: "Toda pessoa tem o direito à liberdade de pensamento, de consciência e de religião; este direito inclui a liberdade de mudar de religião ou crença, assim como a liberdade de manifestar a religião ou crença, isolada ou coletivamente, em público ou em particular, pelo ensino, pela prática, pelo culto e pela observância". Artigo 19: "Toda pessoa tem direito à liberdade de opinião e de expressão: este direito inclui a liberdade de, sem interferências, ter opiniões e de procurar, receber e transmitir informações e ideias, por qualquer meio, independentemente de fronteiras".

Não existe, atualmente, um meio seguro de saber quantos países permitem aos seus cidadãos o gozo destas duas liberdades fundamentais. O que importa não são os direitos consagrados na Constituição, mas se eles podem ser exercidos e cumpridos na prática. Há uma tendência crescente por todo o mundo em disfarçar os verdadeiros motivos pelos quais os "não--conformistas" são presos.

No entanto, os governos não são, de maneira alguma, insensíveis à pressão da opinião que lhes é externa. E quando a opinião mundial se concentra num ponto fraco pode, por vezes, ter sucesso em tornar um governo mais brando. O importante é mobilizar a opinião pública rápida e amplamente, antes que um governo se enrede na espiral viciosa causada por sua própria repressão e tenha de se deparar com uma guerra civil iminente. A essa altura, a situação estará demasiado desesperadora para que o governo faça concessões. A força da opinião, para ser eficaz, deve ter uma base ampla, internacional, não sectária e que envolva todos os partidos políticos.

É por isso que iniciamos o Apelo por Anistia, 1961. A campanha, que começa hoje, é resultado de uma iniciativa de um grupo de advogados, escritores e editores em Londres, que partilham a convicção fundamental expressa por Voltaire: "Repudio suas opiniões, mas estou pronto para morrer por seu direito de expressá-las". Abrimos um escritório em Londres para coletar informações sobre os nomes, os números e as condições do que decidimos chamar de "Prisioneiros da Consciência", e os definimos como: "Qualquer pessoa que esteja fisicamente restringida (aprisionada ou de outra maneira), por expressar (em qualquer forma de palavras ou símbolos) qualquer opinião que honestamente tenha, a qual não defenda ou tolere a violência pessoal".

Em outubro, uma edição especial da Penguin, intitulada *"Perseguição 1961"*, será publicada como parte de nossa Campanha de Anistia. Nela estão contidas histórias de nove homens e mulheres de diferentes partes do mundo, de variadas convicções políticas e religiosas, que estão encarcerados por terem expressado suas opiniões.

Uma das histórias é sobre a brutalidade revoltante com a qual o maior poeta de Angola, Agostinho Neto, foi tratado antes de os presentes distúrbios naquele país terem irrompido. Dr. Neto era um dos cinco médicos africanos em Angola. Seus esforços para melhorar os serviços de saúde para seus conterrâneos africanos eram inaceitáveis para os portugueses. Em junho do ano passado, a Polícia Política marchou até sua casa, açoitou-o em frente da família e, depois, arrastou-o contra vontade. Desde então, ele está na prisão, nas ilhas de Cabo Verde, sem acusação ou julgamento.

Da Romênia, vamos publicar a história de Constantin Noica, o filósofo que foi condenado a 25 anos de prisão porque, enquanto isolado no campo, amigos e alunos continuaram a visitá-lo para o ouvir falar sobre filosofia e literatura. O livro também falará do advogado espanhol Antonio Amat, que tentou construir uma coalizão de grupos democráticos e encontra-se na prisão sem julgamento desde novembro de 1958; e de dois homens brancos – o americano Ashton Jones e Patrick Duncan, da África do Sul – perseguidos pela sua própria raça por pregarem que as raças de cor deveriam ter os mesmos direitos.

A técnica de publicar as histórias pessoais de vários prisioneiros, com posições políticas contrastantes, é nova. Foi adotada para evitar o destino de campanhas de anistia anteriores, que se preocuparam mais em divulgar as posições políticas dos prisioneiros do que com os objetivos humanitários.

Como podemos descobrir o estado da Liberdade no mundo de hoje? O filósofo americano John Dewey disse certa vez que "Se você quer estabelecer uma concepção sobre uma sociedade, descubra quem está na prisão". É um conselho difícil de seguir, porque poucos governos aceitam bem investigações sobre o número de prisioneiros de consciência que mantêm nas prisões. Mas há outros testes de liberdade possíveis: a imprensa tem permissão de criticar o governo? O governo permite a existência de oposição política? Os acusados de ofensas contra o Estado recebem um julgamento célere e público perante uma corte imparcial? Eles têm permissão para chamar testemunhas e seus advogados podem apresentar a defesa da maneira que acharem melhor?

A forma mais rápida de trazer alívio aos prisioneiros de consciência é a publicidade, especialmente publicidade entre seus concidadãos. Com a pressão do nacionalismo emergente e as tensões da Guerra Fria, é provável que haja situações em que governos sejam levados a adotar medidas emergenciais para proteger a sua existência. É vital que a opinião pública insista que essas medidas não sejam excessivas, nem prolongadas para além do momento de perigo. Se a emergência durar muito tempo, então, um governo deve ser induzido a libertar seus oponentes da prisão para que busquem asilo no exterior.

Este é um ano particularmente conveniente para uma Campanha de Anistia. É o centenário da posse do Presidente Lincoln e do início da Guerra Civil, que culminou com a libertação dos escravos americanos; é também o centenário do decreto que emancipou os servos russos. Cem anos atrás, o orçamento do Sr. Gladstone varreu as taxas opressivas sobre os jornais e, assim, ampliou o alcance e a liberdade da imprensa. O sucesso da Campanha de Anistia,1961 depende de quão poderosamente será possível mobilizar a opinião pública. Depende também de a campanha ser abrangente em sua composição, ser internacional em caráter e ter uma direção política imparcial. Qualquer grupo é bem-vindo a participar, desde que preparado a condenar perseguições, independentemente de onde ocorram ou quais sejam as ideias suprimidas. Inevitavelmente, a maior parte da ação exigida pelo Apelo por Anistia, 1961, só pode ser tomada por governos. Mas a experiência mostra que, em questões como estas, os governos estão preparados para seguir apenas onde a opinião pública lidera. A pressão da opinião há cem anos trouxe a emancipação dos escravos. É altura, agora, de o homem insistir na mesma liberdade para sua mente, tal como conquistou para seu corpo.[6]

6. *PACEM IN TERRIS* – JOÃO XXIII (1963)

Entre 1958 e 1963, a Igreja Católica Romana foi fortemente sacudida por um dos mais significativos movimentos de renovação acontecidos na sua história. Sob a liderança do papa João XXIII, ocorreu uma acelerada atualização dos principais posicionamentos que orientavam os católicos no mundo inteiro – um verdadeiro *aggiornamento*. Em 1961, João XXIII (1881-1963) já havia provocado um primeiro abalo nas posturas

---

[6] BENENSON, Peter. *The Forgotten Prisoners in The Observer*. 28/5/1961. Disponível em: <https://www.amnesty.org.uk/files/info_sheet_3.pdf>. Acesso em: 11 de nov. 2019. (Tradução feita por Ana Caroline Neves.)

conservadoras do clero quando, com a encíclica *Mater et Magistra*, procurou mostrar que era inadmissível, para a Igreja de então, que a retribuição do trabalho humano fosse abandonada às leis do mercado. Dois anos após colocar em dia o posicionamento da Igreja perante a questão social, João XXIII voltou a clarear sua crítica ao capitalismo, desta vez por meio da encíclica *Pacem in Terris*, em 1963. Nesse momento, a Igreja Católica saudava o ingresso da mulher na vida pública, a proclamação de independência de povos dominados e a gradual ascensão econômico--social das classes trabalhadoras como fenômenos marcantes da época. Ademais, seu ponto de vista crítico em relação ao capitalismo e amplamente favorável aos direitos humanos chegou ao limite de defender a possibilidade de uma aliança entre cristãos e socialistas na luta prática por um mundo mais justo, independentemente das suas divergências filosóficas.

39. Três fenômenos caracterizam a nossa época. Primeiro, a gradual ascensão econômico-social das classes trabalhadoras.
40. Nas primeiras fases do seu movimento de ascensão, os trabalhadores concentravam sua ação na reivindicação de seus direitos, especialmente de natureza econômico-social, avançaram em seguida os trabalhadores às reivindicações políticas e, malmente, se empenharam na conquista de bens culturais e morais. Hoje, em toda parte, os trabalhadores exigem ardorosamente não serem tratados à maneira de meros objetos, sem entendimento nem liberdade, à mercê do arbítrio alheio, mas como pessoas, em todos os setores da vida social, tanto no econômico-social como no da política e da cultura.
41. Em segundo lugar, o fato por demais conhecido, isto é, o ingresso da mulher na vida pública: mais acentuado talvez em povos de civilização cristã; mais tardio, mas já em escala considerável, em povos de outras tradições e cultura. Torna-se a mulher cada vez mais cônscia da própria dignidade humana, não sofre mais ser tratada como um objeto ou um instrumento, reivindica direitos e deveres consentâneos com sua dignidade de pessoa, tanto na vida familiar como na vida social.
42. Notamos finalmente que, em nossos dias, evoluiu a sociedade humana para um padrão social e político completamente novo. Uma vez que todos os povos já proclamaram ou estão para proclamar a sua independência, acontecerá dentro em breve que já não existirão povos dominadores e povos dominados.

43. As pessoas de qualquer parte do mundo são hoje cidadãos de um Estado autônomo ou estão para o ser. Hoje comunidade nenhuma de nenhuma raça quer estar sujeita ao domínio de outrem. Porquanto, em nosso tempo, estão superadas seculares opiniões que admitiam classes inferiores de homens e classes superiores, derivadas de situação econômico-social, sexo ou posição política.
44. Ao invés, universalmente prevalece hoje a opinião de que todos os seres humanos são iguais entre si por dignidade de natureza. As discriminações raciais não encontram nenhuma justificação, pelo menos no plano doutrinal. E isto é de um alcance e importância imensos para a estruturação do convívio humano segundo os princípios que acima recordamos. Pois, quando numa pessoa surge a consciência dos próprios direitos, nela nascerá forçosamente a consciência do dever: no titular de direitos, o dever de reclamar esses direitos, como expressão de sua dignidade, nos demais, o dever de reconhecer e respeitar tais direitos.
45. E quando as relações de convivência se colocam em termos de direito e dever, os homens abrem-se ao mundo dos valores culturais e espirituais, quais os de verdade, justiça, caridade, liberdade, tornando-se cônscios de pertencerem àquele mundo. Ademais são levados por essa estrada a conhecer melhor o verdadeiro Deus transcendente e pessoal e a colocar então as relações entre eles e Deus como fundamento de sua vida: da vida que vivem no próprio íntimo e da vida em relação com os outros homens.

[...]

75. Na moderna organização jurídica dos Estados emerge, antes de tudo, a tendência de exarar em fórmula clara e concisa uma carta dos direitos fundamentais do homem, carta que não raro é integrada nas próprias constituições.
76. Tende-se, aliás, em cada Estado, à elaboração em termos jurídicos de uma constituição, na qual se estabeleça o modo de designação dos poderes públicos, e reciprocidade de relações entre os diversos poderes, as suas atribuições, os seus métodos de ação.
77. Determinam-se, enfim, em termos de direitos e deveres, as relações dos cidadãos com os poderes públicos; e estatui-se como primordial função dos que governam a de reconhecer os direitos e deveres dos cidadãos, respeitá-los, harmonizá-los, tutelá-los eficazmente e promovê-los.
78. Certamente não se pode aceitar a doutrina dos que consideram a vontade humana, quer dos indivíduos, quer dos grupos, primeira e única fonte dos direitos e deveres dos cidadãos, da obrigatoriedade da constituição e da autoridade dos poderes públicos.
79. Mas as tendências aqui apontadas evidenciam que o homem atual se torna cada vez mais cônscio da própria dignidade e que esta

consciência o incita a tomar parte ativa na vida pública do Estado e a exigir que os direitos inalienáveis e invioláveis da pessoa sejam reafirmados nas instituições públicas. Mais ainda, exige-se hoje que as autoridades sejam designadas de acordo com normas constitucionais e exerçam as suas funções dentro dos limites da constituição.
[...]
125. Difunde-se cada vez mais entre os homens de nosso tempo a persuasão de que as eventuais controvérsias entre os povos devem ser dirimidas com negociações e não com armas.
126. Bem sabemos que esta persuasão está geralmente relacionada com o terrível poder de destruição das armas modernas e é alimentada pelo temor das calamidades e das ruínas desastrosas que estas armas podem acarretar. Por isso, não é mais possível pensar que nesta nossa era atômica a guerra seja um meio apto para ressarcir direitos violados.
127. Infelizmente, porém, reina muitas vezes entre os povos a lei do temor, que os induz a despender em armamentos fabulosas somas de dinheiro, não com o intento de agredir, como dizem – e não há motivo para não acreditarmos –, mas para conjurar eventuais perigos de agressão.
128. Contudo, é lícito esperar que os homens, por meio de encontros e negociações, venham a conhecer melhor os laços comuns da natureza que os unem e assim possam compreender a beleza de uma das mais profundas exigências da natureza humana, a de que reine entre eles e seus respectivos povos não o temor, mas o amor, um amor que antes de tudo leve os homens a uma colaboração leal, multiforme, portadora de inúmeros bens.
[...]
141. Como todos sabem, aos 26 de junho de 1945, foi constituída a Organização das Nações Unidas (ONU). A ela juntaram-se depois organizações de âmbito especializado, compostas de membros nomeados pela autoridade pública das diversas nações. A estas instituições estão confiadas atribuições internacionais de grande importância no campo econômico, social, cultural, educacional e sanitário. As Nações Unidas propuseram-se como fim primordial manter e consolidar a paz entre os povos, desenvolvendo entre eles relações amistosas, fundadas nos princípios de igualdade, de respeito mútuo, de cooperação multiforme em todos os setores da atividade humana.
142. Um ato de altíssima relevância efetuado pelas Nações Unidas foi a Declaração Universal dos Direitos do Homem, aprovada em assembleia geral, aos 10 de dezembro de 1948. No preâmbulo desta Declaração proclama-se, como ideal a ser demandado por todos os povos e por todas as nações, o efetivo reconhecimento e salvaguarda daqueles direitos e das respectivas liberdades.

143. Contra alguns pontos particulares da Declaração foram feitas objeções e reservas fundadas. Não há dúvida, porém, que o documento assinala um passo importante no caminho para a organização jurídico-política da comunidade mundial. De fato, na forma mais solene, nele se reconhece a dignidade de pessoa a todos os seres humanos, proclama-se como direito fundamental da pessoa o de mover-se livremente na procura da verdade, na realização do bem moral e da justiça, o direito a uma vida digna, e defendem-se outros direitos conexos com estes.

144. Fazemos, pois, ardentes votos que a Organização das Nações Unidas, nas suas estruturas e meios, se conforme cada vez mais à vastidão e nobreza de suas finalidades, e chegue o dia em que cada ser humano encontre nela uma proteção eficaz dos direitos que promanam imediatamente de sua dignidade de pessoa e que são, por isso mesmo, direitos universais, invioláveis, inalienáveis. Tanto mais que hoje, participando as pessoas cada vez mais ativamente na vida pública das próprias comunidades políticas, denotam um interesse crescente pelas vicissitudes de todos os povos e maior consciência de serem membros vivos de uma comunidade mundial.[7]

7. EU TENHO UM SONHO – MARTIN LUTHER KING JR. (1963)

A indicação dos Estados Unidos da América como a "pátria dos direitos civis" traz em si uma série de mitos responsáveis pelo encobrimento daquilo que na história estadunidense representou exatamente a negação do caráter universal desses mesmos direitos. A absurda existência de uma legislação segregacionista, que tornava os negros norte-americanos cidadãos de segunda categoria, apartando-os da população branca do país, talvez seja o exemplo mais claro de como a igualdade de todos perante a lei não havia sido cumprida por completo na nação mais poderosa do planeta em pleno século XX. Tal aberração começou a ruir quando, em 1º de dezembro de 1955, uma costureira negra de 42 anos chamada Rosa Parks se negou a ceder seu lugar em um ônibus, no Alabama, para que um homem branco se sentasse. Com a recusa da senhora Parks, deu-se início ao célebre movimento pelos direitos civis dos negros nos Estados Unidos, o qual teve seu ápice em 28 de agosto de 1963, quando mais de 250 mil pessoas marcharam em Washington para

---

[7] JOÃO XXIII, Papa. *Documentos Pontifícios*, n. 141. Petrópolis: Vozes, 1963.

ouvir o futuro Prêmio Nobel da Paz de 1964, o pastor Martin Luther King Jr. (1929-1968), falar a respeito da necessidade de sonhar com uma pátria em que fosse proibida toda forma de discriminação. Esse sonho se tornou realidade um ano depois, com a assinatura do *Civil Rights Act* pelo presidente Lyndon Johnson.

> Eu estou contente em unir-me com vocês no dia que entrará para a história como a maior demonstração pela liberdade na história de nossa nação.
> Cem anos atrás, um grande americano, cuja simbólica sombra estamos, assinou a Proclamação de Emancipação. Esse importante decreto veio como um grande farol de esperança para milhões de escravos negros que tinham murchado nas chamas da injustiça. Ele veio como uma alvorada para terminar a longa noite de seus cativeiros. Mas cem anos depois, o Negro ainda não é livre. Cem anos depois, a vida do Negro ainda é tristemente invalidada pelas algemas da segregação e as cadeias da discriminação. Cem anos depois, o Negro vive em uma ilha só de pobreza no meio de um vasto oceano de prosperidade material. Cem anos depois, o Negro ainda adoece nos cantos da sociedade americana e se encontra exilado em sua própria terra. Assim, nós viemos aqui hoje para dramatizar sua vergonhosa condição.
> De certo modo, nós viemos à capital de nossa nação para trocar um cheque. Quando os arquitetos de nossa república escreveram as magníficas palavras da Constituição e da Declaração da Independência, eles estavam assinando uma nota promissória para a qual todo americano seria seu herdeiro. Esta nota era uma promessa que todos os homens, sim, os homens negros, como também os homens brancos, teriam garantidos os direitos inalienáveis à vida, liberdade e busca da felicidade. Hoje é óbvio que aquela América não apresentou esta nota promissória. Em vez de honrar esta obrigação sagrada, a América deu para o povo negro um cheque sem fundo, um cheque que voltou marcado com "fundos insuficientes".
> Mas nós nos recusamos a acreditar que o banco da justiça é falível. Nós nos recusamos a acreditar que há capitais insuficientes de oportunidade nesta nação. Assim nós viemos trocar este cheque, um cheque que nos dará o direito de reclamar as riquezas da liberdade e a segurança da justiça.
> Nós também viemos para recordar à América dessa cruel urgência. Este não é o momento para descansar no luxo refrescante ou tomar o remédio tranquilizante do gradualismo. Agora é o tempo para transformar em realidade as promessas de democracia. Agora é o tempo para subir do vale das trevas da segregação ao caminho iluminado pelo sol da justiça racial. Agora é o tempo para erguer nossa nação das areias movediças da injustiça racial

para a pedra sólida da fraternidade. Agora é o tempo para fazer da justiça uma realidade para todos os filhos de Deus.

Seria fatal para a nação negligenciar a urgência desse momento. Este verão sufocante do legítimo descontentamento dos Negros não passará até termos um renovador outono de liberdade e igualdade. Este ano de 1963 não é um fim, mas um começo. Esses que esperam que o Negro então estará contente, terão um violento despertar se a nação voltar aos negócios de sempre.

Mas há algo que eu tenho que dizer ao meu povo que se dirige ao portal que conduz ao palácio da justiça. No processo de conquistar nosso legítimo direito, nós não devemos ser culpados de ações de injustiças. Não vamos satisfazer nossa sede de liberdade bebendo da xícara da amargura e do ódio. Nós sempre temos que conduzir nossa luta num alto nível de dignidade e disciplina. Nós não devemos permitir que nosso criativo protesto se degenere em violência física. Novamente e novamente nós temos que subir às majestosas alturas da reunião da força física com a força de alma. Nossa nova e maravilhosa combatividade mostrou à comunidade negra que não devemos ter uma desconfiança para com todas as pessoas brancas, para muitos de nossos irmãos brancos, como comprovamos pela presença deles aqui hoje, que vieram entender que o destino deles é amarrado ao nosso destino. Eles vieram perceber que a liberdade deles é ligada indissoluvelmente a nossa liberdade. Nós não podemos caminhar sós.

E como nós caminhamos, nós temos que fazer a promessa que nós sempre marcharemos à frente. Nós não podemos retroceder. Há esses que estão perguntando para os devotos dos direitos civis: "Quando vocês estarão satisfeitos?"

Nós nunca estaremos satisfeitos enquanto o Negro for vítima dos horrores indizíveis da brutalidade policial. Nós nunca estaremos satisfeitos enquanto nossos corpos, pesados com a fadiga da viagem, não puderem ter hospedagem nos motéis das estradas e nos hotéis das cidades. Nós não estaremos satisfeitos enquanto um Negro não puder votar no Mississipi e um Negro em Nova Iorque acreditar que ele não tem motivo para votar. Não, não, nós não estamos satisfeitos e nós não estaremos satisfeitos até que a justiça e a retidão rolem abaixo como águas de uma poderosa correnteza.

Eu não esqueci que alguns de vocês vieram até aqui após grandes testes e sofrimentos. Alguns de vocês vieram recentemente de celas estreitas das prisões. Alguns de vocês vieram de áreas onde sua busca pela liberdade lhes deixou marcas pelas tempestades das perseguições e pelos ventos de brutalidade policial. Vocês são os veteranos do sofrimento. Continuem trabalhando com a fé que sofrimento imerecido é redentor. Voltem para o Mississippi, voltem para o Alabama, voltem para a Carolina do Sul, voltem para a Geórgia, voltem para Louisiana, voltem para as ruas sujas e guetos de nossas cidades do norte, sabendo que de alguma maneira esta situação pode e será mudada. Não se deixe cair no vale de desespero.

Eu digo a vocês hoje, meus amigos, que embora nós enfrentemos as dificuldades de hoje e amanhã, eu ainda tenho um sonho. É um sonho profundamente enraizado no sonho americano.

Eu tenho um sonho que um dia esta nação se levantará e viverá o verdadeiro significado de sua crença. Nós celebraremos estas verdades e elas serão claras para todos, que os homens são criados iguais.

Eu tenho um sonho que um dia nas colinas vermelhas da Geórgia os filhos dos descendentes de escravos e os filhos dos descendentes dos donos de escravos poderão se sentar junto à mesa da fraternidade.

Eu tenho um sonho que um dia, até mesmo o estado de Mississippi, um estado que transpira com o calor da injustiça, que transpira com o calor de opressão, será transformado em um oásis de liberdade e justiça.

Eu tenho um sonho que minhas quatro pequenas crianças vão um dia viver em uma nação onde elas não serão julgadas pela cor da pele, mas pelo conteúdo de seu caráter. Eu tenho um sonho hoje!

Eu tenho um sonho que um dia, no Alabama, com seus racistas malignos, com seu governador que tem os lábios gotejando palavras de intervenção e negação; nesse justo dia no Alabama meninos negros e meninas negras poderão unir as mãos com meninos brancos e meninas brancas como irmãs e irmãos. Eu tenho um sonho hoje!

Eu tenho um sonho que um dia todo vale será exaltado, e todas as colinas e montanhas virão abaixo, os lugares ásperos serão aplainados e os lugares tortuosos serão endireitados e a glória do Senhor será revelada e toda a carne estará junta.

Esta é nossa esperança. Esta é a fé com que regressarei para o Sul. Com esta fé nós poderemos cortar da montanha do desespero uma pedra de esperança. Com esta fé nós poderemos transformar as discórdias estridentes de nossa nação em uma bela sinfonia de fraternidade. Com esta fé nós poderemos trabalhar juntos, rezar juntos, lutar juntos, ir para a cadeia juntos, defender liberdade juntos, e quem sabe nós seremos um dia livres. Este será o dia, este será o dia quando todas as crianças de Deus poderão cantar com um novo significado:

"Meu país, doce terra de liberdade, eu te canto. Terra onde meus pais morreram, terra do orgulho dos peregrinos. De qualquer lado da montanha, ouço o sino da liberdade!"

E se a América é uma grande nação, isto tem que se tornar verdadeiro.

E assim ouvirei o sino da liberdade no extraordinário topo da montanha de New Hampshire.

Ouvirei o sino da liberdade nas poderosas montanhas de Nova York.

Ouvirei o sino da liberdade nos engrandecidos Alleghenies da Pensilvânia.

Ouvirei o sino da liberdade nas montanhas cobertas de neve Colorado.
Ouvirei o sino da liberdade nas ladeiras curvas da Califórnia.
Mas não é só isso. Ouvirei o sino da liberdade na Montanha de Pedra da Geórgia.
Ouvirei o sino da liberdade na Montanha de Vigilância do Tennessee. Ouvirei o sino da liberdade em todas as colinas do Mississipi. Em todas as montanhas, ouvirei o sino da liberdade.

E quando isto acontecer, quando nos permitirmos o sino da liberdade soar, quando nós o deixarmos soar em toda moradia e todo vilarejo, em todo estado e em toda cidade, nós poderemos acelerar aquele dia quando todas as crianças de Deus, homens pretos e homens brancos, judeus e gentios, protestantes e católicos, poderão unir mãos e cantar nas palavras do velho *spiritual* negro:

"Livre afinal, livre afinal. Agradeço ao Deus todo-poderoso, nós somos livres afinal".[8]

8. DECLARAÇÃO NO JULGAMENTO DE RIVÔNIA – NELSON MANDELA (1964)

Ao longo das décadas de 1950 e 1960, a dominação imperialista europeia sobre a África e a Ásia sofreu um grande revés. Nesse período, os impérios coloniais construídos no decorrer do século XIX foram sacudidos por sucessivas lutas que questionavam a suposta superioridade do homem branco. Por meio do processo denominado de descolonização, os povos afro-asiáticos dominados implementaram uma longa resistência às violências perpetradas pelo invasor europeu – resistência voltada agora para a conquista da independência nacional. Nesse contexto, nenhuma experiência talvez seja capaz de superar em vilania aquela vivenciada na África do Sul. Em 1948, uma minoria branca de origem holandesa impôs à grande maioria negra um cruel regime baseado no racismo e na separação absoluta de forma a isolá-la e subjugá-la: a política segregacionista conhecida pelo nome *apartheid*. Abolido apenas em 1994 o *apartheid* enfrentou desde seu nascimento a resistência do Congresso Nacional Africano, organização que teve como uma das suas principais lideranças o homem que, condenado à prisão perpétua em

---

[8] Discurso de Martin Luther King, realizado em 28 de agos. 1963. Disponível em: <http://www.dhnet.org.br/desejos/sonhos/ihavedreamr.htm>. Acesso em: 11 de nov. 2019.

1964 no julgamento de Rivônia, passaria quase trinta anos encarcerado, sendo solto apenas em 1990, quatro anos antes da sua eleição para a presidência da República da África do Sul, em 1994: Nelson Mandela (1918-2013).

> A falta de dignidade humana experimentada pelos africanos é o resultado direto da política de supremacia branca. Supremacia branca implica inferioridade negra. A legislação elaborada para defender a supremacia branca reforça essa noção. Tarefas subalternas na África do Sul são invariavelmente executadas pelos africanos. Quando alguma coisa precisa ser carregada ou limpa, o homem branco irá olhar em torno, procurando um africano que faça isso por ele, seja o africano empregado seu ou não. Por causa desse tipo de atitude, os brancos têm a tendência de encarar os africanos como seres diferentes. Eles não os encaram como gente que tem a sua própria família; eles não percebem que eles têm emoção – que se apaixonam da mesma forma que os brancos o fazem; que querem ficar com suas mulheres e filhos como os brancos querem ficar com os deles; que querem ganhar dinheiro suficiente para sustentar suas famílias adequadamente, alimentá-las e vesti-las e mandá-las para a escola. Para os brancos, jardineiro ou operário não podem sequer sonhar em fazer isso.
> As leis de passe, que para os africanos são a parte mais odiosa da legislação da África do Sul, tornam qualquer sul-africano passível de sofrer vigilância policial a qualquer momento. Duvido que haja um único africano do sexo masculino na África do Sul que não tenha, em algum momento, sido perturbado pela polícia por causa de passe. Centenas de milhares de africanos são atirados nas prisões anualmente, por causa das leis de passe. Pior ainda; as leis de passe mantêm marido e mulher separados e levam a vida familiar à destruição.
> A pobreza e a destruição da vida familiar têm seus efeitos colaterais. As crianças perambulam pelas ruas das cidades porque não há escolas que possam frequentar, ou porque não têm dinheiro para chegar até elas, ou não têm pais em suas casas para mandá-las para a escola, porque os pais (se houver dois) têm que trabalhar para manter a família viva. Isso leva à degradação dos padrões morais e a um crescimento alarmante da marginalidade e da violência, que explode não só politicamente, mas em todos os campos. A vida na cidade é perigosa. Não há um só dia em que alguém não seja esfaqueado ou assaltado. E a violência é transportada dos bairros negros para as áreas brancas. As pessoas têm medo de andar sozinhas nas ruas depois que escurece. Os assaltos a residências e roubos estão crescendo, apesar de a pena de morte ter sido imposta recentemente para estes crimes. A pena de morte não pode curar a ferida infeccionada.

Os africanos querem ganhar um salário decente. Os africanos querem fazer o trabalho de que são capazes, e não o trabalho que o governo diz que podem fazer. Os africanos querem poder viver onde conseguem emprego, e não ser expulsos de uma área, só porque não nasceram ali. Os africanos querem permissão para possuir terra em seus locais de trabalho, em vez de serem obrigados a viver em casas alugadas, que nunca poderão chamar de suas. Os africanos querem ser integrados ao conjunto da população, e não ficarem confinados em seus próprios guetos. Os homens africanos querem que suas mulheres e crianças possam viver com eles nos lugares onde trabalham, em vez de serem forçados a uma vida artificial em hospedarias masculinas. As mulheres africanas querem ficar com seus companheiros, em vez de serem eternas viúvas nas reservas. Os africanos querem poder sair de casa depois das onze da noite, em vez de ficarem confinados a seus quartos como se fossem criancinhas. Os africanos querem poder viajar por seu próprio país, e procurar trabalho onde bem entenderem, e não onde o Departamento de trabalho indicar. Os africanos querem a parte que lhes cabe da África do Sul, eles querem segurança e uma posição na sociedade.

Acima de tudo, queremos direitos políticos iguais, porque sem eles nossas deficiências serão eternas. Sei que isso soa como algo revolucionário para os brancos deste país, porque a maioria dos votantes será africana. Isso faz com que o homem branco tema a democracia.

Mas esse medo não pode barrar o caminho da única solução que vai garantir a harmonia racial e a liberdade para todos. Não é verdade que o direito de voto para todos irá resultar na dominação racial. A divisão política, baseada na cor, é inteiramente artificial e, quando desaparecer, também desaparecerá a dominação de um grupo por outro. O Congresso Nacional Africano passou meio século lutando contra o racismo. Quando triunfar, não irá mudar a sua postura.

É por tudo isso que o Congresso Nacional Africano está lutando. Sua luta é verdadeiramente nacional. É uma luta pelo povo africano, inspirada por seu próprio sofrimento e sua própria experiência. É uma luta pelo direito de viver.

Toda a minha vida foi dedicada à luta do povo africano. Lutei contra a dominação branca e contra a dominação negra. Escolhi o ideal de uma sociedade democrática e livre, na qual todas as pessoas possam viver juntas em harmonia, com oportunidades iguais. É um ideal pelo qual espero viver e atingir um dia. Mas, se for necessário, é um ideal pelo qual estou disposto a morrer.[9]

---

[9] MANDELA, Nelson. *A luta é minha vida*. Rio de Janeiro: Globo, 1988, p. 253-5.

9. A ORDEM DO DISCURSO – MICHEL FOUCAULT (1970)

Para alguns pensadores, a passagem dos anos 1960 para os 1970 teria assinalado o surgimento de uma nova era na história da humanidade, uma realidade histórica caracterizada por elementos originais em relação à modernidade até então existente: a pós-modernidade. Se pudéssemos indicar um ano, um autor e uma temática presentes nas origens dessa pós-modernidade, estes seriam, respectivamente, 1968, Michel Foucault (1926-1984) e a emersão da subjetividade de agrupamentos sociais reprimidos durante toda a modernidade – grupos esses que, como consequência dessa repressão, tiveram sua condição de cidadãos sistematicamente negada, tendo sido excluídos do processo de universalização dos direitos humanos. A obra do filósofo francês que se tornou célebre pela revelação dos mecanismos de controle presentes na sociedade disciplinar contribuiu significativamente para o desvelamento das formas pelas quais os discursos de loucos, prisioneiros, homossexuais, entre outros grupos, eram interditados por um discurso racional-científico, fundado em uma vontade de poder e imposto como o único capaz de acessar a verdade. Assim, uma grande contribuição era dada teoricamente para a emergência de minorias alijadas do processo civilizacional moderno e o reconhecimento dos seus direitos.

> Eis a hipótese que gostaria de apresentar esta noite, para fixar o lugar – ou talvez o teatro muito provisório – do trabalho que faço: suponho que em toda sociedade a produção do discurso é ao mesmo tempo controlada, selecionada, organizada e redistribuída por certo número de procedimentos que têm por função conjurar seus poderes e perigos, dominar seu acontecimento aleatório, esquivar sua pesada e temível materialidade.
> Em uma sociedade como a nossa, conhecemos, é certo, procedimentos de *exclusão*. O mais evidente, o mais familiar também, é a *interdição*. Sabe-se bem que não se pode falar de tudo em qualquer circunstância, que qualquer um, enfim, não pode falar de qualquer coisa. Tabu do objeto, ritual da circunstância, direito privilegiado ou exclusivo do sujeito que fala: temos aí o jogo de três tipos de interdição que se "cruzam, se reforçam ou se compensam, formando uma grade complexa que não cessa de se modificar. Notaria apenas que, em nossos dias, as regiões onde a grade é mais cerrada, onde os buracos negros se multiplicam, são as regiões da sexualidade e as

da política: como se o discurso, longe de ser esse elemento transparente ou neutro no qual a sexualidade se desarma e a política se pacifica, fosse um dos lugares onde elas exercem, de modo privilegiado, alguns de seus mais temíveis poderes. Por mais que o discurso seja aparentemente bem pouca coisa, as interdições que o atingem revelam logo, rapidamente, sua ligação com o desejo e o poder. Nisto não há nada de espantoso, visto que o discurso – como a psicanálise nos mostrou – não é simplesmente aquilo que manifesta (ou oculta) o desejo; é, também, aquilo que é o objeto do desejo; e visto que – isto a história não cessa de nos ensinar – o discurso não é simplesmente aquilo que traduz as lutas ou os sistemas de dominação, mas aquilo por que, pelo que se luta, o poder do qual nos queremos apoderar.

Existe em nossa sociedade outro princípio de exclusão: não mais a interdição, mas uma separação e uma rejeição. Penso na oposição razão e loucura. Desde a alta Idade Média, o louco é aquele cujo discurso não pode circular como o dos outros: pode ocorrer que sua palavra seja considerada nula e não seja acolhida, não tendo verdade nem importância, não podendo testemunhar na justiça, não podendo autenticar um ato ou contrato, não podendo nem mesmo, no sacrifício da missa, permitir a transubstanciação e fazer do pão um corpo; pode ocorrer também, em contrapartida, que se lhe atribua, por oposição a todas as outras, estranhos poderes, o de dizer uma verdade escondida, o de pronunciar o futuro, o de enxergar com toda ingenuidade aquilo que a sabedoria dos outros não pode perceber. É curioso constatar que durante séculos na Europa a palavra do louco não era ouvida, ou então, se era ouvida, era escutada como uma palavra de verdade. Ou caía no nada – rejeitada tão logo proferida; ou então nela se decifrava uma razão ingênua ou astuciosa, uma razão mais razoável do que a das pessoas razoáveis. De qualquer modo, excluída ou secretamente investida pela razão, no sentido restrito, ela não existia. Era através de suas palavras que se reconhecia a loucura do louco; elas eram o lugar onde se exercia a separação; mas não eram nunca recolhidas nem escutadas. Jamais, antes do fim do século XVIII, um médico teve a ideia de saber o que era dito (como era dito, por que era dito) nessa palavra que, contudo, fazia a diferença. Todo este imenso discurso do louco retornava ao ruído; a palavra só lhe era dada simbolicamente, no teatro onde ele se apresentava, desarmado e reconciliado, visto que representava aí o papel de verdade mascarada.

Dir-se-á que, hoje, tudo isso acabou ou está em vias de desaparecer; que a palavra do louco não está mais do outro lado da separação; que ela não é mais nula e não aceita; que, ao contrário, ela nos leva à espreita; que nós aí buscamos um sentido, ou o esboço ou as ruínas de uma obra; e que chegamos a surpreendê-la, essa palavra do louco, naquilo que nós mesmos articulamos, no distúrbio minúsculo por onde aquilo que dizemos nos escapa. Mas tanta atenção não prova que a velha separação não voga mais; basta pensar em todo aparato de saber mediante o qual deciframos essa palavra; basta pensar em toda rede de instituições que permite a alguém – médico, psicanalista – escutar essa palavra e que permite ao mesmo tempo ao paciente vir trazer, ou desesperadamente reter, suas pobres palavras; basta pensar em tudo isto para supor que a separação, longe de estar apagada, se exerce de outro modo, segundo linhas distintas, por meio de novas instituições e com efeitos que não são de modo algum os mesmos. E mesmo que o papel do médico não fosse senão prestar ouvido a uma palavra enfim livre, é sempre na manutenção da cesura que a escuta se exerce. Escuta de um discurso que é investido pelo desejo, e que se crê – para sua maior exaltação ou maior angústia – carregado de terríveis poderes. Se é necessário o silêncio da razão para curar os monstros, basta que o silêncio esteja alerta, e eis que a separação permanece.

Talvez seja arriscado considerar a oposição do verdadeiro e do falso como um terceiro sistema de exclusão, ao lado daqueles de que acabo de falar. Como se poderia razoavelmente comparar a força da verdade com separações como aquelas, separações que, de saída, são arbitrárias, ou que, ao menos, se organizam em torno de contingências históricas; que não são apenas modificáveis, mas estão em perpétuo deslocamento; que são sustentadas por todo um sistema de instituições que as impõem e reconduzem; enfim, que não se exercem sem pressão, nem sem ao menos uma parte de violência.

[...]

Enfim, creio que essa vontade de verdade assim apoiada sobre um suporte e uma distribuição institucional tende a exercer sobre os outros discursos – estou sempre falando de nossa sociedade – uma espécie de pressão e como que um poder de coerção. Penso na maneira como a literatura ocidental teve de buscar apoio, durante séculos, no natural, no verossímil, na sinceridade, na ciência também – em suma, no discurso verdadeiro. Penso igualmente, na maneira como as práticas econômicas, codificadas como preceitos ou receitas, eventualmente como moral, procuraram, desde o século XVI, fundamentar-se, racionalizar-se e justificar-se a partir de uma teoria das riquezas e da produção; penso ainda na maneira como um conjunto tão prescritivo quanto o sistema penal procurou seus suportes ou sua justificação, primeiro, é certo, em uma teoria do direito, depois, a partir do século XIX, em um saber sociológico, psicológico, médico, psiquiátrico: como se a própria palavra da lei não pudesse mais ser autorizada, em nossa sociedade, senão por um discurso de verdade.

Dos três grandes sistemas de exclusão que atingem o discurso, a palavra proibida, a segregação da loucura e a vontade de verdade, foi do terceiro que falei mais longamente. É que, há séculos, os primeiros não cessaram de orientar-se em sua direção; é que, cada vez mais, o terceiro procura retomá-los, por sua própria conta, para, ao mesmo tempo, modificá-los e fundamentá-los; é que, se os dois primeiros não cessam de se tornar mais frágeis, mais incertos na medida em que são agora atravessados pela vontade de verdade, esta, em contrapartida, não cessa de se reforçar, de se tornar mais profunda e mais incontornável.

E, contudo, é dela sem dúvida que menos se fala. Como se para nós a vontade de verdade e suas peripécias fossem mascaradas pela própria verdade em seu desenrolar necessário. E a razão disso é, talvez, esta: é que se o discurso verdadeiro não é mais, com efeito, desde os gregos, aquele que responde ao desejo ou aquele que exerce o poder, na vontade de verdade, na vontade de dizer esse discurso verdadeiro, o que está em jogo, senão o desejo e o poder? O discurso verdadeiro, que a necessidade de sua forma liberta do desejo e libera do poder, não pode reconhecer a vontade de verdade, essa que se impõe a nós há bastante tempo, é tal que a verdade que ela quer não pode deixar de mascará-la.

Assim, só aparece aos nossos olhos uma verdade que seria riqueza, fecundidade, força doce e insidiosamente universal. E ignoramos, em contrapartida, a vontade de verdade, como prodigiosa maquinaria destinada a excluir todos aqueles que, ponto por ponto, em nossa história, procuraram contornar essa vontade de verdade e recolocá-la em questão contra a verdade, lá justamente onde a verdade assume a tarefa de justificar a interdição e definir a loucura; todos aqueles, de Nietzsche a Artaud e a Bataille, devem agora nos servir de sinais, ativos sem dúvida, para o trabalho de todo dia.[10]

10. DEMOCRACIA, VALOR UNIVERSAL – ENRICO BERLINGUER (1977)

Uma década antes de Mikhail Gorbatchev apresentar as propostas de liberalização do regime soviético nos campos econômico (a *perestroika*) e ideológico (a *glasnost*), um dirigente comunista lançou o desafio da necessidade urgente da alteração dos rumos seguidos até então pelas sociedades socialistas, os chamados países do "socialismo real". Um desafio centrado na ideia de que o socialismo deveria ser construído no mais profundo respeito pelas liberdades democráticas, individual e coletivamente. Herdeiro das melhores tradições do comunismo italiano de Antonio Gramsci e Palmiro Togliatti, Enrico Berlinguer (1922-1984) engajou-se, do início dos anos 1970 até a sua morte em 1984, na defesa de um projeto de socialismo entendido como o ápice das conquistas democráticas nas esferas socioeconômica e político-ideológica, um

---

[10] FOUCAULT, Michel. *A ordem do discurso*. São Paulo: Loyola, 1996, p. 8-21.

projeto capaz de recuperar a liberdade perdida no decorrer das experiências revolucionárias socialistas do século XX. Um momento marcante da luta do então secretário-geral do Partido Comunista Italiano (PCI) deu-se em 1977, em Moscou, durante as comemorações dos sessenta anos da Revolução Russa, quando, diante de centenas de dirigentes comunistas da URSS e de todas as partes do mundo, Berlinguer fala da necessidade de pensar a "democracia como um valor universal".

Caros camaradas, dirijo a todos vocês a saudação fraterna do PCI. Com legítima altivez – como disse o camarada Brezhnev –, os comunistas e povos da União Soviética festejam os sessenta anos da vitória da Revolução Socialista de Outubro, anos de um caminho tormentoso e difícil, mas rico de conquistas no desenvolvimento econômico planificado, na justiça social e na elevação cultural; um caminho no qual sobressai a vossa contribuição determinante, com o sacrifício de milhões e milhões de vidas humanas, para a vitória sobre a barbárie nazifascista, e o vosso constante trabalho para defender a paz mundial.

Com a Revolução Socialista de 1917 cumpre-se uma virada radical na história; e assim a sentem ainda hoje os trabalhadores de todos os continentes. A vitória do partido de Lenin foi de alcance verdadeiramente universal porque rompe a prisão do domínio, até então mundial, do capitalismo e do imperialismo, e porque, pela primeira vez, pôs na base da construção de uma sociedade nova o princípio da igualdade entre todos os homens.

Através da brecha aberta aqui há 60 anos, tomaram vida os partidos comunistas e, sucessivamente, em consequência da mutação nas relações de força em escala mundial realizada com a derrota do nazismo, em outros países se pôde empreender a passagem do capitalismo a relações sociais e de produção socialistas enquanto em continentes inteiros afirmaram-se movimentos que fizeram ruir os velhos impérios coloniais e, nos países capitalistas, cresceram as ideias do socialismo e a influência do movimento operário.

O complexo de forças revolucionárias e do progresso – partidos, movimentos, povos, Estados – tem em comum a aspiração a uma sociedade superior àquela capitalista, à paz, a uma ordem internacional fundada sobre a justiça: aqui está a razão indestrutível daquela solidariedade internacionalista que deve ser continuamente procurada.

Mas é claro também que o sucesso da luta de todas estas forças variadas e complexas exige que cada uma siga vias correspondentes à peculiaridade e condições concretas de cada país, mesmo quando se trata de preparar e levar a cabo a edificação de sociedades socialistas: a uniformidade é danosa da mesma forma que o isolamento.

No que diz respeito às relações entre os partidos comunistas e operários, sendo pacífico que não podem existir entre eles partidos que guiam e partidos que são guiados, o desenvolvimento da sua solidariedade requer o livre confronto de opiniões diferentes, a estreita observância da autonomia de cada partido e da não ingerência nos assuntos internos.

O Partido Comunista Italiano também surgiu sob o impulso da revolução dos Sovietes. Ele cresceu depois, sobretudo porque conseguiu fazer da classe operária, antes e durante a Resistência, a protagonista da luta pela reconquista da liberdade contra a tirania fascista e, no curso dos últimos 30 anos, pela salvaguarda e o desenvolvimento mais amplo da democracia.

A experiência realizada nos levou à conclusão – assim como aconteceu com outros partidos comunistas da Europa capitalista – de que a democracia é, hoje, não apenas o terreno sobre o qual o adversário de classe é forçado a retroceder, mas também o valor historicamente universal sobre o qual deve-se fundar uma original sociedade socialista.

Eis por que a nossa luta unitária – que procura constantemente o entendimento com outras forças de inspiração socialista e cristã na Itália e na Europa ocidental – é conduzida a realizar uma sociedade nova, socialista, que garanta todas as liberdades pessoais e coletivas, civis e religiosas, o caráter não ideológico do Estado, a possibilidade da existência de diversos partidos, o pluralismo na vida social, cultural e ideal.

Camaradas, grandes são os deveres a que vocês foram chamados pelas próprias e elevadas metas alcançadas no desenvolvimento do vosso país, e elevada é a função que lhes destina a delicada fase internacional na luta pela paz, pela distensão, pela cooperação entre os povos.

Grande é o caminho que ainda temos a percorrer. Todavia, nós, comunistas italianos, estamos certos de que, desenvolvendo segundo os deveres e os modos que a cada um são próprios os resultados da Revolução de Outubro, os partidos comunistas e operários, os movimentos de libertação, as forças progressistas de cada país conseguirão determinar – na consequente universalização da democracia, da liberdade e da emancipação do trabalho – a superação em escala mundial da velha ordem capitalista e, então, assegurar um futuro mais calmo e feliz para todos os povos.

Agradecemos-lhes, caros camaradas, pelo seu convite a estas solenes celebrações da Revolução de Outubro, e acolham os calorosos votos que os comunistas italianos transmitem aos comunistas, aos trabalhadores, aos povos da União Soviética pelo sucesso da causa da paz e do socialismo.[11]

---

[11] BERLINGUER, Enrico. *Attualità e futuro*. Roma: L'Unità, 1989, p. 28-30 (Tradução do texto em italiano feita pelo autor.)

11. DECLARAÇÃO DO RIO SOBRE MEIO AMBIENTE E DESENVOLVIMENTO (1992)

Passados cerca de dois séculos da eclosão da Revolução Industrial na Inglaterra, na segunda metade do século XVIII, a humanidade começou a se dar conta dos limites do desenvolvimento no que diz respeito à natureza. Então, nos idos da década de 1960, deu-se início à reflexão em torno dos riscos irreversíveis de degradação do meio ambiente. Dos debates travados na época, foi-se formando um consenso em torno da ideia de que o desenvolvimento deveria ocorrer em harmonia com as limitações ecológicas do planeta, isto é, fazia-se necessária a busca da conciliação entre desenvolvimento econômico e preservação ambiental, construindo-se um modelo de crescimento que não resultasse em destruição – um modelo de "desenvolvimento sustentável". Um decisivo passo em direção à afirmação universal desse novo modelo de desenvolvimento foi dado em junho de 1992 na cidade do Rio de Janeiro, durante a Conferência das Nações Unidas sobre Meio Ambiente e Desenvolvimento Humano – a chamada ECO-92. Vinte anos após o reconhecimento, na Conferência de Estocolmo, do direito ao meio ambiente equilibrado e sadio como um direito humano, foi lançada na ECO-92 uma agenda voltada para a promoção de um novo padrão de desenvolvimento no século XXI, conciliando proteção ambiental, justiça social e eficiência econômica.

> A Conferência das Nações Unidas sobre Meio Ambiente e Desenvolvimento, tendo se reunido no Rio de Janeiro, de 3 a 14 de junho de 1992, reafirmando a Declaração da Conferência das Nações Unidas sobre o Meio Ambiente Humano, adotada em Estocolmo em 16 de junho de 1972, e buscando avançar a partir dela, com o objetivo de estabelecer uma nova e justa parceria global mediante a criação de novos níveis de cooperação entre os Estados, os setores-chave da sociedade e os indivíduos, trabalhando com vistas à conclusão de acordos internacionais que respeitem os interesses de todos e protejam a integridade do sistema global de meio ambiente e desenvolvimento, reconhecendo a natureza integral e interdependente da Terra, nosso lar, proclama que:

Princípio 1
Os seres humanos estão no centro das preocupações com o desenvolvimento sustentável. Têm direito a uma vida saudável e produtiva, em harmonia com a natureza.

Princípio 2
Os Estados, em conformidade com a Carta das Nações Unidas e com os princípios de Direito Internacional, têm o direito soberano de explorar seus próprios recursos segundo suas próprias políticas de meio ambiente e desenvolvimento e a responsabilidade de assegurar que atividades sob sua jurisdição ou controle não causem danos ao meio ambiente de outros Estados ou de áreas além dos limites da jurisdição nacional.

Princípio 3
O direito ao desenvolvimento deve ser exercido, de modo a permitir que sejam atendidas equitativamente as necessidades de gerações presentes e futuras.

Princípio 4
Para alcançar o desenvolvimento sustentável, a proteção ambiental deve constituir parte integrante do processo de desenvolvimento, e não pode ser considerada isoladamente deste.

Princípio 5
Todos os estados e todos os indivíduos, como requisito indispensável para o desenvolvimento sustentável, devem cooperar na tarefa essencial de erradicar a pobreza, de forma a reduzir as disparidades nos padrões de vida e melhor atender às necessidades da maioria da população do mundo.

Princípio 6
A situação e necessidades especiais dos países em desenvolvimento relativo e daqueles ambientalmente mais vulneráveis devem receber prioridade especial. Ações internacionais no campo do meio ambiente e do desenvolvimento devem também atender aos interesses e às necessidades de todos os países.

Princípio 7
Os Estados devem cooperar, em um espírito de parceria global, para a conservação, proteção e restauração da saúde e da integridade do ecossistema terrestre. Considerando as distintas contribuições para a degradação ambiental global, os Estados têm responsabilidades comuns, porém diferenciadas. Os países desenvolvidos reconhecem a responsabilidade que

têm na busca internacional do desenvolvimento sustentável, em vista das pressões exercidas por suas sociedades sobre o meio ambiente global e das tecnologias e recursos financeiros que controlam.

Princípio 8
Para atingir o desenvolvimento sustentável e a mais alta qualidade de vida para todos, os Estados devem reduzir e eliminar padrões insustentáveis de produção e promover políticas demográficas adequadas.

Princípio 9
Os Estados devem cooperar com vistas ao fortalecimento da capacitação endógena para o desenvolvimento sustentável, pelo aprimoramento da compreensão científica por meio do intercâmbio de conhecimento científico e tecnológico, e pela intensificação do desenvolvimento, adaptação, difusão e transferência de tecnologias, inclusive tecnologias novas e inovadoras.

Princípio 10
A melhor maneira de tratar questões ambientais é assegurar a participação, no nível apropriado, de todos os cidadãos interessados. No nível nacional, cada indivíduo deve ter acesso adequado a informações relativas ao meio de que disponham as autoridades públicas, inclusive informações sobre materiais e atividades perigosas em suas comunidades, bem como a oportunidade de participar em processos de tomada de decisões. Os Estados devem facilitar e estimular a conscientização e a participação pública, colocando a informação à disposição de todos. Deve ser propiciado acesso efetivo a mecanismos judiciais e administrativos, inclusive no que diz respeito à compensação e reparação de danos.

Princípio 11
Os Estados devem adotar legislação ambiental eficaz. Padrões ambientais e objetivos e prioridades em matéria de ordenação do meio ambiente devem refletir o contexto ambiental e de desenvolvimento a que se aplicam. Padrões utilizados por alguns países podem resultar inadequados para outros, em especial países em desenvolvimento, acarretando custos sociais e econômicos injustificados.

Princípio 12
Os Estados devem cooperar para o estabelecimento de um sistema econômico internacional aberto e favorável, propício ao crescimento econômico e ao desenvolvimento sustentável em todos os países, de modo a possibilitar o tratamento mais adequado dos problemas da degradação ambiental. Medidas de política comercial para propósitos

ambientais não devem constituir-se em meios para a imposição de discriminações arbitrárias ou injustificáveis ou em barreiras disfarçadas ao comércio internacional. Devem ser evitadas ações unilaterais para o tratamento de questões ambientais fora da jurisdição do país importador. Medidas destinadas a tratar de problemas ambientais transfronteiriços ou globais devem, na medida do possível, basear-se em um consenso internacional.

Princípio 13

Os Estados devem desenvolver legislação nacional relativa à responsabilidade e indenização das vítimas de poluição e outros danos ambientais. Os Estados devem ainda cooperar de forma expedita e determinada para o desenvolvimento de normas de direito ambiental internacional relativas à responsabilidade e indenização por efeitos adversos de danos ambientais causados, em áreas fora de sua jurisdição, por atividades dentro de sua jurisdição ou sob seu controle.

Princípio 14

Os Estados devem cooperar de modo efetivo para desestimular ou prevenir a realocação ou transferência para outros Estados de quaisquer atividades ou substâncias que causem degradação ambiental grave ou que sejam prejudiciais à saúde humana.

Princípio 15

De modo a proteger o meio ambiente, o princípio da precaução deve ser amplamente observado pelos Estados, de acordo com suas capacidades. Quando houver ameaça de danos sérios ou irreversíveis, a ausência de absoluta certeza científica não deve ser utilizada como razão para postergar medidas eficazes e economicamente viáveis para prevenir a degradação ambiental.

Princípio 16

Tendo em vista que o poluidor deve, em princípio, arcar com o custo decorrente da poluição, as autoridades nacionais devem promover a internacionalização dos custos ambientais e o uso de instrumentos econômicos, levando na devida conta o interesse público, sem distorcer o comércio e os investimentos internacionais.

Princípio 17

A avaliação de impacto ambiental, como instrumento nacional, deve ser empreendida para as atividades planejadas que possam vir a ter impacto negativo considerável sobre o meio ambiente, e que dependam de uma decisão de autoridade nacional competente.

Princípio 18
Os Estados devem notificar imediatamente outros Estados de quaisquer desastres naturais ou outras emergências que possam gerar efeitos nocivos súbitos sobre o meio ambiente destes últimos. Todos os esforços devem ser empreendidos pela comunidade internacional para auxiliar os Estados afetados.

Princípio 19
Os Estados devem prover, oportunamente, a Estados que possam ser afetados, notificação prévia e informações relevantes sobre atividades potencialmente causadoras de considerável impacto transfronteiriço negativo sobre o meio ambiente, e devem consultar-se com estes tão logo quanto possível e de boa-fé.

Princípio 20
As mulheres desempenham papel fundamental na gestão do meio ambiente e no desenvolvimento. Sua participação plena é, portanto, essencial para a promoção do desenvolvimento sustentável.

Princípio 21
A criatividade, os ideais e a coragem dos jovens do mundo devem ser mobilizados para forjar uma parceria global com vistas a alcançar o desenvolvimento sustentável e assegurar um futuro melhor para todos.

Princípio 22
As populações indígenas e suas comunidades, bem como outras comunidades locais, têm papel fundamental na gestão do meio ambiente e no desenvolvimento, em virtude de seus conhecimentos e práticas tradicionais. Os Estados devem reconhecer e apoiar de forma apropriada a identidade, cultura e interesses dessas populações e comunidades, bem como habilitá-las a participar efetivamente da promoção do desenvolvimento sustentável.

Princípio 23
O meio ambiente e os recursos naturais dos povos submetidos à opressão, dominação e ocupação devem ser protegidos.

Princípio 24
A guerra é, por definição, contrária ao desenvolvimento sustentável. Os Estados devem, por conseguinte, respeitar o direito internacional aplicável à proteção do meio ambiente em tempos de conflito armado, e cooperar para seu desenvolvimento progressivo, quando necessário.

Princípio 25
A paz, o desenvolvimento e a proteção ambiental são interdependentes e indivisíveis.

Princípio 26
Os Estados devem solucionar todas as suas controvérsias ambientais de forma pacífica, utilizando meios apropriados, em conformidade com a Carta das Nações Unidas.

Princípio 27
Os Estados e os povos devem cooperar de boa-fé e imbuídos de um espírito de parceria para a realização dos princípios consubstanciados nesta Declaração, e para o desenvolvimento progressivo do direito internacional no campo do desenvolvimento sustentável.[12]

12. DECLARAÇÃO DA IV CONFERÊNCIA MUNDIAL SOBRE AS MULHERES (1995)

Desde o século XIX, com o desenvolvimento da sociedade capitalista, o papel das mulheres na vida social veio se transformando de maneira nunca antes vista. De forma não linear, as mulheres começaram a romper os limites impostos pela tradicional sociedade patriarcal, ocupando o espaço público até então monopolizado pelos homens. Em outras palavras, a mulher deixava de ver sua realidade como algo reservado exclusivamente ao ambiente doméstico (a casa), passando a lutar pelo direito de participar também da vida pública (a rua). Com a entrada do século XX, a luta pela emancipação feminina foi fortemente impulsionada pelas reivindicações em torno da extensão do direito de voto às mulheres. A partir da década de 1960, a luta do movimento feminista pela igualdade de condições sociais com os homens ampliou-se ainda mais, passando as mulheres a reclamar o direito de ter o poder de decisão sobre tudo aquilo que dissesse respeito ao seu corpo: era a luta pela liberdade sexual e reprodutiva. Sob pressão da opinião pública

---

[12] Declaração do Rio sobre Meio Ambiente e Desenvolvimento. Disponível em: <http://www.meioambiente.pr.gov.br/arquivos/File/agenda21/Declaracao_Rio_Meio_Ambiente_Desenvolvimento.pdf>. Acesso em: 21 de nov. 2019.

feminista, a ONU acabou reconhecendo a importância do tema e organizou quatro conferências mundiais sobre a mulher em um espaço de vinte anos. Assim, da Conferência do México, em 1975, à Conferência de Pequim, em 1995, a luta pela igualdade de gênero tornou-se de fato uma luta universal.

1. Nós, Governos participantes da Quarta Conferência Mundial sobre a Mulher,
2. Reunidos em Pequim, em setembro de 1995, ano do qüinquagésimo aniversário de fundação das Nações Unidas,
3. Determinados a fazer avançar os objetivos de igualdade, desenvolvimento e paz para todas as mulheres, em todos os lugares e no interesse de toda a humanidade,
4. Reconhecendo os anseios de todas as mulheres de todas as partes do mundo, considerando a diversidade das mulheres e de seus papéis e condições de vida, prestando homenagens às mulheres que abriram novos caminhos e inspirados pela esperança que está depositada na juventude mundial,
5. Constatamos que a situação da mulher progrediu em alguns importantes aspectos na última década mas que esse progresso tem sido irregular, pois persistem desigualdades entre homens e mulheres e continuam a existir grandes obstáculos, com sérias conseqüências para o bem-estar de todos,
6. Constatamos também que essa situação é exacerbada pela crescente pobreza que afeta a vida da maioria da população mundial, em especial a das mulheres e crianças, e tem origens tanto nacionais como internacionais,
7. Dedicar-nos-emos sem reservas a afrontar essas limitações e obstáculos e, portanto, a incrementar ainda mais o avanço e o empoderamento das mulheres em todo o mundo e concordamos em que isto exige uma ação urgente, com espírito de determinação, esperança, cooperação e solidariedade, agora e para conduzir-nos ao próximo século. Reafirmamos nosso compromisso com:
8. A igualdade de direitos e a inerente dignidade humana das mulheres e dos homens, bem como outros propósitos e princípios consagrados na Carta das Nações Unidas, na Declaração Universal dos Direitos Humanos e em outros instrumentos internacionais de direitos humanos, em especial a Convenção sobre a Eliminação de Todas as Formas de Discriminação contra a Mulher e a Convenção sobre os Direitos da Criança, bem como a Declaração sobre o Direito ao Desenvolvimento;

9. A plena implementação dos direitos humanos das mulheres e meninas, como parte inalienável, integral e indivisível de todos os direitos humanos e liberdades fundamentais;
10. A persecução dos objetivos de igualdade, desenvolvimento e paz com base no consenso e nos progressos alcançados em conferências e encontros de cúpula das Nações Unidas anteriores: sobre a mulher (celebrada em Nairóbi em 1985); sobre a Criança (Nova York, 1990); sobre Meio Ambiente e Desenvolvimento (Rio de Janeiro, 1992); sobre Direitos Humanos (Viena em 1993); sobre População e Desenvolvimento (Cairo em 1994); e sobre o Desenvolvimento Social celebrada em Copenhague em 1995;
11. A realização plena e efetiva da implementação das Estratégias Prospectivas de Nairóbi para o Avanço da Mulher;
12. O empoderamento e o avanço das mulheres, nesses incluído o direito à liberdade de consciência, religião e crença, contribuindo assim para atender às necessidades morais, éticas, espirituais e intelectuais de homens e mulheres, individual ou coletivamente, e, desse modo, lhes garantindo possibilidade de realizarem todo o seu potencial na sociedade, e a construírem suas vidas de acordo com suas próprias aspirações. Estamos convencidos de que:
13. O empoderamento da mulher e sua total participação, em base de igualdade, em todos os campos sociais, incluindo a participação no processo decisório e o acesso ao poder, são fundamentais para a realização da igualdade, do desenvolvimento e da paz;
14. Os direitos da mulher são direitos humanos;
15. A igualdade de direitos, de oportunidades e de acesso aos recursos, a divisão eqüitativa das responsabilidades familiares e a parceria harmoniosa entre mulheres e homens são fundamentais ao seu bem-estar e ao de suas famílias, bem como para a consolidação da democracia;
16. A erradicação da pobreza deve ser baseada em um crescimento econômico sustentável, no desenvolvimento social, na proteção ambiental e na justiça social, e requer a participação da mulher no processo de desenvolvimento econômico e social, oportunidades iguais e a plena participação, em condições de igualdade, de mulheres e homens, como agentes e beneficiários de um desenvolvimento sustentável orientado para o indivíduo;
17. O reconhecimento explícito e a reafirmação do direito de todas as mulheres de controlarem todos os aspectos de sua saúde em especial o de sua própria fertilidade, é essencial ao seu empoderamento;
18. A instauração da paz, nos níveis local, nacional, regional e global, é realizável e está indissoluvelmente ligada ao avanço das mulheres, que representam uma força essencial para liderança, solução de conflitos e promoção de uma paz duradoura em todos os níveis;

19. É essencial elaborar, implementar e monitorar a plena participação das mulheres em políticas e programas eficientes e eficazes de reforço mútuo com a perspectiva de gênero, inclusive políticas e programas de desenvolvimento em todos os níveis, que poderão fomentar o empoderamento e o avanço das mulheres;
20. É de grande importância, para implementação e seguimento eficazes da Plataforma de Ação, a participação e contribuição de todos os membros da sociedade civil, em especial de grupos e redes de mulheres, e outras organizações não-governamentais e organizações comunitárias de base, dentro do maior respeito à sua autonomia e em cooperação com os governos;
21. A implementação da Plataforma de Ação exige o empenho dos governos e da comunidade internacional. Ao assumir compromissos de ação em nível nacional e internacional, inclusive durante a Conferência, os governos e a comunidade internacional reconhecem a necessidade de uma ação urgente para o empoderamento e o avanço das mulheres. Estamos determinados a:
22. Intensificar os esforços e ações para cumprir, antes do término do século, as metas das Estratégias Prospectivas de Nairóbi para o Avanço da Mulher;
23. Assegurar que as mulheres e meninas gozem plenamente de todos os direitos humanos e liberdades fundamentais e tomar medidas eficazes contra as violações desses direitos e liberdades;
24. Tomar todas as medidas necessárias para a eliminação de todas as formas de discriminação contra as mulheres e meninas, e remover todos os obstáculos à igualdade de gênero e ao empoderamento e avanço da mulher;
25. Encorajar os homens a participarem plenamente de todos os atos favoráveis à igualdade;
26. Promover a independência econômica das mulheres, principalmente pelo trabalho, e eliminar a carga persistente e cada vez mais pesada que a pobreza faz recair sobre elas, enfrentando as causas estruturais da pobreza com reformas nas estruturas econômicas, de modo a assegurar a todas as mulheres, mesmo as das zonas rurais, a igualdade de acesso, como agentes vitais do desenvolvimento, aos recursos produtivos, às oportunidades e aos serviços públicos;
27. Promover um desenvolvimento sustentado voltado para o ser humano, inclusive o crescimento econômico sustentável, por meio da oferta, às mulheres e meninas, de educação básica, educação permanente, alfabetização, treinamento e cuidados primários de saúde;
28. Tomar medidas concretas para assegurar a paz e o avanço das mulheres e, reconhecendo o papel proeminente que elas desempenham no movimento pacifista, trabalhar com afinco para um desarmamento geral e

completo, sob um controle internacional efetivo e rigoroso; apoiar as negociações para concluir, sem demora, um tratado universal anti-testes nucleares, multilateral e abrangente, que seja efetivo e transparente e contribua para o desarmamento nuclear e a prevenção da proliferação das armas nucleares, sob todas as suas formas;

29. Prevenir e eliminar todas as formas de violência contra as mulheres e meninas;
30. Assegurar, em benefício dos homens e das mulheres, igualdade de acesso e de tratamento em matéria de educação e cuidados de saúde, e melhorar a saúde sexual e reprodutiva e a educação das mulheres;
31. Promover e proteger todos os direitos humanos das mulheres e meninas;
32. Intensificar esforços para que sejam assegurados o gozo de todos os direitos humanos e liberdades fundamentais às mulheres e às meninas que encontram os mais variados obstáculos ao seu empoderamento e avanço por causa de fatores como raça, idade, idioma, etnia, cultura, religião, deficiência física ou por serem indígenas;
33. Assegurar o respeito às leis internacionais, principalmente às leis humanitárias, para proteger as mulheres e, em especial, as meninas;
34. Desenvolver ao máximo o potencial das mulheres e meninas de qualquer idade, de modo a assegurar sua participação plena e igual na construção de um mundo melhor para todos, e valorizar o seu papel no processo de desenvolvimento;
35. Assegurar o acesso das mulheres, em condições de igualdade, aos recursos econômicos, incluindo terra, crédito, ciência e tecnologia, treinamento vocacional, informação, comunicação e mercados, como meio de ampliar o empoderamento e o avanço das mulheres e meninas, inclusive sua capacidade de usufruir benefícios do acesso eqüitativo a esses recursos, inter alia, por meio da cooperação internacional;
36. Garantir o sucesso da Plataforma de Ação, o que irá requerer um firme empenho da parte dos governos e das organizações e instituições internacionais, em todos os níveis. Estamos profundamente convencidos de que o desenvolvimento econômico e social e a proteção ambiental são interdependentes, se reforçam mutuamente e constituem elementos para o desenvolvimento sustentável, que é o arcabouço de nossos esforços para alcançar melhor qualidade de vida para todos. O desenvolvimento social eqüitativo que busque o melhoramento da capacidade dos pobres, em especial das mulheres que vivem na pobreza de utilizarem os recursos ambientais de forma exeqüível, é um dos pilares necessários para o desenvolvimento sustentável. Reconhecemos também a necessidade de um crescimento econômico amplo e sustentado, num contexto de desenvolvimento sustentável, para a manutenção do desenvolvimento e da justiça sociais. O sucesso da

Plataforma de Ação exigirá também uma mobilização, em nível nacional e internacional, dos recursos adequados, bem como recursos novos e adicionais para os países em desenvolvimento, da parte de todos os mecanismos de financiamento disponíveis, incluídas as fontes multilaterais, bilaterais e privadas para o avanço da mulher; exigirá também recursos financeiros para o reforço das capacidades das instituições nacionais, sub-regionais, regionais e internacionais; um empenho por iguais direitos, responsabilidades e oportunidades, e pela participação eqüitativa das mulheres e dos homens em todos os órgãos e processos políticos nacionais, regionais e internacionais; e o estabelecimento ou reforço, em todos os níveis, de mecanismos para prestação de contas às mulheres de todo o mundo;

37. Assegurar também o sucesso da Plataforma de Ação em países com economia em transição, que necessitarão de assistência e cooperação internacional permanentes;

38. Desta maneira adotamos e nos comprometemos, como governos, a implementar a Plataforma de Ação que se segue, e garantimos a inclusão de uma perspectiva de gênero em todos os nossos programas e políticas. Conclamamos o sistema das Nações Unidas, as instituições financeiras regionais e internacionais e as demais instituições regionais e internacionais pertinentes, todas as mulheres e todos os homens, bem como as organizações não-governamentais, com todo o respeito por sua autonomia, e todos os setores da sociedade civil, em cooperação com os governos, a que se comprometam integralmente a contribuir para a implementação desta Plataforma de Ação.[13]

13. ESTATUTO DO TRIBUNAL PENAL INTERNACIONAL (1998)

Em 20 de novembro de 1945, na cidade alemã de Nuremberg, dava-se início a um dos mais importantes tribunais militares internacionais da história – o chamado Tribunal de Nuremberg. Nos seus onze meses de duração, sob o patrocínio dos países vitoriosos da Segunda Guerra Mundial, 21 das principais lideranças do Partido Nazista foram julgadas por terem cometido "crimes contra a humanidade". Nesse momento, um divisor de águas foi estabelecido no campo do direito internacional e, de maneira mais ampliada, na esfera dos direitos humanos. Ou seja,

---

[13] Declaração e Plataforma de Ação da IV Conferência Mundial sobre a Mulher – Pequim, 1995. Disponível em: <http://www.onumulheres.org.br/wp-content/uploads/2014/02/declaracao_pequim.pdf>. Acesso em: 11 de nov. 2019.

um marco foi assinalado mediante a tomada de consciência de que a perseguição e o extermínio sistemáticos de agrupamentos religiosos, étnicos e nacionais representavam não apenas um ato reprovável levado a cabo contra um grupo particular, mas sim um crime praticado contra a humanidade como um todo. Além disso, a partir de Nuremberg a defesa dos direitos humanos passou a ganhar uma conotação mais universal, ultrapassando os limites das fronteiras nacionais, à medida que abriu espaço para o surgimento de cortes internacionais constituídas para o julgamento dos responsáveis por crimes infligidos contra frações da humanidade. O ápice desse movimento de caráter supranacional deu-se em 1998 com a criação do Tribunal Penal Internacional (TPI), com sede na cidade holandesa de Haia.

CRIMES CONTRA A HUMANIDADE

1. Para os efeitos do presente Estatuto, entende-se por "crime contra a humanidade" qualquer um dos atos seguintes, quando cometido no quadro de um ataque, generalizado ou sistemático, contra qualquer população civil, havendo conhecimento desse ataque:

a) Homicídio;
b) Extermínio;
c) Escravidão;
d) Deportação ou transferência forçada de uma população;
e) Prisão ou outra forma de privação de liberdade física grave, em violação das normas fundamentais de direito internacional;
f) Tortura;
g) Agressão sexual, escravatura sexual, prostituição forçada, gravidez forçada, esterilização forçada ou qualquer outra forma de violência no campo sexual de gravidade comparável;
h) Perseguição de um grupo ou coletividade que possa ser identificado, por motivos políticos, raciais, nacionais, étnicos, culturais, religiosos ou de gênero, tal como definido no parágrafo 3°, ou em função de outros critérios universalmente reconhecidos como inaceitáveis no direito internacional, relacionados com qualquer ato referido neste parágrafo ou com qualquer crime da competência do Tribunal;
i) Desaparecimento forçado de pessoas;
j) Crime ou apartheid;

k) Outros atos desumanos de caráter semelhante, que causem intencionalmente grande sofrimento, ou afetem gravemente a integridade física ou a saúde física ou mental.

2. Para efeitos do parágrafo 1º:

a) Por "ataque contra uma população civil" entende-se qualquer conduta que envolva a prática múltipla de atos referidos no parágrafo 1º contra uma população civil, de acordo com a política de um Estado ou de uma organização de praticar esses atos ou tendo em vista a prossecução dessa política;
b) O "extermínio" compreende a sujeição intencional a condições de vida, tais como a privação do acesso a alimentos ou medicamentos, com vista a causar a destruição de uma parte da população;
c) Por "escravidão" entende-se o exercício, relativamente a uma pessoa, de um poder ou de um conjunto de poderes que traduzam um direito de propriedade sobre uma pessoa, incluindo o exercício desse poder no âmbito do tráfico de pessoas, em particular mulheres e crianças;
d) Por "deportação ou transferência à força de uma população" entende-se o deslocamento forçado de pessoas, através da expulsão ou outro ato coercivo, da zona em que se encontram legalmente, sem qualquer motivo reconhecido no direito internacional;
e) Por "tortura" entende-se o ato por meio do qual uma dor ou sofrimentos agudos, físicos ou mentais, são intencionalmente causados a uma pessoa que esteja sob a custódia ou o controle do acusado; este termo não compreende a dor ou os sofrimentos resultantes unicamente de sanções legais, inerentes a essas sanções ou por elas ocasionadas;
f) Por "gravidez à força" entende-se a privação ilegal de liberdade de uma mulher que foi engravidada à força, com o propósito de alterar a composição étnica de uma população ou de cometer outras violações graves do direito internacional. Esta definição não pode, de modo algum, ser interpretada como afetando as disposições de direito interno, relativas à gravidez;
g) Por "perseguição" entende-se a privação intencional e grave de direitos fundamentais em violação do direito internacional, por motivos relacionados com a identidade do grupo ou da coletividade em causa;
h) Por "crime de apartheid" entende-se qualquer ato desumano análogo aos referidos no parágrafo 1º, praticado no contexto de um regime institucionalizado de opressão e domínio sistemático de um grupo racial sobre um ou outros grupos nacionais e com a intenção de manter esse regime;

i) Por "desaparecimento forçado de pessoas" entende-se a detenção, a prisão ou o sequestro de pessoas por um Estado ou uma organização política ou com a autorização, o apoio ou a concordância destes, seguidos de recusa a reconhecer tal estado de privação de liberdade ou a prestar qualquer informação sobre a situação ou localização dessas pessoas, com o propósito de lhes negar a proteção da lei por um prolongado período de tempo.

3. Para efeitos do presente Estatuto, entende-se que o termo "gênero" abrange os sexos masculino e feminino, dentro do contexto da sociedade, não lhe devendo ser atribuído qualquer outro significado.[14]

---

[14] COMPARATO, Fábio Konder. *A afirmação histórica dos direitos humanos*. São Paulo: Saraiva, 2003, p. 469-524.

CAPÍTULO 5

OS DIREITOS HUMANOS NO INÍCIO DO SÉCULO XXI: TEMPOS DE DEMOCRACIA EM RECESSO

A passagem do século XX ao XXI ocorre diretamente no contexto da crise terminal do "socialismo realmente existente" e, consequentemente, da afirmação da assim chamada *Pax Americana*, que assinala de fato a imposição por meios econômicos e militares da hegemonia mundial dos Estados Unidos da América. Em outras palavras, com a virada do século a geopolítica mundial passa a girar em torno de um único eixo principal: os EUA.

A partir da queda do Muro de Berlim, em 9 de novembro de 1989, da dissolução da União Soviética, em 26 de dezembro de 1991, e concomitantemente à Guerra dos Bálcãs, no decorrer dos anos 1990, que resultou na desagregação da Iugoslávia, os Estados Unidos e seus aliados ocidentais passaram a não ter mais adversários suficientemente capazes de se contrapor aos seus objetivos de expansão da globalização neoliberal – com a exceção do capitalismo de Estado da China.

Foi então que os ataques terroristas patrocinados pela Al-Qaeda de Osama Bin Laden às Torres Gêmeas do World Trade Center, em Nova York, e ao Pentágono, em Washington DC, em 11 de setembro de 2001, inauguraram uma nova fase da história mundial, com repercussões de caráter destrutivo à democracia e aos direitos humanos em termos globais. Uma nova fase caracterizada pela expansão desenfreada do discurso do medo e das preocupações sem limites com a segurança.

Depois de ter lançado uma agressiva política de "guerra às drogas" durante o governo de Ronald Reagan – utilizada como uma espécie de cortina de fumaça responsável por encobrir uma "ditadura contra os pobres" que encarcerou massivamente negros e imigrantes latinos –, o governo de George W. Bush deu início a uma igualmente agressiva "guerra ao terror". Assistiu-se, então, a uma justaposição de guerras que acabou substituindo a orfandade belicista estadunidense gerada pelo fim da "guerra contra o comunismo".

A fim de justificar a "guerra ao terror" perante a opinião pública nacional e internacional, para além do sentimento de vingança gerado pelo "espetáculo" de uma ação terrorista contra os maiores símbolos do poderio estadunidense, recorreu-se ao artifício linguístico de caracterizar as intervenções militares em países como Afeganistão e Iraque como iniciativas voltadas à garantia e proteção dos direitos humanos de populações civis ameaçadas por governos (de Saddam Hussein, no Iraque) ou milícias (Talibã, no Afeganistão) tirânicos.

Os malefícios decorrentes de tais intervenções militares foram inúmeros: da morte de milhares de civis indefesos ao incremento da xenofobia em relação a árabes e muçulmanos (que acabaram, absurdamente, tornando-se sinônimos por meio da propaganda antiterror), passando pela difusão desenfreada da prática de tortura contra prisioneiros dentro e fora do território estadunidense, como nas prisões de Guantánamo e de Abu Ghraib, em um ato explícito de violação aos direitos de prisioneiros de guerra ratificados pela Convenção de Genebra.

Enquanto isso, a comunidade internacional, incluindo a Organização das Nações Unidas, demonstrava falta de celeridade para impedir o cometimento de repetidas e gravíssimas violações aos direitos humanos em inúmeras partes do mundo – por exemplo, no Congo, em Darfur, na Chechênia, no Tibete, no Zimbábue, em Mianmar etc.. Esse comportamento fez recordar a inação da comunidade internacional diante do genocídio de Ruanda, em 1994, e da guerra do Kosovo, em 1999.

Diante disso, passou-se a conviver com novas modalidades de fanatismo que se fazem presentes até hoje sob o impulso intelectual de teses como aquelas elaboradas pelo cientista político estadunidense Samuel Huntington, de acordo com o qual seriam as identidades culturais e religiosas dos povos a determinante fonte de conflito no mundo pós-Guerra Fria, já que o liberalismo e o capitalismo teriam triunfado definitivamente diante do marxismo e do comunismo.

As repercussões dessa nova onda global de fanatismo, alimentadas pela ideia de "choque de civilizações", acabaram gerando um duplo efeito: por um lado, acarretaram um crescimento exponencial da sensação de medo e insegurança entre populações e governos dos países do mundo ocidental em relação a novos atentados terroristas (como os que efetivamente vieram a acontecer no metrô de Londres, nos trens em Madri e nas ruas de Nice e Barcelona, por exemplo).

Por outro lado, o fanatismo fez regredir uma das maiores conquistas decorrentes da ascensão da racionalidade iluminista: o sentimento de tolerância em relação ao outro. Apesar de ter sido jogada às favas em não poucos momentos da história da modernidade ocidental, a tolerância sempre serviu como um ponto de referência com vistas ao combate das ideologias e práticas sociais e estatais direcionadas ao aniquilamento da diversidade representada pelo outro.

Pois bem, em um período da história marcado pelo avanço da globalização neoliberal e das críticas daqueles que – como este que escreve as presentes linhas – defendem uma globalização democrática orientada pela socialização dos poderes, assiste-se não ao avanço da tolerância em direção a um sentimento superior de integração, mas sim ao retrocesso representado pelo crescimento da xenofobia alimentada por uma extrema direita neofascista que assola o mundo inteiro.

Nos Estados Unidos e na Europa, serve como elemento de unificação do discurso dos vários partidos e organizações de extrema direita neofascista a fobia da figura do imigrante: latino (no caso dos Estados Unidos) e africano (no caso da Europa). Porém, como a fobia em relação ao outro é um mal que se alastra tal qual uma erva daninha, não é de se espantar o sucesso atingido por movimentos como o Brexit, que defende a saída do Reino Unido da União Europeia.

Mas o fanatismo contemporâneo não se resume à intolerância ao imigrante. Na verdade, este se volta em maior grau, senão completamente, contra sujeitos sociais tradicionalmente subalternizados em uma história que continua a ser em grande parte a história da dominação burguesa, patriarcal e colonialista. A fim de se contrapor a tal história, a democracia e os direitos humanos ainda têm muito a dizer, ainda que estejam atravessando um momento de recesso.

1. DISCURSO DE RECEBIMENTO DO PRÊMIO NOBEL DA PAZ PELOS MÉDICOS SEM FRONTEIRAS – JAMES ORBINSKI (1999)

Fundada no ano de 1863 em Genebra, na Suíça, a Cruz Vermelha representou durante várias décadas um modelo de organização internacional humanitária, assumindo sempre um caráter neutro e imparcial, desvinculado de qualquer Estado. Em 1971, foi criada a Médicos sem Fronteiras (MSF), uma organização não governamental igualmente voltada à ajuda médica e humanitária a populações que atravessam situações de emergência. Porém, diferentemente da Cruz Vermelha, ela acabou criando um novo paradigma de agência humanitária à medida que se deu conta de que, no decorrer das guerras, os Estados ignoram por completo os princípios humanitários, o que torna necessário o enfrentamento de problemas de natureza política. Um exemplo claro da inflexão do posicionamento da organização Médicos sem Fronteiras em relação ao apolitismo da Cruz Vermelha pode ser percebido no discurso pronunciado por seu então presidente, James Orbinski, quando do recebimento do Prêmio Nobel da Paz, em 1999, na cidade de Oslo, na Noruega. Na ocasião, Orbinski abriu o seu discurso fazendo um apelo ao embaixador da Rússia para que levasse a Boris Yeltsin, presidente da Rússia naquela ocasião, o pedido de interrupção dos bombardeios indiscriminados do exército russo sobre o povo da Chechênia. Ao fazer isso, Orbinski explicitava o compromisso da organização em não silenciar diante das violações aos direitos humanos cometidas pelos Estados, o que revelava uma recusa da neutralidade.

>Vossas Majestades, Vossa Alteza Real, Membros do Comitê Norueguês do Nobel, Excelências, Senhoras e Senhores:
>
>O povo da Chechênia – e o povo de Grózni –, hoje e há mais de três meses, está sofrendo um bombardeio indiscriminado do exército russo. Para eles, a assistência humanitária é realmente desconhecida. São os doentes, os velhos e os enfermos que não podem escapar de Grózni. Embora a dignidade das pessoas em crise seja tão central para a honraria que vocês nos concedem hoje, o que vocês reconhecem em nós é a nossa resposta particular a ela. Apelo aqui hoje à Vossa Excelência o embaixador da Rússia e, através dele, ao presidente Yeltsin, para parar o bombardeio de civis indefesos na Chechênia. Se os conflitos e as guerras são um assunto do Estado, as violações do direito humanitário, os crimes de guerra e os crimes contra a humanidade se aplicam a todos nós.
>
>Deixe-me dizer imediatamente que aceitamos com sincera gratidão a extraordinária distinção que o Comitê Nobel deu à organização Médicos Sem Fronteiras (MSF). Mas há também um profundo desconforto em

saber que a dignidade dos excluídos é atacada diariamente. Essas são as populações esquecidas que correm perigo, como as crianças de rua que lutam a cada hora para viver do desperdício daqueles que estão "incluídos" na ordem social e econômica. Esses também são os refugiados ilegais com quem trabalhamos na Europa, negados do status político, e que têm medo de procurar assistência médica, por receio de que esse contato leve à sua expulsão.

Nossa ação é ajudar pessoas em situações de crise. E essa não é uma ação hipotética. Trazer ajuda médica para pessoas em dificuldades é uma tentativa de defendê-las do que é agressivo para elas como seres humanos. A ação humanitária é mais do que simples generosidade, simples caridade. Ela visa construir espaços de normalidade em meio ao que é anormal. Mais do que oferecer assistência material, pretendemos capacitar os indivíduos a recuperar seus direitos e dignidade como seres humanos. Como uma associação voluntária independente, estamos comprometidos em levar assistência médica direta para pessoas necessitadas. Não agimos em um vácuo e não falamos ao vento, mas sim com a intenção clara de ajudar, provocar mudanças ou revelar injustiças. Nossa ação e nossa voz são um ato de indignação, uma recusa em aceitar um ataque ativo ou passivo ao outro.

A honra que vocês nos concedem hoje poderia facilmente ser destinada a muitas outras organizações ou indivíduos dignos que lutam em sua própria sociedade. Mas vocês escolheram reconhecer a MSF. Começamos formalmente em 1971 como um grupo de médicos e jornalistas franceses que decidiram se disponibilizar para ajudar. Isso significava, às vezes, uma rejeição das práticas dos Estados que atacam diretamente a dignidade das pessoas. Há muito tempo o silêncio é confundido com a neutralidade e se apresenta como condição necessária para a ação humanitária. Desde o início, a MSF foi criada em oposição a essa suposição. Não temos certeza de que as palavras sempre salvam vidas, mas sabemos que o silêncio certamente mata. Ao longo dos nossos 28 anos, estivemos – e ainda estamos – firme e irrevogavelmente comprometidos com essa ética de recusa. Essa é a orgulhosa gênese de nossa identidade, e hoje lutamos como um movimento imperfeito, mas fortalecido por milhares de voluntários e funcionários locais e por milhões de doadores que apoiam financeira e moralmente esse projeto. Esta honra é compartilhada com todos que, de uma forma ou de outra, têm lutado e lutam todos os dias para dar vida à frágil realidade que é a MSF.

O humanitarismo ocorre onde a política fracassou ou está em crise. Agimos não para assumir uma responsabilidade política, mas principalmente para aliviar o sofrimento desumano do fracasso. As ações devem ser livres de influência política, e a política deve reconhecer sua responsabilidade de garantir que a ajuda humanitária possa existir. A ação humanitária requer uma estrutura para agir.

Em conflito, essa estrutura é o direito internacional humanitário. Ela estabelece direitos para as vítimas e organizações humanitárias e fixa a responsabilidade dos Estados de garantir o respeito a esses direitos e de sancionar suas violações como crimes de guerra. Hoje, essa estrutura é claramente disfuncional. O acesso às vítimas de conflitos é frequentemente recusado. A assistência humanitária é usada até como ferramenta de guerra pelos beligerantes. E, mais seriamente, estamos vendo a militarização da ação humanitária pela comunidade internacional.

Nessa disfunção, manifestaremo-nos para pressionar a política a assumir sua responsabilidade inescapável. O humanitarismo não é uma ferramenta feita para acabar com a guerra ou para criar a paz. É uma resposta do cidadão ao fracasso político. É um ato imediato, de curto prazo, que não pode apagar a necessidade de longo prazo da responsabilidade política.

E a nossa ética é a de recusa. Ela não permitirá que qualquer falha política ou moral ou injustiça seja higienizada ou esvaziada de seu significado. Os crimes de 1992 contra a humanidade na Bósnia-Herzegovina. O genocídio de 1994 em Ruanda. Os massacres de 1997 no Zaire. Os ataques de 1999 contra civis na Chechênia. Eles não podem ser mascarados por termos como "emergência humanitária complexa" ou "crise interna de segurança" ou por qualquer outro eufemismo, como se fossem algum evento aleatório, politicamente indeterminado. A linguagem é determinante. Enquadra o problema e define respostas, direitos e, portanto, responsabilidades. Define se uma resposta médica ou humanitária é adequada. E define se uma resposta política é inadequada. Ninguém chama um estupro de emergência ginecológica complexa. Um estupro é um estupro, assim como um genocídio é um genocídio. E ambos são um crime. Para a MSF, esse é o ato humanitário: procurar aliviar o sofrimento, buscar a restauração da autonomia, testemunhar a verdade da injustiça e insistir na responsabilidade política.

O trabalho que a MSF faz não ocorre no vácuo, mas em uma ordem social que inclui e exclui, que tanto afirma como nega, e que tanto protege como ataca. Nosso trabalho diário é uma batalha, é intensamente médico e é intensamente pessoal. A MSF não é uma instituição formal e, com alguma sorte, nunca será. É uma organização da sociedade civil, e hoje a sociedade civil tem um novo papel global, uma nova legitimidade informal que está enraizada em sua ação e em seu apoio da opinião pública. Está também enraizada na maturidade de suas intenções, por exemplo, nos direitos humanos, no movimento ambiental e no humanitário e, claro, no movimento pelo comércio equitativo. Conflito e violência não são os únicos assuntos com os quais nos preocupamos. Nós, enquanto membros da sociedade civil, manteremos nosso papel e nosso poder se permanecermos lúcidos em nossa intenção e independência.

Como sociedade civil, existimos em relação ao Estado, às suas instituições e ao seu poder. Também existimos em relação a outros atores não estatais, como o setor privado. Não cabe a nós deslocar a responsabilidade do Estado. Não cabe a nós permitir que um álibi humanitário mascare a responsabilidade do Estado de garantir justiça e segurança. E não cabe a nós sermos cogestores da miséria com o Estado. Se a sociedade civil identifica um problema, não é responsabilidade dela fornecer uma solução, mas sim esperar que os Estados traduzam isso em soluções concretas e justas. Somente o Estado tem legitimidade e poder para fazer isso. Hoje, uma injustiça crescente nos confronta. Mais de 90% de todas as mortes e sofrimentos de doenças infecciosas ocorrem no mundo em desenvolvimento. Algumas das razões pelas quais as pessoas morrem de doenças como AIDS, tuberculose, doença do sono e outras doenças tropicais são que os medicamentos essenciais que salvam vidas são muito caros, não estão disponíveis porque não são considerados financeiramente viáveis ou porque não há realmente nenhuma nova pesquisa e desenvolvimento para doenças tropicais prioritárias. Essa falha do mercado é o nosso próximo desafio. O desafio, no entanto, não é só nosso. Cabe também aos governos, às instituições governamentais internacionais, à indústria farmacêutica e a outras ONGs enfrentar essa injustiça. O que nós exigimos, como movimento da sociedade civil, é mudança, não caridade.

Afirmamos a independência da ajuda humanitária em relação à política, mas isso não significa opor as ONGs "boas" contra os governos "ruins", ou a "virtude" da sociedade civil contra o "vício" do poder político. Tal polêmica é falsa e perigosa. Assim como aconteceu com o direito à escravidão e ao bem-estar social, a história mostrou que as preocupações humanitárias nascidas na sociedade civil ganharam influência até atingir a agenda política. Mas essas convergências não devem mascarar as diferenças que existem entre a política e a ajuda humanitária. A ação humanitária ocorre no curto prazo, para grupos limitados e para objetivos limitados. Isso é, ao mesmo tempo, sua força e sua limitação. A política só pode ser concebida no longo prazo, pois é um movimento das sociedades. A ação humanitária é, por definição, universal, ou não é humanitária. A responsabilidade humanitária não tem fronteiras. Onde quer que no mundo haja angústia manifesta, a ajuda humanitária, por vocação, deve responder. Em contraste, a política conhece as fronteiras e, onde a crise ocorre, a resposta política varia, porque as relações históricas, o equilíbrio de poder e os interesses de um ou de outro devem ser considerados. O tempo e o espaço da ajuda humanitária não são os mesmos da política. Eles variam de maneiras opostas, e essa é outra maneira de localizar os princípios fundadores da ação humanitária: a recusa de todas as formas de resolução de problemas por meio do sacrifício dos fracos e vulneráveis. Nenhuma vítima pode ser intencionalmente discriminada ou negligenciada em benefício de outra. Uma vida hoje não pode ser medida pelo seu valor amanhã: e o alívio do sofrimento "aqui" não pode legitimar o abandono do alívio "lá". A limitação de meios deve, naturalmente, significar a escolha, mas o contexto e as restrições de ação não alteram os fundamentos dessa visão humanitária. É uma visão que, por definição, deve ignorar escolhas políticas.

Hoje, existe uma confusão e uma ambiguidade inerentes ao desenvolvimento das chamadas "operações humanitárias militares". Devemos reafirmar com vigor e clareza o princípio de um humanitarismo civil independente. E devemos criticar as intervenções chamadas "militar-humanitárias". A ação humanitária existe apenas para preservar a vida, não para eliminá-la. Nossas armas são a nossa transparência, a clareza de nossas intenções, tanto quanto nossos remédios e instrumentos cirúrgicos. Nossas armas não podem ser jatos e tanques de combate, mesmo que, às vezes, pensemos que seu uso possa responder a uma necessidade. Não somos iguais, não podemos ser vistos como iguais e não podemos ser feitos iguais. Concretamente, é por isso que recusamos qualquer financiamento dos Estados-membros da OTAN para o nosso trabalho no Kosovo. E é por isso que fomos críticos naquele momento e somos críticos agora do discurso humanitário da OTAN. É também por isso que, no campo, podemos trabalhar lado a lado com a presença das forças armadas, mas, certamente, não sob a sua autoridade.

O debate sobre o "Droit d'Ingerence" – o direito de intervenção estatal para os chamados fins humanitários – é mais uma prova dessa ambiguidade. Busca colocar no nível humanitário a questão política do abuso de poder e buscar uma legitimidade humanitária para uma ação de segurança por meios militares. Quando se mistura a ajuda humanitária com a necessidade de segurança pública, inevitavelmente ela é manchada pela segurança. É preciso lembrar que a Carta das Nações Unidas obriga os Estados a intervir, por vezes, pela força, para impedir as ameaças à paz e à segurança internacional. Não há necessidade – e de fato é um perigo – de usar uma justificativa humanitária para isso. Em Helsinque, neste fim de semana, os governos se sentarão para estabelecer as características de um exército europeu, mas estarão disponíveis para propósitos humanitários. Apelamos aos governos que não sigam adiante nesse caminho de ambiguidade perigosa, mas também encorajamos os Estados a buscar formas de garantir a segurança pública, de modo que a lei internacional humanitária e de direitos humanos possa ser respeitada.

A ação humanitária vem com limitações. Não pode ser um substituto para a ação política. Em Ruanda, no início do genocídio, a MSF pronunciou-se para o mundo todo exigindo que o genocídio fosse interrompido pelo uso da força. A Cruz Vermelha também. Foi, no entanto, um grito que encontrou paralisia institucional; com a anuência de interesses próprios e com a negação da responsabilidade política de impedir que um crime que nunca deveria ser incontestável. O genocídio terminou antes do lançamento da Operação Turquesa da ONU.

Eu gostaria de um momento para agradecer a presença, entre os nossos convidados, de Chantal Ndagijimana, que perdeu 40 membros de sua família no genocídio de Ruanda em 1994 e hoje faz parte de nossa equipe em Bruxelas. Ela sobreviveu ao genocídio, mas, como um milhão de outras pessoas, sua mãe, seu pai, seus irmãos e suas irmãs não o puderam. Assim como centenas de funcionários do governo. Eu era chefe de missão em Kigali nesse período. Nenhuma palavra pode descrever a absoluta coragem com a qual eles trabalharam. Nenhuma palavra pode descrever o horror no qual eles morreram. E nenhuma palavra pode descrever a mais profunda tristeza que eu e todos na MSF carregaremos para sempre.

Lembro-me do que uma paciente me disse em Kigali: "Ummera, Ummera-sha". Esse é um ditado ruandês que, livremente traduzido, significa "coragem, coragem, meu amigo, encontre e deixe viver a sua coragem". Foi-me dito em Kigali, no nosso hospital, por uma mulher que não apenas foi atacada com uma machete, mas teve todo o seu corpo racional e sistematicamente mutilado. Suas orelhas foram cortadas e seu rosto havia sido tão cuidadosamente desfigurado que um padrão nos golpes era óbvio. Centenas de mulheres, crianças e homens foram trazidos para o hospital naquele dia, tantos que tivemos que colocá-los na rua. E, em muitos casos, nós os operávamos aqui e ali, enquanto nas calhas do hospital corria literalmente sangue. Ela foi uma entre muitas a viver um sofrimento desumano e simplesmente indescritível. Naquele momento, não poderíamos fazer muito mais do que parar o sangramento com algumas suturas. Ficamos completamente impressionados e ela sabia que havia muitos outros. Ela sabia e eu sabia. Ela me libertou do meu inescapável inferno. Ela me disse com a voz mais clara que eu já ouvi: "allez, allez... ummera, ummera-sha" – "vai, vai... meu amigo; encontre e deixe viver sua coragem".

Existem limites para o humanitarismo. Nenhum médico pode parar um genocídio. Nenhuma ajuda humanitária pode interromper a limpeza étnica, assim como nenhuma ajuda humanitária pode promover a guerra. E nenhuma ajuda humanitária pode estabelecer a paz. Essas são responsabilidades políticas, não imperativos humanitários. Deixe-me dizer isto muito claramente: o ato humanitário é o mais apolítico de todos os atos, mas se as ações e sua moralidade são levadas a sério, tem as mais profundas implicações políticas. E a luta contra a impunidade é uma dessas implicações.

É exatamente isso que foi afirmado com a criação dos tribunais penais internacionais tanto para a antiga Iugoslávia como para Ruanda. É também o que foi afirmado com a adoção de estatutos para um Tribunal Penal Internacional. Esses são passos significativos. Mas hoje, no 51º aniversário da Declaração Universal dos Direitos Humanos, o tribunal ainda não existe, e os princípios só foram ratificados por três Estados no ano passado. Nesse ritmo, serão necessários 20 anos para que o tribunal atue. Devemos esperar tanto tempo? Quaisquer que sejam os custos políticos da criação de justiça para os Estados, MSF pode e testemunhará que os custos humanos da impunidade são impossíveis de suportar.

Somente Estados podem impor respeito pelo direito humanitário, e esse esforço não pode ser puramente simbólico. Srebrenica era aparentemente um refúgio seguro no qual estávamos presentes. A ONU também estava presente. Ela disse que protegeria o local. Havia "Capacetes Azuis" no terreno. E a ONU manteve-se presente em silêncio enquanto o povo de Srebrenica era massacrado.

Após as trágicas tentativas de intervenção da ONU na antiga Iugoslávia e em Ruanda, que levaram à morte de milhares de pessoas, a MSF se opõe ao princípio da intervenção militar que não estipula estruturas claras de responsabilidade e transparência. A MSF não quer que as forças militares mostrem que podem montar tendas de refugiados mais rapidamente que as ONGs. Os exércitos devem estar a serviço de governos e políticas que busquem proteger os direitos das vítimas.

Se as operações militares da ONU devem proteger as populações civis no futuro, indo além de um *mea culpa* do Secretário-Geral a respeito de Srebrenica e Ruanda, deve haver uma reforma das operações de manutenção da paz na ONU. Os Estados-Membros do Conselho de Segurança devem ser responsabilizados publicamente pelas decisões em que votam ou não. Seu direito de veto deve ser regulamentado. Os Estados-Membros devem ser obrigados a garantir a disponibilidade de meios adequados para aplicar as decisões que tomarem.

Sim, a ação humanitária tem limites. Também tem responsabilidade. Não se trata apenas de regras de conduta correta e desempenho técnico. Consiste, a princípio, em uma ética enquadrada em uma moral. A intenção moral do ato humanitário deve ser confrontada com seu resultado real. E é aqui que deve ser rejeitada qualquer forma de neutralidade moral sobre o que é bom. O resultado pode ser o uso da ajuda humanitária em 1985 para apoiar a migração forçada na Etiópia, ou seu uso, em 1996, para apoiar um regime genocida nos campos de refugiados de Goma. Às vezes, a abstenção é necessária para que a ajuda humanitária não seja usada contra uma população em crise. Recentemente, em 1995, fomos a primeira organização humanitária independente a ter acesso à Coreia do Norte. No entanto, optamos por partir no outono de 1998. Por quê? Porque chegamos à conclusão de que nossa assistência NÃO poderia ser dada livre e independentemente da influência política das autoridades estatais. Descobrimos que os mais vulneráveis provavelmente permaneceriam assim, pois a ajuda alimentar é usada para apoiar um sistema que, em primeira instância, cria vulnerabilidade e fome entre milhões. Nossa ação humanitária deve ser dada de forma independente, com liberdade para avaliar, entregar e monitorar a assistência para que os mais vulneráveis sejam assistidos primeiro. A ajuda não deve mascarar as causas do sofrimento e não pode ser simplesmente uma ferramenta de política interna ou externa que cria e não contraria o sofrimento humano. Se esse for o caso, devemos enfrentar o dilema e considerar a abstenção como a melhor das más opções. Como MSF, constantemente questionamos os limites e ambiguidades da ação humanitária – particularmente quando ela se submete em silêncio aos interesses dos Estados e das forças armadas.

Na semana passada, o Congresso dos Estados Unidos aprovou uma lei autorizando a transferência direta de alimentos para os rebeldes no sul do Sudão. Isso é uma apropriação indevida do significado e da intenção da assistência humanitária. Isso faz da comida um combustível de guerra. É uma negligência do dever de um Estado usar todos e quaisquer meios políticos para enfrentar uma guerra civil de 17 anos que deixou milhões de mortos. A guerra civil do Sudão é, hoje, uma miséria humana na qual milhões de pessoas estão deslocadas e sob risco de fome e doença; na qual as pessoas são bombardeadas, roubadas, saqueadas constantemente e até mesmo escravizadas, enquanto os interesses corporativos ligados ao petróleo são protegidos; na qual o espaço humanitário é tão severamente restrito que existe apenas nos bolsos; e na qual nós e outras ONGs e Agências da ONU lutam para trazer assistência humanitária e proteção. A comida é a única opção política para conter a guerra? A ajuda alimentar ou assistência humanitária, se é para ser "assistência humanitária", não pode ser uma ferramenta do estadismo. Nesse caso, devemos denunciar o uso pérfido de alimentos que confunde o significado da assistência humanitária. Se a política se mascarar em uma ambulância, é certo que a ambulância será acionada. Da mesma forma, se a comida pode ser utilizada como arma de guerra, também legitima que populações possam morrer de fome como uma arma de guerra.

O humanitarismo independente é uma luta diária para ajudar e proteger. Na grande maioria dos nossos projetos, ele é levado para longe dos holofotes da mídia e da atenção dos políticos poderosos. Ele é vivido mais profundamente, mais intimamente na rotina diária da guerra e da crise esquecidas. Numerosos povos da África literalmente agonizam em um continente rico em recursos naturais e cultura. Centenas de milhares de nossos contemporâneos são forçados a deixar suas terras e sua família para procurar trabalho e comida, para educar seus filhos e para permanecer vivos. Homens e mulheres arriscam suas vidas para embarcar em jornadas clandestinas e acabar em um infernal centro de detenção de imigrantes, ou mal sobrevivendo na periferia de nosso chamado mundo civilizado.

Nossos voluntários e funcionários vivem e trabalham entre pessoas cuja dignidade é violada todos os dias. Esses voluntários escolhem livremente usar sua liberdade para tornar o mundo um lugar mais suportável. Apesar dos grandes debates sobre a ordem mundial, o ato do humanitarismo se resume a uma coisa: seres humanos individuais alcançando suas contrapartes que se encontram em circunstâncias mais difíceis. Uma atadura de cada vez, uma sutura de cada vez, uma vacina de cada vez. Principalmente para os Médicos Sem Fronteiras, que trabalham em cerca de 80 países – dos quais mais de 20 estão em conflito – e podem dizer ao mundo o que viram. Tudo isso na esperança de que os ciclos de violência e destruição não continuem infinitamente.

Ao aceitarmos esta extraordinária honra, queremos agradecer novamente ao Comitê Nobel por sua afirmação do direito à assistência humanitária em todo o mundo. Pela afirmação da estrada escolhida pela MSF: permanecer sincera, apaixonada e profundamente comprometida com seus princípios centrais de voluntariado e imparcialidade e com sua crença de que toda pessoa merece tanto assistência médica quanto o reconhecimento de sua humanidade. Gostaríamos de aproveitar esta oportunidade para expressar nossa mais profunda gratidão aos voluntários e funcionários locais que fizeram desses ideais ambiciosos uma realidade concreta, que, acreditamos, trouxeram alguma paz ao mundo – que experienciou tamanho sofrimento – e que são a realidade viva da organização MSF.[1]

2. RUMO A UMA DITADURA SOBRE OS POBRES? – LOÏC WACQUANT (2001)

Discípulo do renomado sociólogo francês Pierre Bourdieu, Loïc Wacquant retrata, na "Nota aos leitores brasileiros" do seu livro *As prisões da miséria*, uma síntese da hipótese de que, com a ascensão dos governos de orientação neoliberal na passagem dos anos 1970 aos 1980, deu-se a transição do tratamento social da pobreza e da miséria para o tratamento penal dessas duas últimas. Dito de outra maneira, no neoliberalismo o crescimento do braço penal do Estado foi levado a cabo ao mesmo tempo em que seu braço social era reduzido, isto é, no lugar do Estado de bem-estar social impôs-se um Estado penal, caracterizado pela criminalização da pobreza. Forjado nos Estados Unidos de Ronald Reagan, o Estado neoliberal-penal espalhou-se pela Europa Ocidental e chegou com força nos países da periferia capitalista, que não passaram

---

[1] NOBELPRIZE.ORG. *Médecins sans Frontières – Nobel Lecture*. 1999. Disponível em: <https://www.nobelprize.org/prizes/peace/1999/msf/lecture/>. Acesso em: 22 de out. 2019. (Tradução feita por Ana Caroline Neves.)

pela experiência do *Welfare State*, como é o caso brasileiro, reproduzindo a fórmula do encarceramento em massa dos grupos sociais mais subalternizados – jovens negros do sexo masculino, habitantes de subúrbios e favelas das grandes cidades. Elemento central no processo de legitimação de tal política penal direcionada aos pobres e negros das periferias das cidades, o discurso da (in)segurança serviu como instrumento para o aumento do número de crimes passíveis de encarceramento e, também, do endurecimento das penas – tudo isso alavancado por uma nova modalidade de guerra inventada pelos Estados Unidos: a "Guerra às Drogas".

A penalidade neoliberal apresenta o seguinte paradoxo: pretende remediar com um "mais Estado" policial e penitenciário o "menos Estado" econômico e social que é a *própria causa* da escalada generalizada da insegurança objetiva e subjetiva em todos os países, tanto do Primeiro como do Segundo Mundo. Ela reafirma a onipotência do Leviatã no domínio restrito da manutenção da ordem pública – simbolizada pela luta contra a delinquência de rua – no momento em que este se afirma e verifica-se incapaz de conter a decomposição do trabalho assalariado e de refrear a hipermobilidade do capital, as quais, capturando-a como tenazes, desestabilizam a sociedade inteira. E isso não é uma simples coincidência: é justamente *porque* as elites do Estado, tendo se convertido à ideologia do mercado total vinda dos Estados Unidos, diminuem suas prerrogativas na frente econômica e social que é preciso aumentar e reforçar suas missões em matéria de "segurança", subitamente relegada à mera dimensão criminal. No entanto, e, sobretudo, a penalidade neoliberal ainda é mais sedutora e mais funesta quando aplicada em países ao mesmo tempo atingidos por fortes desigualdades de condições e de oportunidades de vida e desprovidos de tradição democrática e de instituições capazes de amortecer os choques causados pela mutação do trabalho e do indivíduo no limiar do novo século.

Isso é dizer que a alternativa entre o *tratamento social* da miséria e de seus correlatos – ancorado numa visão de longo prazo guiada pelos valores de justiça social e de solidariedade e seu *tratamento penal* – que visa às parcelas mais refratárias do subproletariado e se concentra no curto prazo dos ciclos eleitorais e dos pânicos orquestrados por uma máquina midiática fora de controle, diante da qual a Europa se vê atualmente na esteira dos Estados Unidos, coloca-se em termos particularmente cruciais nos países recentemente industrializados da América do Sul, tais como o Brasil e seus principais vizinhos, Argentina, Chile, Paraguai e Peru.

[...]
Em tais condições, desenvolver o Estado penal para responder às desordens suscitadas pela desregulamentação da economia, pela dessocialização do trabalho assalariado e pela pauperização relativa e absoluta de amplos contingentes do proletariado urbano, aumentando os meios, a amplitude e a intensidade da intervenção do aparelho policial e judiciário, equivale a (r) estabelecer uma verdadeira *ditadura sobre os pobres*. Mas quem pode dizer, uma vez reafirmada a legitimidade dessa gestão autoritarista da ordem social pelo uso sistemático da força na base da estrutura de classes, onde se deterá o perímetro de sua utilização? E como não ver que, na ausência de garantias jurídicas mínimas, as únicas que uma burocracia racional (conforme o esquema weberiano) encarregada de administrar a justiça pode oferecer, o recurso às técnicas e políticas punitivas de segurança *made in USA* é essencialmente antitético ao estabelecimento de uma sociedade pacificada e democrática, cuja base deve ser a igualdade de todos diante da lei e de seus representantes?

[...]
Em suma, a adoção das medidas norte-americanas de limpeza policial das ruas e de aprisionamento maciço dos pobres, dos inúteis e dos insubmissos à ditadura do mercado desregulamentado só irá agravar os males de que já sofre a sociedade brasileira em seu difícil caminho rumo ao estabelecimento de uma democracia que não seja de fachada, quais sejam, "a deslegitimação das instituições legais e judiciárias, a escalada da criminalidade violenta e dos abusos policiais, a criminalização dos pobres, o crescimento significativo da defesa das práticas ilegais de repressão, a obstrução generalizada ao princípio da legalidade e a distribuição desigual e não equitativa dos direitos do cidadão".

A despeito dos zeladores do Novo Éden neoliberal, a urgência, no Brasil como na maioria dos países do planeta, é lutar em todas as direções não contra os criminosos, mas contra a pobreza e a desigualdade, isto é, contra a insegurança social que, em todo lugar, impele ao crime e normatiza a economia informal de predação que alimenta a violência.

Ao trazer um esclarecimento teórico e colocar em perspectiva internacional as causas e os mecanismos da difusão da penalidade neoliberal inventada nos Estados Unidos a fim de estabelecer o novo regime do emprego desregulamentado, espero que este livro contribua para amplificar os *discursos sediciosos* sobre crime, direito e sociedade no Brasil, que se esforçam, à margem da exploração midiática e das fantasias políticas da "segurança-total" agora partilhadas pela direita e pela esquerda, por reconectar a questão criminal e a questão social, a insegurança física cujo vetor é a criminalidade de rua e a insegurança social gerada em toda parte pela dessocialização do trabalho assalariado, o recuo das proteções coletivas e a "mercantilização" das relações humanas. Pois, em última análise, o que está em jogo na escolha entre a edificação, por mais lenta e difícil que seja, de um Estado social, e a escalada, sem freios nem limites uma vez que se autoalimentam, da réplica penal é simplesmente o tipo de sociedade que o Brasil pretende construir no futuro: uma sociedade aberta e ecumênica, animada por um espírito de igualdade e de concórdia, ou um arquipélago de ilhotas de opulência e de privilégios perdidas no seio de um oceano frio de miséria, medo e desprezo pelo outro.[2]

3. COMO CURAR UM FANÁTICO? – AMÓS OZ (2004)

Renomado escritor israelense, Amós Oz proferiu um conjunto de conferências no Fórum de Literatura da Universidade de Tübingen, na Alemanha, em janeiro de 2002. No trecho que segue nas próximas páginas, extraído de uma dessas conferências, o fundador do movimento pacifista israelense Paz Agora procurou mostrar a importância da literatura como antídoto ao fanatismo à medida que injeta a imaginação nos seus leitores – imaginação indispensável no processo de reconhecimento e valorização do outro, fundamental para pensar o ser humano como uma "península", de um lado, ligado à terra firme das suas tradições e, de outro, aberto à contemplação do oceano de alteridades existentes no mundo. Nascido em Jerusalém no ano de 1939, quando esse pedaço de terra ainda se encontrava sob Mandato Britânico, Amós Oz destacou-se pela defesa da solução do conflito entre israelenses e palestinos por meio da criação de dois Estados – a chamada "solução dos dois Estados" –, separados na parte ocidental da Palestina histórica: um Estado judeu e um Estado árabe. Combatente na Guerra dos 6 dias, em junho de 1967, quando as tropas de Israel impuseram uma gigantesca derrota à coalizão de países árabes contrários à criação do Estado de Israel, Amós Oz sempre assumiu um posicionamento crítico à ideia de que o conflito palestino-israelense pudesse ser observado como uma luta entre o "bem" e o "mal", já que, assim, nunca se chegaria ao estabelecimento de um "compromisso doloroso" entre os dois povos.

---

[2] WACQUANT, Loïc. "Nota aos leitores brasileiros – Rumo a uma ditadura sobre os pobres?" in *As Prisões da Miséria*. Rio de Janeiro: Jorge Zahar, 2001, p. 7-13.

Numa pequena medida, de um modo cauteloso, creio que a imaginação talvez possa servir como uma imunidade parcial e limitada ao fanatismo. (...) Neste ponto, a literatura é sempre a resposta, porque a literatura contém um antídoto ao fanatismo ao injetar imaginação em seus leitores. (...) Então, em certa medida, algumas obras literárias podem ajudar, não todas. Acho que inventei o remédio para o fanatismo. Senso de humor é uma grande cura. Nunca vi na minha vida um fanático com senso de humor, nem vi uma pessoa com senso de humor tornar-se fanática, a menos que tenha perdido o senso de humor. Os fanáticos são, frequentemente, muito sarcásticos. Alguns deles têm um senso de sarcasmo muito mordaz, mas não têm humor. O humor inclui a capacidade de rir de nós mesmos. O humor é relativismo, é a aptidão de vermo-nos como os outros podem nos ver, é a capacidade de entender que, por mais cheios de razão que estejamos e por mais terrivelmente equivocados que estejam os outros sobre nós, há sempre um certo aspecto disso tudo que é um pouco engraçado. Quanto mais você tem razão, mais engraçado fica. E, por este motivo, você pode ser um israelense cheio de razão ou um palestino cheio de razão, ou qualquer coisa cheia de razão, mas, enquanto você tiver senso de humor, pode ficar parcialmente imune ao fanatismo.

(...) Como disse anteriormente, a capacidade de rir de nós mesmos é uma cura parcial, a capacidade de nos vermos como os outros nos veem é outro remédio. A aptidão para conviver com situações em aberto, até para gostar dessas situações, de aprender a desfrutar a diversidade, também podem ajudar. Não estou pregando um relativismo moral total. Estou tentando realçar a necessidade de imaginarmos uns aos outros. (...)

[...]

Disse, anteriormente, que o fanatismo frequentemente começa em casa. Vou concluir dizendo que o antídoto também pode ser encontrado em casa, virtualmente nas pontas de seus dedos. Nenhum homem é uma ilha, disse John Donne, nesta frase maravilhosa, mas eu humildemente ouso acrescentar isto: nenhum homem e nenhuma mulher é uma ilha, mas cada um de nós é uma península, metade ligado à terra firme, metade contemplando o oceano. Uma metade conectada à família, aos amigos, à cultura, à tradição, ao país, à nação, ao sexo, à linguagem e a muitos outros laços. A outra metade quer que a deixem só contemplando o oceano. E acho que deveria ser permitido que continuássemos sendo penínsulas. Todo sistema social e político que transforma cada um de nós numa ilha darwiniana e todo o resto da humanidade num inimigo ou rival é uma monstruosidade. Mas, ao mesmo tempo, todo sistema social, político e ideológico que quer transformar cada um de nós em apenas uma molécula da terra firme também é uma monstruosidade. A condição de península é a própria condição humana. É o que somos e o que merecemos continuar sendo. Assim, num certo sentido, em toda casa, em toda família, em toda conexão humana, o que realmente temos é uma relação entre uma série de penínsulas. Precisamos lembrar disso, antes de tentar modelar-nos, obrigar-nos uns aos outros a mudar de posição e fazer a pessoa ao lado adotar nosso modo de ser, quando ela realmente necessita contemplar o oceano por um momento. E isso é verdade em relação a grupos sociais, culturas, civilizações e nações e, sim, a israelenses e palestinos. Nenhum deles é uma ilha, assim como nenhum deles pode fundir-se completamente com o outro. Aquelas duas penínsulas deveriam estar relacionadas e, ao mesmo tempo, deixadas a sós. Sei que essa é uma mensagem estranha nestes dias de violência, raiva, vingança, fanatismo, fundamentalismo e racismo, que estão à solta no Oriente Médio e em outras partes.

No que se refere ao senso de humor, imaginar o outro, reconhecer a qualidade de península que existe em cada um de nós, pode ser, ao menos, uma defesa parcial contra o gene fanático que todos carregamos.[3]

4. CONVENÇÃO INTERNACIONAL DA ONU SOBRE A PROTEÇÃO DOS DIREITOS DE TODOS OS TRABALHADORES MIGRANTES E DOS MEMBROS DAS SUAS FAMÍLIAS (2003)

Adotada pela Resolução 45/158, de 18 de dezembro de 1990, da Assembleia Geral da ONU, a Convenção sobre a Proteção dos Direitos dos Trabalhadores Migrantes e de suas Famílias entraria em vigor apenas em 1º de julho de 2003. Se pensarmos que, já no ano de 1975, a Organização Internacional do Trabalho havia aprovado uma Convenção sobre Trabalhadores Migrantes, podemos nos dar conta da importância do problema do trabalho migrante em um mundo em processo de globalização. Na verdade, não é exagerado afirmar que o problema central – do ponto de vista da democracia e dos direitos humanos – de um mundo cada vez mais globalizado está na questão migratória. Entendida como um complexo processo de fluxos transnacionais de pessoas, mercadorias, investimentos, informações e ideias, hegemonizados pelo modo de produção capitalista em sua fase neoliberal, a globalização acabou impulsionando, a partir do fim do segundo milênio, a urgência

---

[3] OZ, Amós. "Como curar um fanático" *in Contra o Fanatismo*. Rio de Janeiro: Ediouro, 2004, p. 33-41.

do enfrentamento das sucessivas ondas migratórias de trabalhadores dos países do sul pobre para o norte rico do mundo. Na travessia da fronteira do México com os Estados Unidos ou do Mar Mediterrâneo, que separa o continente africano do europeu, a forma de enquadramento da alarmante situação de homens, mulheres e crianças que fogem da fome, de doenças e guerras como "clandestinos fora da lei" ou "cidadãos de direitos" é decisiva para os destinos do século XXI.

Preâmbulo

Os Estados Partes na presente Convenção,

Tendo em conta os princípios enunciados nos instrumentos básicos das Nações Unidas relativos aos direitos humanos, em especial a Declaração Universal dos Direitos Humanos, o Pacto Internacional sobre os Direitos Econômicos, Sociais e Culturais, o Pacto Internacional sobre os Direitos Civis e Políticos, a Convenção Internacional sobre a Eliminação de Todas as Formas de Discriminação Racial, a Convenção sobre a Eliminação de Todas as Formas de Discriminação contra as Mulheres e a Convenção sobre os Direitos da Criança;

Tendo igualmente em conta as normas e princípios estabelecidos nos instrumentos pertinentes elaborados no âmbito da Organização Internacional do Trabalho, em particular a Convenção relativa aos Trabalhadores Migrantes (n.º 97), a Convenção relativa às Migrações em Condições Abusivas e à Promoção da Igualdade de Oportunidades e de Tratamento dos Trabalhadores Migrantes (n.º 143), a Recomendação relativa à Migração para o Emprego (n.º 86), a Recomendação relativa aos Trabalhadores Migrantes (n.º 151), a Convenção sobre Trabalho Forçado ou Obrigatório (n.º 29) e a Convenção sobre a Abolição do Trabalho Forçado (n.º 105); Reafirmando a importância dos princípios enunciados na Convenção relativa à Luta contra a Discriminação no Campo do Ensino, da Organização das Nações Unidas para a Educação, a Ciência e a Cultura;

Recordando a Convenção contra a Tortura e Outras Penas ou Tratamentos Cruéis, Desumanos ou Degradantes, a Declaração do Quarto Congresso das Nações Unidas para a Prevenção do Crime e o Tratamento dos Delinquentes, o Código de Conduta para os Funcionários Responsáveis pela Aplicação da Lei, e as Convenções sobre a Escravatura;

Recordando que um dos objetivos da Organização Internacional do Trabalho, estabelecido na sua Constituição, é a proteção dos interesses dos trabalhadores empregados em países estrangeiros, e tendo presente a perícia e a experiência desta Organização em assuntos relacionados com os trabalhadores migrantes e os membros das suas famílias;

Reconhecendo a importância do trabalho realizado sobre os trabalhadores migrantes e os membros das suas famílias por vários órgãos das Nações Unidas, em particular a Comissão dos Direitos Humanos, a Comissão para o Desenvolvimento Social, bem como a Organização das Nações Unidas para a Alimentação e a Agricultura, a Organização das Nações Unidas para a Educação, a Ciência e a Cultura e a Organização Mundial de Saúde, e outras organizações internacionais;

Reconhecendo, igualmente, os progressos realizados por alguns Estados, nos planos regional ou bilateral, no sentido da proteção dos direitos dos trabalhadores migrantes e dos membros das suas famílias, bem como a importância e a utilidade dos acordos bilaterais e multilaterais celebrados neste domínio;

Conscientes da importância e da extensão do fenômeno da migração, que envolve milhares de pessoas e afeta um grande número de Estados na comunidade internacional;

Conscientes do efeito das migrações de trabalhadores nos Estados e nas populações interessadas, e desejando estabelecer normas que possam contribuir para a harmonização das condutas dos Estados através da aceitação de princípios fundamentais relativos ao tratamento dos trabalhadores migrantes e dos membros das suas famílias;

Considerando a situação de vulnerabilidade em que frequentemente se encontram os trabalhadores migrantes e os membros das suas famílias devido, nomeadamente, ao seu afastamento do Estado de origem e a eventuais dificuldades resultantes da sua presença no Estado de emprego;

Convencidos de que os direitos dos trabalhadores migrantes e dos membros das suas famílias não têm sido suficientemente reconhecidos em todo o mundo, devendo, por este motivo, beneficiar de uma proteção internacional adequada;

Tomando em consideração o fato de que, em muitos casos, as migrações são a causa de graves problemas para os membros das famílias dos trabalhadores migrantes bem como para os próprios trabalhadores, especialmente por causa da dispersão da família;

Considerando que os problemas humanos decorrentes das migrações são ainda mais graves no caso da migração irregular e convictos, por esse motivo, de que se deve encorajar a adoção de medidas adequadas a fim de prevenir e eliminar os movimentos clandestinos e o tráfico de trabalhadores migrantes, assegurando ao mesmo tempo a proteção dos direitos humanos fundamentais destes trabalhadores;

Considerando que os trabalhadores indocumentados ou em situação irregular são, frequentemente, empregados em condições de trabalho menos favoráveis que outros trabalhadores e que certos empregadores são, assim, levados a procurar tal mão de obra a fim de beneficiar da concorrência desleal;

Considerando, igualmente, que o emprego de trabalhadores migrantes em situação irregular será desencorajado se os direitos humanos fundamentais de todos os trabalhadores migrantes forem mais amplamente reconhecidos e que, além disso, a concessão de certos direitos adicionais aos trabalhadores migrantes e membros das suas famílias em situação regular encorajará todos os migrantes e empregadores a respeitar e a aplicar as leis e os procedimentos estabelecidos pelos Estados interessados;

Convictos, por esse motivo, da necessidade de realizar a proteção internacional dos direitos de todos os trabalhadores migrantes e dos membros das suas famílias, reafirmando e estabelecendo normas básicas no quadro de uma convenção abrangente susceptível de ser universalmente aplicada;

Acordam no seguinte:

Parte I
Âmbito e definições

Artigo 1º

1. Salvo disposição em contrário constante do seu próprio texto, a presente Convenção aplica-se a todos os trabalhadores migrantes e aos membros das suas famílias sem qualquer distinção, fundada nomeadamente no sexo, raça, cor, língua, religião ou convicção, opinião política ou outra, origem nacional, étnica ou social, nacionalidade, idade, posição econômica, patrimônio, estado civil, nascimento ou outra situação.

2. A presente Convenção aplica-se a todo o processo migratório dos trabalhadores migrantes e dos membros das suas famílias, o qual compreende a preparação da migração, a partida, o trânsito e a duração total da estada, a atividade remunerada no Estado de emprego, bem como o regresso ao Estado de origem ou ao Estado de residência habitual.

[...]

Parte II
Não discriminação em matéria de direitos

Artigo 7º

Os Estados Partes comprometem-se, em conformidade com os instrumentos internacionais relativos aos direitos humanos, a respeitar e a garantir os direitos previstos na presente Convenção a todos os trabalhadores migrantes e membros da sua família que se encontrem no seu território e sujeitos à sua jurisdição, sem distinção alguma, independentemente de qualquer consideração de raça, cor, sexo, língua, religião ou convicção, opinião política ou outra, origem nacional, étnica ou social, nacionalidade, idade, posição econômica, patrimônio, estado civil, nascimento ou de qualquer outra situação.[4]

5. ESTADO DE EXCEÇÃO – GIORGIO AGAMBEN (2004)

No mês seguinte aos atentados de 11 de setembro de 2001, em Nova York e Washington D.C., o Senado americano promulgou uma lei que autorizava o Procurador-Geral a manter preso todo estrangeiro suspeito de atividades que pusessem em perigo "a segurança nacional dos Estados Unidos da América". Com o *USA Patriot Act*, o Estado norte-americano simplesmente tornou nulo em sua totalidade o estatuto jurídico do indivíduo, aí incluso, de acordo com a Convenção de Genebra de 1949, o estatuto de prisioneiro de guerra, como seria explicitamente comprovado a partir de 2002, quando o primeiro grupo de combatentes capturados no Afeganistão foi levado para o campo de detenção de Guantánamo. Foi exatamente nesse contexto que o filósofo italiano Giorgio Agamben defendeu a ideia (fortemente inspirada pelas reflexões do filósofo alemão Walter Benjamin) de que o Estado de Exceção havia deixado de ser uma excepcionalidade para se constituir em uma regra. De "medida excepcional", o Estado de Exceção tornara-se uma "técnica de governo" devidamente inscrita no corpo normativo-legal, justificada pela existência de uma situação de emergência que mescla elementos de ordem político-militar e de crise econômica e que passa a ser equacionada permanentemente sob o "paradigma da segurança". Com isso, o sonho de Carl Schmitt – filósofo alemão conservador que aderiu ao nazismo – de introduzir a violência no corpo das leis ganhava uma concretude alarmante nem bem iniciado o século XXI.

O objetivo desta pesquisa – na urgência do estado de exceção "em que vivemos" – era mostrar a ficção que governa o *arcanum imperii* por excelência de nosso tempo. O que a "arca" do poder contém em seu centro

---

[4] OEA. *Convenção Internacional sobre a Protecção dos Direitos de Todos os Trabalhadores Migrantes e dos Membros das suas Famílias*. 2003. Disponível em: <https://bit.ly/2aLmjpk>. Acesso em: 22 de out. 2019.

é o estado de exceção – mas este é essencialmente um espaço vazio, onde uma ação humana sem relação com o direito está diante de uma norma sem relação com a vida.

Isso não significa que a máquina, com seu centro vazio, não seja eficaz; ao contrário, o que procuramos mostrar é, justamente, que ela continuou a funcionar quase sem interrupção a partir da Primeira Guerra Mundial, por meio do fascismo e do nacional-socialismo, até nossos dias. O estado de exceção, hoje, atingiu exatamente seu máximo desdobramento planetário. O aspecto normativo do direito pode ser, assim, impunemente eliminado e contestado por uma violência governamental que, ao ignorar no âmbito externo o direito internacional e produzir no âmbito interno um estado de exceção permanente, pretende, no entanto, ainda aplicar o direito.

Não se trata, naturalmente, de remeter o estado de exceção a seus limites temporal e espacialmente definidos para reafirmar o primado de uma norma e de direitos que, em última instância, têm nele o próprio fundamento. O retorno do estado de exceção efetivo em que vivemos ao estado de direito não é possível, pois o que está em questão agora são os próprios conceitos de "estado" e de "direito". Mas, se é possível tentar deter a máquina, mostrar sua ficção central, é porque, entre violência e direito, entre a vida e a norma, não existe nenhuma articulação substancial. Ao lado do movimento que busca, a todo custo, mantê-los em relação, há um contramovimento que, operando em sentido inverso no direito e na vida, tenta, a cada vez, separar o que foi artificial e violentamente ligado. No campo de tensões de nossa cultura, agem, portanto, duas forças opostas: uma que institui e que põe e outra que desativa e depõe. O estado de exceção constitui o ponto da maior tensão dessas forças e, ao mesmo tempo, aquele que, coincidindo com a regra, ameaça hoje torná-las indiscerníveis. Viver sob o estado de exceção significa fazer a experiência dessas duas possibilidades e entretanto, separando a cada vez as duas forças, tentar, incessantemente, interromper o funcionamento da máquina que está levando o Ocidente para a guerra civil mundial.

Se é verdade que a articulação entre vida e direito, anomia e *nomos* produzida pelo estado de exceção é eficaz, mas fictícia, não se pode, porém, extrair disso a consequência de que, além ou aquém dos dispositivos jurídicos, se abra em algum lugar um acesso imediato àquilo de que representam a fratura e, ao mesmo tempo, a impossível recomposição. Não existem, *primeiro*, a vida como dado biológico natural e a anomia como estado de natureza e, *depois*, sua implicação no direito por meio do estado de exceção. Ao contrário, a própria possibilidade de distinguir entre vida e direito, anomia e *nomos* coincide com sua articulação na máquina biopolítica. A vida pura e simples é um produto da máquina e não algo que preexiste a ela, assim como o direito não tem nenhum fundamento na natureza ou no espírito divino. Vida e direito, anomia e *nomos*, *auctoritas* e *potestas* resultam da fratura de alguma coisa a que não temos outro acesso que não por meio da ficção de sua articulação e do paciente trabalho que, desmascarando tal ficção, separa o que se tinha pretendido unir. Mas o desencanto não restitui o encantado a seu estado original: segundo o princípio de que a pureza nunca está na origem, ele lhe dá somente a possibilidade de aceder a uma nova condição.

Mostrar o direito em sua não relação com a vida e a vida em sua não relação com o direito significa abrir entre eles um espaço para a ação humana que, há algum tempo, reivindicava para si o nome "política". A política sofreu um eclipse duradouro porque foi contaminada pelo direito, concebendo-se a si mesma, no melhor dos casos, como poder constituinte (isto é, violência que põe o direito), quando não se reduz simplesmente a poder de negociar com o direito. Ao contrário, verdadeiramente política é apenas aquela ação que corta o nexo entre violência e direito. E somente a partir do espaço que assim se abre, e que será possível colocar a questão a respeito de um eventual uso do direito após a desativação do dispositivo que, no estado de exceção, o ligava à vida. Teremos então, diante de nós, um direito "puro", no sentido em que Benjamin fala de uma língua "pura" e de uma "pura" violência. A uma palavra não coercitiva, que não comanda e não proíbe nada, mas diz apenas ela mesma, corresponderia uma ação como puro meio que mostra só a si mesma, sem relação com um objetivo. E, entre as duas, não um estado original perdido, mas somente o uso e a práxis humana que os poderes do direito e do mito haviam procurado capturar no estado de exceção.[5]

6. O RECURSO, EM CASOS EXCEPCIONAIS, DO USO DA FORÇA PARA A PROTEÇÃO DOS DIREITOS HUMANOS – ANTONIO CASSESE (2005)

Presidente do Tribunal Penal Internacional para a ex-Iugoslávia, o professor de Direito Internacional italiano Antonio Cassese foi nomeado por Kofi Annan, Secretário-Geral da ONU, no ano de 2004, Presidente da Comissão Internacional responsável pela investigação dos crimes praticados em Darfur, na região oeste do Sudão. Iniciado oficialmente em fevereiro de 2003, o "Conflito de Darfur" rapidamente se transformou em um massacre de civis que alcançou as cifras de 400 mil mortos e 2 milhões de deslocados. Enquanto o número de mortos e deslocados

---

[5] AGAMBEN, Giorgio. *Estado de Exceção*. São Paulo: Boitempo: 2004, p. 131-2.

se multiplicava, a comunidade internacional querelava em torno da questão nominal do que ocorria: genocídio ou não? Não obstante o fato de não ter chegado à conclusão de que teria ocorrido uma "política de genocídio" em Darfur, a Comissão presidida por Cassese frisou que isso não implicava a "diminuição da gravidade dos crimes perpetrados naquela região". Seja como for, profundo conhecedor das brutais violações aos direitos humanos cometidas na ex-Iugoslávia, Darfur e Ruanda – onde, em um intervalo de pouco mais de 3 meses, cerca de 1 milhão de pessoas da minoria étnica tutsi foram sumariamente executadas por milícias formadas pela maioria étnica hutu –, Cassese refletiu sobre as condições para que, em casos excepcionais como os aqui assinalados, se recorresse ao uso da força a fim de impedir, com a devida rapidez, a violação em massa dos direitos humanos de civis indefesos, para além da questionada "doutrina da intervenção humanitária".

Não me resta agora mais que afrontar um problema crucial: aquele da oportunidade de recorrer a ações coercitivas para pôr fim a violações graves e sistemáticas dos direitos humanos.

Segundo o texto e o contexto da Carta das Nações Unidas, o fim principal da Organização é a salvaguarda da paz. Como foi dito acima, o respeito dos direitos humanos constitui um fim subsidiário, tanto é que a violação da paz e da segurança internacional é proibida mesmo quando devesse resultar necessária ao escopo de garantir o respeito dos direitos humanos. Em outros termos, em nenhum ponto a Carta autoriza os Estados a usar individualmente a força contra outros Estados com o fim de cessar a perpetuação de atrocidades. Pode-se recorrer à força em casos desse tipo somente quando o Conselho de Segurança verificar que a situação constitui uma ameaça à paz (no sentido do artigo 39 da Carta) e aja, como consequência, autorizando o uso da força. Que esta seja a interpretação correta das disposições da Carta, confirmou-se pela Corte Internacional de Justiça no caso da Nicarágua. A prática dos Estados não se desvia de tal concepção.

Se de fato olharmos a práxis dos Estados, parece claro que não se formou ainda uma norma do direito internacional consuetudinário que reconheça aos singulares Estados o direito de tomar medidas coercitivas para induzir um outro Estado, implicado em flagrantes e sistemáticas violações dos direitos humanos, a pôr fim ao cometimento de tais violações. O elemento objetivo de tal costume, o *usus*, é de fato extremamente limitado; quanto ao elemento subjetivo, o *opinio necessitatis*, ainda que se suficientemente difuso, não alcança os requisitos de generalidade e de ausência de oposição.

Naturalmente, nos dias de hoje não se pode pensar em ressuscitar a antiga e ilusória doutrina da "intervenção humanitária". Em vez disso, trata-se de construir novos dispositivos ou mecanismos para consentir à comunidade internacional o desempenho de um papel e, se necessário, também o uso da força, quando tiver que enfrentar amplas e gravíssimas violações dos direitos humanos.

É escusado dizer que o melhor e mais justo modo de obter o envolvimento da comunidade internacional nessas circunstâncias é passar pelo órgão responsável pela manutenção da paz e da segurança internacional: o Conselho de Segurança das Nações Unidas. Esse órgão deveria ser estimulado a responder de modo mais imediato às flagrantes e sistemáticas violações dos direitos humanos e a tomar medidas coercitivas para obter a sua cessação. Isso poderia acontecer de dois modos: 1) utilizando as forças armadas dos Estados-Membros das Nações Unidas; ou, melhor ainda, 2) ativando uma espécie de "Força de reação rápida" colocada à disposição do próprio Conselho.

Mas o que mais fazer se o Conselho de Segurança se demonstra incapaz de intervir por causa de sérias divergências no seu interior, ou o uso do veto o impede de tomar uma decisão, ou porque não há acordo político sobre os modos mais oportunos de reagir a tais violações?

Em 1999, havia tentado indicar algumas condições na presença das quais as ações coercitivas realizadas por um grupo de Estados e destinadas a parar as atrocidades poderiam ser consideradas legítimas no caso de inação da parte do Conselho de Segurança. O ensaio foi escrito à luz da intervenção da OTAN em Kosovo. Tal intervenção constituía uma clara e flagrante violação da Carta das Nações Unidas. Infelizmente, também o modo com que as forças da OTAN se comportaram não foi o melhor para fazer emergir uma reação positiva da comunidade mundial. Então, não se formou nessa matéria alguma norma consuetudinária que permitisse aos Estados adotar medidas coercitivas na ausência de uma autorização do Conselho de Segurança.

Permanece o fato de que já é tempo de a comunidade internacional encontrar algum caminho para legitimar as intervenções destinadas a fazer parar a perpetração de atrocidades. Um caminho poderia ser recorrer à Assembleia Geral das Nações Unidas, seguindo a práxis (controversa, no entanto, do ponto de vista da coerência com a Carta das Nações Unidas) aberta pela Resolução 377(V) da Assembleia Geral, *Uniting for Peace*, de 3 de novembro de 1950. Tratar-se-ia, isto é, de pedir à Assembleia Geral (dentro da qual os 5 membros permanentes do Conselho de Segurança não gozam do poder de veto) de *autorizar* (com a maioria de dois terços) o uso da força para pôr fim a gravíssimas violações dos direitos humanos.

Se o recurso à Assembleia Geral parecer intricado e, sobretudo, incongruente por causa da lentidão dos procedimentos (pouco compatíveis com a urgência de uma intervenção imediata destinada a pôr fim a massacres), poder-se-ia pensar na possível aprovação de uma "norma autorizativa" que viesse a ser adotada pela Assembleia Geral com ampliadíssimo consenso e, então, de qualquer modo, com uma espécie de tácita "integração" da Carta (sendo o procedimento de emenda da Carta, previsto pelo artigo 108, longo, intricado e de difícil utilização).

A "autorização" em questão deveria enunciar várias e imprescindíveis condições. Em suma, seria necessário que: 1) estivessem em curso violações gravíssimas dos direitos humanos (crimes contra a humanidade, atos de genocídio); 2) essas violações fossem atestadas, também na sua particular gravidade, por órgãos internacionais competentes como o Alto Comissariado da ONU para os Direitos Humanos, ou órgãos regionais similares, bem como por organizações não governamentais com autoridade, como a Amnesty International ou o Human Rights Watch; 3) o Conselho de Segurança, convocado sobre a matéria, estivesse paralisado por um veto (ou por ameaças de veto que fizessem adiar indevidamente qualquer decisão); 4) fossem esperados, com resultados negativos, os outros meios para a resolução urgente de graves crises, como contatos diplomáticos bilaterais e multilaterais, a ativação do Secretário-Geral da ONU ou do Alto Comissário da ONU para os Direitos Humanos; 5) tenham sido envolvidos na questão organismos internacionais regionais (como, a depender da região, o Conselho da Europa, a Organização dos Estados Americanos, a Liga Árabe, a União Africana) ou organismos político-militares (como a OTAN), tudo isso sem resultados positivos. Caso fossem verificadas todas essas condições e os massacres não cessassem, um Estado poderia ser autorizado a usar a força, contanto que esta: 1) fosse limitada e objetivasse exclusivamente o término das atrocidades; 2) fosse proporcionada pela gravidade das violações; 3) fosse utilizada no estrito respeito às normas internacionais do direito humanitário; 4) cessasse imediatamente tão logo terminadas as violações. Além disso, seria necessário que o Estado: 1) relatasse imediatamente ao Conselho de Segurança os motivos e as justificativas do uso da força e estivesse pronto para prestar contas imediatamente das modalidades de tal uso; e, além disso; 2) que ressarcisse qualquer dano causado à população civil e não estritamente justificado pela necessidade de parar os massacres.

No entanto, seja qual for a solução em que se pensa para autorizar o uso *individual* da força, é também indispensável que a comunidade internacional dê forma a um mecanismo *coletivo* para reagir com meios coercitivos às violações flagrantes e sistemáticas dos direitos humanos. Um mecanismo que deverá ser, naturalmente, o mais realístico possível, em harmonia com a Carta das Nações Unidas, e politicamente neutro e eficaz.[6]

---

[6] CASSESE, Antonio. *I Diritti Umani Oggi*. Bari: Laterza, 2005, p. 225-8. (Tradução do texto em italiano feita pelo autor.)

7. RESOLUÇÃO DA ONU SOBRE DIREITOS HUMANOS, ORIENTAÇÃO SEXUAL E IDENTIDADE DE GÊNERO (2011)

Com 23 votos favoráveis, 13 contrários e 3 abstenções, o Conselho de Direitos Humanos da Organização das Nações Unidas aprovou a resolução, transcrita a seguir, que aborda a violação dos direitos humanos de lésbicas, gays, bissexuais, travestis e transexuais (LGBT). Apresentado pela África do Sul em conjunto com o Brasil e outros 39 países, o texto da resolução enfrentou forte resistência da Rússia e de países africanos e árabes, simplesmente porque solicita à Alta Comissária de Direitos Humanos um estudo que venha a servir como referência documental de "leis e práticas discriminatórias e atos de violência contra as pessoas" em virtude da sua "orientação sexual e identidade de gênero". É sintomático o fato de que muitos dos países que votaram contra o texto da resolução sejam regidos pela *sharia* – a fonte dos direitos e deveres no islamismo –, a qual prescreve a possibilidade de a homossexualidade ser punida com a morte, assim como as relações extraconjugais, independentemente da orientação sexual. Claro é, pois, que, no caso em questão, o enquadramento da orientação sexual e da identidade de gênero em uma chave de entendimento religiosa (seja islâmica, seja cristã) resulta em um processo de interdição do reconhecimento da diversidade, constituindo-se como obstáculo à superação do universo mental típico da sociedade centrada na figura do homem heterossexual dominante, que submete a mulher e controla a sexualidade.

O Conselho de Direitos Humanos,
Considerando a universalidade, a interdependência, a indivisibilidade e a inter-relação dos direitos humanos conforme preconizadas na Declaração Universal dos Direitos Humanos, e subsequentemente incorporadas em outros instrumentos de direitos humanos, como o Pacto Internacional sobre Direitos Econômicos, Sociais e Culturais, o Pacto Internacional sobre Direitos Civis e Políticos, e outros instrumentos-chaves e relevantes de direitos humanos;
Considerando também que a Declaração Universal dos Direitos Humanos afirma que todos os seres humanos nascem livres e iguais em dignidade e direitos, e que todas as pessoas têm capacidade para gozar os direitos e as liberdades estabelecidos na Declaração, sem distinção de qualquer espécie, seja de raça, cor, sexo, língua, religião, opinião política ou de outra

natureza, origem nacional ou social, riqueza, nascimento, ou qualquer outra condição;

Considerando ainda a Resolução da Assembleia Geral nº 60/251, de 15 de março de 2006, na qual a Assembleia estabeleceu que o Conselho de Direitos Humanos deverá ser responsável pela promoção do respeito universal à proteção de todos os direitos humanos e todas as liberdades fundamentais de todas as pessoas, sem distinção de qualquer natureza, e de maneira equitativa e igualitária;

Expressando forte preocupação em relação a atos de violência e discriminação, em todas as regiões do mundo, cometidos contra as pessoas por causa de sua orientação sexual e identidade de gênero.

1. Solicita que a Alta Comissária de Direitos Humanos encomende um estudo a ser concluído até dezembro de 2011, para documentar leis e práticas discriminatórias e atos de violência contra as pessoas por motivo de sua orientação sexual e identidade de gênero, em todas as regiões do mundo, e para documentar como a legislação internacional de direitos humanos pode ser utilizada para pôr fim à violência e às violações dos direitos humanos cometidas por motivo de orientação sexual e identidade de gênero;
2. Resolve convocar um painel de discussão durante a 19ª sessão do Conselho de Direitos Humanos, fundamentado nos fatos contidos no estudo encomendado pela Alta Comissária de Direitos Humanos, para que haja diálogo construtivo, fundamentado e transparente sobre a questão das leis e práticas discriminatórias e atos de violência contra as pessoas por motivo de sua orientação sexual e identidade de gênero;
3. Resolve outrossim que o painel também discutirá a forma apropriada de encaminhamento das recomendações do estudo encomendado pela Alta Comissária;
4. Resolve acompanhar de forma contínua esta questão prioritária.[7]

---

[7] CHEVALIER, Ronaldo. *Conselho de Direitos Humanos da ONU aprova Resolução sobre a violação dos direitos humanos de LGBT*. 2017. Disponível em: <http://www.grupodignidade.org.br/conselho-de-direitos-humanos-da-onu-aprova-resolucao-sobre-a--violacao-dos-direitos-humanos-de-lgbt/>. Acesso em: 22 de out. 2019.

8. ESCAPANDO IMPUNEMENTE DA TORTURA. O GOVERNO BUSH E OS MAUS-TRATOS DOS PRISIONEIROS – HUMAN RIGHTS WATCH (2011)

Criada em 1978, nos Estados Unidos, com o propósito de denunciar violações aos direitos humanos por meio de relatórios periódicos, a Human Rights Watch (HRW) teve sua reputação amplificada após as contundentes críticas realizadas às reações implementadas pelos sucessivos governos norte-americanos aos ataques terroristas às torres gêmeas do World Trade Center, em 11 de setembro de 2001. É famoso, por exemplo, o trecho do relatório da HRW de 2004 no qual seu Diretor Executivo, Kenneth Roth, afirmou categoricamente que a intervenção militar organizada pela administração Bush no Iraque nada tinha de humanitária, não porque esse tipo de intervenção não seja necessário – e até urgente em determinadas situações extremas de violação aos direitos humanos –, mas sim porque, no caso em questão, não existia o menor risco de um massacre (em curso ou iminente) de populações civis em território iraquiano. Pelo contrário, foram as forças armadas estadunidenses que bombardearam as iraquianas. Em 2005 e, depois, em 2011, a HRW denunciou ao mundo a suspensão das liberdades civis em virtude da transformação da prisão de Guantánamo em um campo de concentração onde a prática da tortura era rotineiramente aplicada contra os prisioneiros da "guerra ao terrorismo" capturados a partir da caça desenfreada a Osama Bin Laden. Mais ainda, a HRW exigia que o próprio presidente George W. Bush e a cúpula do governo republicano, fossem investigados criminalmente pelas torturas contra os detentos de Guantánamo.

SUMÁRIO

[...]
Deverá o ex-presidente dos EUA ser investigado por autorizar o método de tortura *waterboarding* e outros abusos contra os detentos que os Estados Unidos e dezenas de outros países há muito já reconhecerem como tortura? Deverão as autoridades de alto escalão dos EUA, que autorizaram o desaparecimento forçado de prisioneiros e a transferência para outros países, onde eles também estariam sujeitos à tortura, ser responsabilizadas por seus atos?

Em 2005, o relatório *Escapando Impunemente da Tortura*, publicado pela Organização Human Rights Watch, apresentou relevantes evidências que justificam investigações criminais do então secretário de Defesa Donald Rumsfeld e do Diretor da Agência Central de Inteligência (CIA) George Tenet, bem como do Tenente-General Ricardo Sanchez, ex-principal comandante dos EUA no Iraque, e do general Geoffrey Miller, ex-comandante do centro de detenção militar dos EUA, na Baía de Guantánamo, em Cuba.

Este relatório, baseado em nosso trabalho anterior, resume as informações que já vieram a público sobre o papel desempenhado por funcionários do governo dos EUA, considerados preponderantemente responsáveis por estabelecer políticas de interrogatório e de detenção após os ataques cometidos contra os Estados Unidos, em 11 de setembro de 2001, e as analisa de acordo com as leis dos EUA e do direito internacional. Com base nessas evidências, a Human Rights Watch acredita que haja embasamento suficiente para que o governo dos EUA ordene uma ampla investigação criminal sobre supostos crimes cometidos, em conexão com tortura e maus-tratos dos presos, o programa de prisões secretas da CIA e a entrega de prisioneiros à tortura. Tal investigação teria necessariamente como foco a alegada conduta criminosa de quatro altos funcionários – o ex-presidente George W. Bush, o vice-presidente Dick Cheney, o secretário da Defesa Donald Rumsfeld e o diretor da CIA George Tenet.

[...]

Faz-se necessário investigar de forma cabal, imparcial e genuinamente independente os programas ilegais de detenção, interrogatórios forçados, entregas de detidos à tortura e o papel dos altos funcionários do governo. Aqueles que autorizaram, ordenaram e supervisionaram a tortura e outras violações graves de direito internacional, bem como aqueles implicados, por uma questão de responsabilidade de comando, deverão ser investigados e processados, se as provas assim autorizarem.

Tomar essas medidas e abordar as questões levantadas neste relatório é fundamental para a posição global dos EUA, e devem ser tomadas, se, de fato, os Estados Unidos esperam remover as manchas deixadas por Abu Ghraib e Guantánamo e reafirmar a primazia do Estado de Direito.

A Human Rights Watch não expressa nenhuma opinião sobre a eventual culpa ou inocência definitiva de quaisquer dos funcionários, de acordo com as leis dos EUA, tampouco se propõe a prestar um extenso relato sobre a possível culpabilidade destes funcionários ou uma petição judicial. Em vez disso, apresenta duas seções principais: uma que traz o resumo das políticas do governo Bush e práticas de detenção e interrogatório e outra que descreve o caso em detalhes, para a responsabilização penal individual, de diversos funcionários-chave do governo.

A trilha às violações aqui descritas começou poucos dias após os ataques da Al-Qaeda em Nova York e Washington D.C., em 11 de setembro de 2001, ocasião em que o governo Bush começou a elaborar um novo conjunto de políticas, procedimentos e práticas para os detidos capturados nas operações militares e operações contraterrorismo fora dos Estados Unidos. Muitos desses violam as leis de guerra, de direito internacional dos direitos humanos e a lei penal federal dos EUA. Além disso, os métodos coercitivos aprovados por altos funcionários dos EUA incluem táticas que os EUA têm repetidamente condenado como tortura ou maus-tratos quando praticada por outros.

A título de exemplo, o governo Bush autorizou práticas coercitivas de interrogatório realizado pela CIA, além de autorizar militares a recorrerem à tortura, e a instituírem um programa secreto de detenção ilícito, produzido pela CIA, no qual detentos eram mantidos em locais secretos sem notificar suas famílias, sem permitir acesso ao Comitê Internacional da Cruz Vermelha, ou mesmo, sem garantir a supervisão do tratamento dado. Os detentos também foram entregues, de modo ilícito (transferidos), para países como Síria, Egito e Jordânia, onde eles eram susceptíveis a torturas. De fato, muitos foram torturados, inclusive o nacional canadense Maher Arar, que descreveu espancamentos com cabos diversos e cabos elétricos durante os 10 meses em que esteve detido na Síria, para onde os EUA o enviaram em 2002. Evidências sugerem que a tortura, nesses casos, não foi o resultado lamentável da entrega do detido, mas sim o objetivo.

Ao mesmo tempo, os advogados, politicamente nomeados pelo governo, elaboraram memorandos jurídicos que buscaram o amparo legal para as políticas adotadas pelo governo, no que tange a detenção e interrogatório.

Como resultado direto das decisões do governo Bush, os detidos sob custódia dos EUA foram espancados, jogados contra paredes, forçados a entrar em pequenas caixas, e submetidos ao método de *waterboarding*, que consiste na simulação de execuções, na qual eles vivenciam a sensação de afogamento. Dois dos alegados prisioneiros sênior da Al-Qaeda, Khalid Sheikh Mohammed e Abu Zubaydah, foram submetidos ao método de *waterboarding* 183 e 83 vezes, respectivamente.

Detidos em instalações administradas pelos Estados Unidos no Afeganistão, no Iraque e na Baía de Guantánamo passaram por longos períodos de maus-tratos, às vezes semanas e até meses. Isto incluiu posições "estressantes" e doloridas; longos períodos de nudez; privação de sono, comida e água, exposição ao frio extremo ou ao calor e escuridão total com música alta tocando durante semanas. Outros abusos no Iraque incluíram espancamentos, estado de quase completa asfixia, abuso sexual e simulação de execuções. Na Baía de Guantánamo, alguns detentos foram forçados a se sentar em seus próprios excrementos, e alguns foram sexualmente humilhados por investigadores do sexo feminino. No Afeganistão, os prisioneiros eram acorrentados às paredes e algemados, de maneira que era impossível deitar ou dormir, com limitações que faziam com que suas mãos e pulsos inchassem ou que provocavam contusão.

Estes abusos ocorridos em vários continentes não resultaram de atos esparsos de soldados ou agentes da inteligência que violaram regras: eles resultaram de decisões de líderes dos EUA com o propósito de desviar, ignorar ou descartar as regras. Além disso, como explicado neste relatório, sabe-se que funcionários do governo Bush desenvolveram e expandiram suas decisões e autorizações iniciais em relação às operações de detidos, mesmo em face da dissidência interna e externa, inclusive advertências de que muitas de suas ações violavam o direito internacional e doméstico. E quando as técnicas ilícitas de interrogatório de detidos proliferaram, muito além, do que havia sido expressamente autorizado, estes funcionários fizeram vista grossa, e não fizeram nenhum esforço para evitar a prática.

O Preço da Impunidade

O descaso do governo dos EUA pelos direitos humanos na luta contra o terrorismo nos anos que seguiram os ataques de 11 de setembro de 2001 enfraqueceu a autoridade moral dos EUA, deu um exemplo negativo para outros governos, além de minar os esforços do governo dos EUA em reduzir a militância antiamericana no mundo todo.

Em particular, o uso de tortura, desaparecimentos forçados e prisões secretas realizados pela CIA foi ilícito, imoral e contraproducente. Estas práticas macularam a reputação e autoridade do governo dos EUA em combater o terrorismo, afetando negativamente a cooperação estrangeira de inteligência e provocando a ira e o ressentimento entre as comunidades muçulmanas, cujo auxílio é fundamental para a descoberta e prevenção de futuras ameaças terroristas no mundo.

Ao assumir o cargo em janeiro de 2009, o presidente Barack Obama tomou medidas importantes para estabelecer um novo rumo, abolindo as prisões secretas da CIA e proibindo o uso de tortura. Mas outras medidas ainda precisam ser tomadas, como por exemplo, extinguir a prática de detenção indefinida sem julgamento, fechar as instalações militares de Guantánamo e sustar a prática de entrega de detentos a países que praticam a tortura. Deve-se ressaltar que o compromisso dos EUA com os direitos humanos na luta contra o terrorismo continuará a ser suspeito, a menos e até que o atual governo enfrente o passado. Os EUA só serão vistos como tendo superado esse passado se lidarem de modo pleno e franco com os responsáveis pelas violações sistemáticas aos direitos humanos após 11 de setembro.

Sem, efetivamente, prestar contas por esses crimes, aqueles que cometem abusos em nome do combate ao terrorismo apontarão os maus-tratos dos detentos dos EUA, desviando, dessa forma, as críticas às suas próprias condutas. Na verdade, quando um governo dominador e influente, como o dos Estados Unidos, abertamente desafia as leis que proíbem a tortura, um princípio fundamental dos direitos humanos, praticamente convida os outros a fazerem o mesmo. A tão necessária credibilidade do governo dos EUA, na capacidade de defensor dos direitos humanos, deteriorou-se pelas revelações de tortura e continua a deteriorar-se pela total impunidade aos responsáveis políticos envolvidos nos crimes.

Como em outros países que já enfrentaram a tortura e outros crimes graves cometidos por líderes nacionais, há pressões políticas opostas dentro dos próprios Estados Unidos. Comentaristas afirmam que qualquer esforço para lidar com os abusos do passado seria politicamente pernicioso e poderia prejudicar a capacidade do governo Obama em alcançar os prementes objetivos políticos.

Essa posição ignora o alto custo da inação. Qualquer falha em realizar uma investigação sobre tortura será mundialmente entendida como tolerância intencional à atividade ilícita e como uma forma de deixar as portas abertas para futuros abusos. Até que estas flagrantes violações aos direitos humanos sejam tratadas como crimes e não como "opções políticas", os EUA não podem, de modo convincente, alegar tê-las rejeitado.

Por outro lado, os benefícios da realização de uma investigação criminal plausível e imparcial criminal são vários. O governo dos EUA, por exemplo, iria enviar o sinal mais claro possível de que ele se compromete a abandonar o uso da tortura. Esse comprometimento aumentaria a autoridade moral dos EUA em relação a direitos humanos no combate ao terrorismo de uma forma mais concreta e persuasiva do que qualquer iniciativa até hoje; daria um exemplo convincente aos governos, os quais os EUA têm criticado por cometer abusos de direitos humanos e para as populações que sofrem tais abusos; e poderia revelar falhas legais e institucionais que levaram ao uso da tortura, apontando para formas de melhorar a eficácia do governo na luta contra o terrorismo. Seria também uma forma de reduzir drasticamente a probabilidade de investigações estrangeiras e os processos judiciais de funcionários dos EUA – ajuizados inicialmente na Espanha – com base no princípio de jurisdição universal, uma vez que esses processos geralmente tomam como base a omissão do governo responsável por agir.[8]

---

[8] HUMAN RIGHTS WATCH. *Escapando Impunemente da Tortura*. O Governo Bush e os Maus Tratos dos Prisioneiros. 2011. Disponível em: <https://www.hrw.org/sites/default/files/related_material/us0711ptsumandrecs.pdf>. Acesso em: 22 de out. 2019.

9. DIREITOS HUMANOS, DEMOCRACIA E DESENVOLVIMENTO – BOAVENTURA DE SOUSA SANTOS (2012)

Conclusão da conferência proferida por ocasião do recebimento do título de Doutor *Honoris Causa* na Universidade de Brasília, em 29 de outubro de 2012, o presente texto do sociólogo e jurista português Boaventura de Sousa Santos apresenta quais seriam as três características da luta contra aquilo que ele designou como "fascismo desenvolvimentista" – uma luta pelos direitos humanos contra-hegemônicos. No decorrer da conferência, Sousa Santos distinguiu inúmeras tensões existentes no interior dos direitos humanos, com destaque para aquelas tensões decorrentes da conquista do "direito ao desenvolvimento" dos povos do Sul do Mundo, na África, na Ásia e na América Latina. Visto como um avanço entre as décadas de 1960 e 1980, o direito coletivo ao desenvolvimento nos países do então Terceiro Mundo foi, aceleradamente, assumindo as características de uma locomotiva que passa por cima de tudo e de todos em nome do progresso econômico, com elevadíssimos custos sociais e ambientais. Capturado completamente pelo neoliberalismo, o direito ao desenvolvimento acabou se chocando abertamente, por exemplo, com os direitos das populações indígenas, que passaram a ver suas terras ameaçadas outra vez mais pelo invasor branco e seus interesses de exploração do solo e subsolo nos quais sempre viveram os povos originários, tornados, dessa maneira, obstáculos ao desenvolvimento nacional e, como tais, passíveis de serem varridos do mapa.

CONCLUSÃO

A luta pelos direitos humanos nas primeiras décadas do século XXI enfrenta novas formas de autoritarismo que convivem confortavelmente com regimes democráticos. São formas de fascismo social, como as tenho designado no meu trabalho. Se a voracidade de recursos naturais e de terra deste modelo de desenvolvimento continuar a influenciar os Estados e governos democráticos para, por um lado, fazer tábua rasa dos direitos de cidadania e humanos, incluindo os que estão consagrados pelo direito internacional e, por outro, para reprimir brutal e impunemente todos aqueles que ousam resistir-lhe, é possível que estejamos ante uma nova forma de fascismo social, o fascismo desenvolvimentista.

Tal como tem vindo a desenhar-se, esta luta contra o fascismo desenvolvimentista tem três características. A primeira é que é uma luta com uma forte dimensão civilizatória. Isto implica, entre outras coisas, novas gerações de direitos fundamentais: o direito à terra como condição de vida digna e, portanto, um direito muito mais amplo que o direito à reforma agrária, o direito à água, os direitos da natureza, o direito à soberania alimentar, o direito à diversidade cultural, o direito à saúde coletiva. No seu conjunto, estes direitos configuram uma mudança civilizatória que está em curso e que certamente não terminará proximamente. O que é verdadeiramente novo nesta luta é que a mudança civilizatória, que normalmente invoca temporalidades de longa duração, tem de ser assumida com um sentido de urgência que aponta para tempos curtos, para os tempos de, por exemplo, impedir uma população de cometer suicídio coletivo, de proteger um líder ambiental indígena ou quilombola das ameaças contra a sua vida, de prevenir eficazmente e punir exemplarmente a violência ilegal contra as populações indefesas, ou de pôr fim ao envenenamento por agrotóxicos, tanto de produtores como de consumidores. O futuro nunca esteve tão colado ao presente. Nada pode ser reclamado em nome do futuro que não tenha um nome e um sentido para os que vivem hoje e podem não estar vivos amanhã.

Esta mistura de tempos e temporalidades não é fácil de construir politicamente sobretudo por ir contra tradições de luta que têm dificuldade em conferir sentido à política senão em termos da distinção entre tática e estratégia.

A segunda característica das lutas pelos direitos humanos contra-hegemônicos reside em que ela convoca diferentes conceitos de representatividade política. Nas sociedades democráticas domina, e bem, a representatividade extensiva, pela quantidade, a representatividade das maiorias. Sabemos que em muitos países as populações indígenas ou afrodescendentes são minoritárias. É fácil, pois, estigmatizar as suas lutas pela terra e pelo território como lutas de minorias que não podem ter um direito de veto sobre os desígnios do desenvolvimento que favoreçam as maiorias. A este argumento é preciso dar duas respostas. A primeira tem a ver com a justiça histórica. Estes povos não eram minorias nos seus territórios; foram feitos minorias pelas políticas de extermínio dos colonizadores ou pelo comércio de escravos que os jogou para longe das suas terras. Não é possível levar a sério a aspiração pela justiça histórica sem aceitarmos que, em sociedades que estiveram sujeitas ao colonialismo europeu, há sempre que equilibrar a representatividade pela quantidade com a representatividade pela qualidade, a representatividade daqueles que são tanto mais decisivos para realizar justiça histórica quantos menos são e, portanto, quanto mais representam a violência do genocídio de outros tempos. A segunda resposta é que estas minorias podem estar a lutar em nome de um futuro que não é apenas deles, mas de todos. Ao defender as suas terras e modos de vida, estão a lutar para que o planeta não se torne inabitável em futuro próximo. Apontam para os interesses das maiorias antes de estes interesses terem maiorias para os defender.

A terceira característica da luta por direitos humanos contra-hegemônicos no início do século XXI vai igualmente contra as inércias do pensamento crítico e da política de esquerda eurocêntricos. Consiste na necessidade de articular lutas até agora separadas por um mar de diferenças e divisões entre tradições de luta, repertórios de reivindicações, vocabulários e linguagens de emancipação e formas de organização política e de luta. As novas regras do capitalismo-global-sem-regras obrigam a ver, na luta ambiental, a luta dos povos indígenas e quilombolas; na luta pelos direitos econômicos e sociais, a luta pelos direitos cívicos e políticos; na luta pelos direitos individuais, a luta pelos direitos coletivos; na luta pela igualdade, a luta pelo reconhecimento da diferença; na luta contra a violência doméstica, a luta pela liberdade de orientação sexual, a luta dos camponeses pobres; na luta pelo direito à cidade, a luta contra a violência no campo, a luta pelo direito à saúde coletiva. A desumanidade e a indignidade humana não perdem tempo a escolher entre as lutas para destruir a aspiração humana de humanidade e de dignidade. O mesmo deve acontecer com todos os que lutam para que tal não aconteça.[9]

10. DISPOSIÇÕES PRINCIPAIS DO PROTOCOLO DA OIT À CONVENÇÃO SOBRE O TRABALHO FORÇADO (2014)

Aprovada na 14ª sessão da Conferência Internacional do Trabalho, realizada em Genebra em 10 de junho de 1930, a Convenção 29 indicou no seu artigo 2 que "a expressão *trabalho forçado ou obrigatório* designará todo trabalho ou serviço exigido de um indivíduo sob ameaça de qualquer penalidade e para o qual ele não se ofereceu de espontânea vontade". Oitenta e quatro anos após a sua definição, a Organização Internacional do Trabalho não apenas a reafirma como também estabelece uma série de medidas de prevenção, proteção e reparação dos danos causados por esta modalidade de trabalho. Merece destaque no Protocolo em questão a atenção dispensada à necessidade de lutar contra o tráfico de pessoas com a finalidade de submetê-las ao trabalho forçado.

---

[9] SANTOS, Boaventura de Sousa. *Direitos Humanos, Democracia e Desenvolvimento*. São Paulo: Cortez, 2013, p. 122-5.

Entretanto, ao requerer "que os Estados-membros adotem medidas eficazes para prevenir e eliminar sua utilização", o Protocolo acaba exigindo dos Estados-nação uma disposição da qual estes mesmos vêm se desincumbindo progressivamente, desde a ofensiva neoliberal iniciada na passagem dos anos 1970 aos 1980, junto aos processos de desregulamentação das relações de trabalho que transferiram para as mãos dos mercados uma liberdade cada vez mais irrestrita para definir as formas de contratação dos trabalhadores mundo afora – liberdade essa que resulta no desaparecimento da linha fronteiriça que um dia separou as formas legais e ilegais de trabalho na sociedade capitalista regulada pelo Estado social de direito.

Definição
- Reafirma a definição de trabalho forçado contida na Convenção número 29.

Medidas de Prevenção (artigo 2)
- Educação e informação destinadas às pessoas consideradas particularmente vulneráveis, assim como aos empregadores e o público em geral.
- Ampliação do âmbito da legislação relativa à prevenção do trabalho forçado ou obrigatório e o controle do seu cumprimento para que abarquem a todos os trabalhadores e a todos os setores da economia.
- Fortalecimento dos serviços da inspeção do trabalho e outros serviços responsáveis pela aplicação desta legislação.
- Proteção das pessoas contra possíveis práticas abusivas no processo de contratação.
- Apoio aos setores público e privado para que atuem com a devida diligência.
- Ações para abordar as causas geradoras e os fatores que aumentam o risco do trabalho forçado.

Medidas de Proteção (artigos 3 e 4.2)
- Medidas eficazes para identificar, liberar, proteger as vítimas e permitir sua recuperação e adaptação.
- Proteger as vítimas das eventuais sanções pelas atividades ilícitas que se tenham visto obrigadas a cometer.

Acesso a Ações Jurídicas e de Reparação (artigo 4.1)
- Vigiar para que as vítimas tenham acesso às ações jurídicas e de reparação apropriadas e eficazes, tais como uma indenização, indepen-

dentemente da sua situação jurídica ou de que se encontrem ou não no território do país.

Tráfico de Pessoas (artigo 1.3)
- As medidas adotadas em virtude do Protocolo deverão incluir atividades específicas para lutar contra o tráfico de pessoas com fins de trabalho forçado.

Medidas Eficazes (artigo 1.1)
- Ao dar cumprimento à sua obrigação de suprimir o trabalho forçado em virtude da Convenção sobre o trabalho forçado, o Protocolo requer que os Estados-Membros adotem medidas eficazes para prevenir e eliminar sua utilização, proporcionar às vítimas proteção e acesso às ações jurídicas e de reparação apropriadas e eficazes, tais como uma indenização, e punição aos autores desse delito.

Aplicação e Consulta (artigo 1.2)
- Formulação de uma política e um plano de ação em consulta com as organizações de empregadores e de trabalhadores.
- Adoção de medidas sistemáticas em coordenação com as organizações de trabalhadores e de empregadores.

Cooperação Internacional (artigo 5)
- Cooperação entre os Estados para prevenir e eliminar todas as formas de trabalho forçado.[10]

---

[10] ORGANIZACIÓN INTERNACIONAL DEL TRABAJO. *Fortalecer la lucha mundial contra todas las formas de trabajo forzoso. El protocolo relativo al Convenio sobre el trabajo forzoso*. 2014. Disponível em: <https://www.ilo.org/wcmsp5/groups/public/---ed_norm/-- ---declaration/documents/publication/wcms_387186.pdf>. Acesso em: 22 de out. 2019. (Tradução do texto em espanhol feita pelo autor.)

APÊNDICE

DIREITOS HUMANOS NO BRASIL

O presente apêndice reúne 18 dos 30 textos que compunham a primeira edição do livro *Direitos Humanos no Brasil*, acrescidos de 2 novos. Os critérios aqui adotados permanecem os mesmos de antes, isto é: que a obra possa ser utilizada por estudantes, professores e agentes educacionais como núcleo de um curso de introdução aos direitos humanos na história brasileira contemporânea – do fim do Estado Novo varguista ao início do século XXI. Ademais, continua de pé o objetivo de contribuir para que o leitor não especializado empreenda o esforço de relacionar e comparar o desenvolvimento histórico dos direitos humanos nos planos internacional e nacional.

OS (DES)CAMINHOS DOS DIREITOS HUMANOS NO BRASIL

Permeia este apêndice o entendimento de que os direitos humanos devem ser observados como o conjunto articulado e interdependente de cinco conjuntos de direitos (civis, políticos, socioeconômicos, culturais e ambientais), fundados, para além da ideia de universalidade, no princípio da indivisibilidade e no horizonte da internacionalização, condição indispensável para a luta pela construção de uma cidadania global.

Entretanto, quando se visualiza um pouco mais de perto a história do desenvolvimento dos direitos humanos no Brasil, dois traços distintivos sobem à superfície, entre tantos outros passíveis de serem assinalados.

O primeiro traço marcante da história do desenvolvimento dos direitos humanos no Brasil relaciona-se à comparação com o referencial clássico europeu e norte-americano no que tange à ordem sequencial da natureza dos direitos conquistados pelos indivíduos e grupos sociais.

Na experiência histórica clássica vivida por Inglaterra, França e Estados Unidos assistiu-se, de maneira não linear e também não ao mesmo tempo para todos, ao reconhecimento dos direitos civis (as liberdades individuais), nos séculos XVII e XVIII; dos direitos políticos (a igualdade política), no século XIX; e dos direitos sociais (a igualdade social), no século XX.

Conforme veremos nos textos que vêm a seguir, no caso brasileiro, esta sequência foi invertida, tendo sido os direitos sociais primeiramente reconhecidos pelo Estado brasileiro ao mesmo tempo em que os direitos civis e políticos não eram garantidos, em boa parte dos anos 1930 e 1940, assim como entre a metade da década de 1960 e o início da década de 1980.

Dessa forma, reiterada a observação de que tal sequência não é linear, muito menos imediatamente estendida para a totalidade dos indivíduos e agrupamentos sociais – com a exceção de intervalos bastante abreviados –, a sensação de que se vive no Brasil sob um Estado de Direito Democrático, com direitos civis e políticos respeitados, somente veio à tona nos últimos trinta anos, ressalvados os fatos de que, para muitos brasileiros, isso se deu apenas no campo jurídico-formal, e de que, no exato momento em que redijo a presente nota introdutória, estamos assistindo à tentativa de erosão dos seus pilares em um movimento que parte da própria presidência da República.

Com isso, o segundo traço marcante da história do desenvolvimento dos direitos humanos no Brasil vincula-se à existência de um descompasso, de uma falta de sincronia entre aquilo que se encontra inscrito na ordem normativa e o que se apresenta no plano da realidade social – o que levou (e continua a levar ainda hoje) à construção e/ou legitimação da existência de duas nações radicalmente diversas entre si no interior de uma única e mesma nação chamada Brasil.

Em outras palavras, acabou ganhando vida entre nós a dicotomia entre um "Brasil legal" e um "Brasil real", dando forma a "uma estranha relação entre um país avançado em termos legais, de um lado, e outro que vive absolutamente à margem das conquistas obtidas no plano das normas e das leis, de outro".

Ainda que tal dicotomia tenha se tornado mais grave no período posterior à promulgação da Constituição Federal de 1988, esta não esteve ausente durante os anos do regime liberal-democrático instaurado em

1946 e, até mesmo, como farsa explícita no campo político, no decorrer das duas ditaduras impostas à nação em 1937-1945 e 1964-1985.

Um pouco da história do particular processo de afirmação dos direitos humanos no Brasil – com a especificidade do seu desenvolvimento tanto no que diz respeito à ordem sequencial da natureza dos direitos conquistados como à falta de sincronia entre o "legal" e o "real" – poderá ser aqui acompanhado em 3 distintas conjunturas.

UMA HISTÓRIA EM TRÊS TEMPOS

Nos 20 textos aqui reunidos, serão abordadas 3 grandes conjunturas. Primeiramente, o período em que uma sociedade urbana, industrial e capitalista ganha forma no Brasil, por intermédio de um processo contraditório, no qual modernidade e conservadorismo se mesclam, estabelecendo entre si uma relação funcional.

Então, certos direitos sociais são reconhecidos pelo Estado nascido da Revolução de 1930, ainda que de maneira seletiva, em meio a dois períodos distintos entre si em termos políticos. Primeiramente, no corpo de um regime ditatorial construído em torno da liderança do presidente Getúlio Vargas, cujas diretrizes ideológicas apontavam para a supressão dos direitos civis e políticos: o Estado Novo. Em segundo lugar, no bojo de um regime marcado pelo restabelecimento das liberdades democráticas, no qual cresciam progressivamente as pressões em prol da construção de uma sociedade igualitária socioeconomicamente, suficientemente capaz de integrar uma nação dividida de maneira abissal em termos materiais.

Na sequência, um momento trágico da história do país, em que a "modernização conservadora" iniciada em 1930 toma novo impulso, passando a contar com um clima político ideal para o seu desenvolvimento com a deflagração do Golpe de Estado de 31 de março de 1964 e a consequente implantação do regime ditatorial encabeçado pelos militares.

Porém, no período em questão, uma dinâmica histórica singular começa a ser visualizada, como que a demonstrar a existência concreta do movimento dialético da história, pois, quanto mais crescia a dimensão coercitiva do Estado brasileiro, menos a nossa sociedade civil se assemelhava àquela estrutura amorfa e gelatinosa que a caracterizava até então, tornando-se cada vez mais orgânica. Dito de outra maneira, foi na resistência ao despotismo estatal e na luta em defesa dos direitos civis e políticos que a sociedade civil brasileira tomou conhecimento, como nunca antes, da necessidade de ter garantidos os direitos humanos da totalidade dos seus cidadãos.

Por fim, os anos em que o Brasil assiste ao retorno de um Estado de Direito voltado para a consolidação da democracia política e (ainda que como promessa futura) para a conquista da igualdade social.

Em tal contexto histórico, revelou-se a tensão existente, grosso modo, entre dois projetos societários diversos para o futuro do país – projetos estes que não podem deixar de ser vistos nos seus vários matizes político-ideológicos. De um lado, o projeto dominante que procura submeter a ideia de cidadania aos ditames da acumulação capitalista. De outro, o projeto alternativo que busca apontar para a necessidade de reconstrução da nação sobre os alicerces de uma cidadania plena, onde liberdade, igualdade e diversidade sejam tratadas de maneira indissolúvel. Uma tensão que se expressa nos dias de hoje na disputa entre, por um lado, os que advogam o selvagem entrelaçamento entre o receituário capitalista ultraneoliberal e uma visão de mundo pré-iluminista e, por outro, aqueles que saem em defesa da universalização e efetivação da democracia e dos direitos humanos em todas as suas múltiplas dimensões.

1. CONSOLIDAÇÃO DAS LEIS DO TRABALHO (1943)

Decretada em 1º de maio de 1943 por Getúlio Vargas, a Consolidação das Leis do Trabalho (CLT) é uma obra de sistematização e ordenação do conjunto de decretos e regulamentos referentes à legislação social e à organização sindical, os quais vinham sendo editados desde a criação do Ministério do Trabalho, Indústria e Comércio pelo governo provisório em novembro de 1930. Por meio dela, a política trabalhista varguista foi sintetizada, tendo sido reafirmado no seu corpo o papel central do Estado como regente das relações estabelecidas entre patrões e empregados, capital e trabalho. Para tanto, a CLT tem a sua estrutura dividida em três partes fundamentais: a) a tutela do trabalho; b) a organização sindical; c) a Justiça do Trabalho. Na primeira parte, ganham destaque os artigos referentes à duração da jornada de trabalho, aos períodos de descanso, ao salário mínimo a ser pago, ao direito a férias, à segurança no local de trabalho, à proteção do trabalho da mulher e dos menores etc. Na segunda parte, a ênfase recai sobre a obrigação do enquadramento de patrões e empregados dentro da estrutura sindical de caráter corporativista. Por fim, na última parte organiza-se uma Justiça do Trabalho voltada para a arbitragem dos conflitos de natureza trabalhista. Assim, a CLT é uma tentativa de controle político do movimento operário, por meio da junção de uma série de "concessões" no campo dos direitos sociais à imposição de uma ordem sindical marcada por uma forte regulação estatal, mas é também um fruto das demandas históricas dos trabalhadores em termos sociais.

Art. 5º – A todo trabalho de igual valor corresponderá salário igual, sem distinção de sexo.
[...]

Art. 7º – Os preceitos constantes da presente Consolidação, salvo quando for, em cada caso, expressamente determinado em contrário, não se aplicam:

a) aos empregados domésticos, assim considerados, de um modo geral, os que prestam serviços de natureza não econômica à pessoa ou à família, no âmbito residencial destas;
b) aos trabalhadores rurais, assim considerados aqueles que, exercendo funções diretamente ligadas à agricultura e à pecuária, não sejam empregados em atividades que, pelos métodos de execução dos respectivos trabalhos ou pela finalidade de suas operações, se classifiquem como industriais ou comerciais;
c) aos funcionários públicos da União, dos Estados e dos Municípios e aos respectivos extranumerários em serviço nas próprias repartições; (Redação dada pelo Decreto-Lei n.º 8.079, de 11-10-45, DOU 13-10-45)
d) aos servidores de autarquias paraestatais, desde que sujeitos a regime próprio de proteção ao trabalho que lhes assegure situação análoga à dos funcionários públicos. (Redação dada pelo Decreto-Lei n.º 8.079, de 11-10-45, DOU 13-10-45)

[...]

Art. 58 – A duração normal do trabalho, para os empregados em qualquer atividade privada, não excederá de 8 (oito) horas diárias, desde que não seja fixado expressamente outro limite.
[...]

Art. 66 – Entre 2 (duas) jornadas de trabalho haverá um período mínimo de 11 (onze) horas consecutivas para descanso.
[...]

Art. 76 – Salário mínimo é a contraprestação mínima devida e paga diretamente pelo empregador a todo trabalhador, inclusive ao trabalhador rural, sem distinção de sexo, por dia normal de serviço, e capaz de satisfazer, em determinada época e região do País, as suas necessidades normais de alimentação, habitação, vestuário, higiene e transporte.
[...]

Art. 129 – Todo empregado terá direito anualmente ao gozo de um período de férias, sem prejuízo da remuneração.
[...]

Art. 162 – As empresas, de acordo com normas a serem expedidas pelo Ministério do Trabalho, estarão obrigadas a manter serviços especializados em segurança e em medicina do trabalho.
[...]

Art. 372 – Os preceitos que regulam o trabalho masculino são aplicáveis ao trabalho feminino, naquilo em que não colidirem com a proteção especial instituída por este Capítulo.
[...]

Art. 403 – É proibido qualquer trabalho a menores de dezesseis anos de idade, salvo na condição de aprendiz, a partir dos quatorze anos. (Alterado pela Lei n.º 10.097, de 19-12-00, DOU 20-12-00)
[...]

Art. 511 – É lícita a associação para fins de estudo, defesa e coordenação dos seus interesses econômicos ou profissionais de todos os que, como empregadores, empregados, agentes ou trabalhadores autônomos, ou profissionais liberais, exerçam, respectivamente, a mesma atividade ou profissão ou atividades ou profissões similares ou conexas.
[...]

Art. 521 – São condições para o funcionamento do Sindicato:

a) proibição de qualquer propaganda de doutrinas incompatíveis com as instituições e os interesses da Nação, bem como de candidaturas a cargos eletivos estranhos ao Sindicato; (Redação dada pelo Decreto-Lei n.º 9.502, de 23-07-46, DOU 27-07-46)
b) proibição de exercício de cargo eletivo cumulativamente com o de emprego remunerado pelo Sindicato ou por entidade sindical de grau superior;
c) gratuidade do exercício dos cargos eletivos;
d) proibição de quaisquer atividades não compreendidas nas finalidades mencionadas no art. 511, inclusive as de caráter político-partidário; (Acrescentado pelo Decreto-Lei n.º 9.502, de 23-07-46, DOU 27-07-46)
e) proibição de cessão gratuita ou remunerada da respectiva sede a entidade de índole político-partidária. (Acrescentado pelo Decreto-Lei n.º 9.502, de 23-07-46, DOU 27-07-46)

[...]

Art. 643 – Os dissídios, oriundos das relações entre empregados e empregadores bem como de trabalhadores avulsos e seus tomadores de serviços, em atividades reguladas na legislação social, serão dirimidos pela Justiça do Trabalho, de acordo com o presente Título e na forma estabelecida pelo processo judiciário do trabalho. (Redação dada pela Lei n.º 7.494, de 17-06-86, DOU 19-06-86)[1]

2. MANIFESTO DOS MINEIROS (1943)

É pouco questionável a localização do início do declínio do Estado Novo no ano de 1942, quando o Brasil se declara em estado de guerra contra a Alemanha e a Itália, revertendo a postura simpática que Getúlio Vargas assumira em relação aos países do Eixo no começo da Segunda Guerra Mundial. A partir de então, tornou-se progressivamente difícil para o regime ditatorial varguista manter a sua legitimidade diante de uma situação caracterizada pela crescente mobilização contra o nazismo e o fascismo – agora, não apenas no plano internacional, mas

---

[1] BRASIL. Decreto-Lei Nº 5.452, de 1º de maio de 1943. *Consolidação das Leis do Trabalho.* Disponível em: <http://www.trt02.gov.br/geral/tribunal2/legis/CLT/TITULOI.html.>. Acesso em: 23 de out. 2019.

também dentro das fronteiras do país. Nesse novo cenário, o poder arbitrário de Vargas começa a ser questionado por uma oposição de caráter liberal-democrático em vias de fortalecimento. Exemplo maior da reestruturação das forças oposicionistas liberal-democráticas dentro do Brasil, o Manifesto dos Mineiros vem a público, em outubro de 1943, fazendo a pregação da obrigação de preparar a nação para uma redemocratização que fosse o corolário da luta contra as ditaduras nazifascistas no plano mundial. Assinado por personalidades oriundas da elite política, econômica e intelectual de Minas Gerais, como Pedro Aleixo, Milton Campos, Afonso Arinos de Melo Franco, Afonso Penna Júnior, Bilac Pinto, Mário Brant, José de Magalhães Pinto, entre outros, o Manifesto foi uma corajosa conclamação à luta pelo restabelecimento das liberdades civis e políticas perdidas em 1937, além da necessidade de construção de uma democracia que alcançasse o nível econômico.

> As ideias e sentimentos a que buscamos aqui dar expressão, cessaram de ser um estado natural de coisas. Uma dúvida paira sobre elas, no seio dos povos cujo espírito de demissão se acomodou com os atentados aos mais imprescritíveis direitos do homem e do cidadão.
> O Brasil pertence à cultura ocidental e dela não se poderá isolar nunca. Exatamente porque o nosso destino está de maneira indissolúvel ligado ao Ocidente, nós sofremos a flutuação dos seus valores morais e espirituais.
> A democracia não era mais, há alguns anos passados, um bem assegurado. Vivia ameaçada de dentro e de fora das nações, e em muitos países falhou completamente.
> Em consequência desses acontecimentos, que atingiram várias das maiores nações do Ocidente, o povo de Minas Gerais como, afinal, o de todo o Brasil, vê-se forçado a uma atitude de total retraimento e absoluto mutismo.
> Por isso, as ideias que aqui recordamos aos mineiros passaram a constituir, apenas, o tema das palestras e comentários privados no seio dos lares da nossa pacífica e grave Minas Gerais.
> A extinção de todas as atividades políticas e de todos os movimentos cívicos forçou os mineiros, reduzidos à situação de meros habitantes da sua terra, a circunscreverem a sua vida aos estreitos limites do que é quotidiano e privado.
> [...]

Louvando os homens de 1930, civis e militares, pelo empenho posto na destruição das velhas máquinas eleitorais, montadas com o indevido emprego das seduções e recursos do poder público, estamos seguros de que não teremos de assistir à repetição daqueles processos, nem mesmo sob a aparência de ensaios de corporativismo, quando estes se afastam da espontaneidade histórica e se transformam numa simples alavanca de governos de índole fascista.

Bem fixadas as marcas características da nossa formação e das nossas tendências, não poderemos fugir, sem grave desfiguração de ambas, ao dever de constatar que não é suprimindo a liberdade, sufocando o espírito público, cultivando o aulicismo, eliminando a vida política, anulando o cidadão e impedindo-o de colaborar nos negócios e nas deliberações do seu governo que se formam e engrandecem as nações.

A ilusória tranquilidade e a paz superficial que se obtêm pelo banimento das atividades cívicas podem parecer propícias aos negócios e ao comércio, ao ganho e à própria prosperidade, mas nunca benéficas ao revigoramento e à dignidade dos povos.

Se tais são as nossas disposições de espírito e se mal algum poderá advir, para o esforço de guerra do Brasil, do estudo e da preparação de planos para a ponderada reestruturação constitucional da República, ao ser firmada a paz, no uso da liberdade de opinião, pela qual o Brasil também se bate, pedimos a todos os mineiros de boa vontade, sem qualquer compromisso de solidariedade partidária, que meditem sobre a organização política e administrativa que, à luz da experiência dos melhores homens e de sua atilada prudência, possam evitar os males do passado e os equívocos do presente e assegurar a ordem e a prosperidade do País.

[...]

Segundo pensamos, união é harmonia espontânea e não unanimidade forçada, convergência de propósitos lúcidos e voluntários e não soma de adesões insinceras.

Um povo reduzido ao silêncio e privado da faculdade de pensar e de opinar é um organismo corroído, incapaz de assumir as imensas responsabilidades de correntes da participação num conflito de proporções quase telúricas, como o que desabou sobre a humanidade.

Se lutamos contra o fascismo, ao lado das Nações Unidas, para que a liberdade e a democracia sejam restituídas a todos os povos, certamente não pedimos demais reclamando para nós mesmos os direitos e as garantias que as caracterizam. A base moral do fascismo assenta sobre a separação entre os governantes e os governados, ao passo que a base moral e cristã da democracia reside na mútua e confiante aproximação dos filhos de uma mesma pátria e na consequente reciprocidade da prática alternada do poder e da obediência por parte de todos, indistintamente.

No momento em que o mais antigo – o precursor dos Estados totalitários – naufraga no mar profundo dos seus próprios vícios, pressente-se que se aproxima, para todos os povos, a oportunidade de uma retomada de consciência dos valores democráticos, ou, para melhor dizer, de sua regeneração pelo sentimento e pelo pensamento.

[...]

Do que fica dito, fácil é inferir que a democracia por nós preconizada não é a mesma do tempo do liberalismo burguês. Não se constitui pela aglomeração de indivíduos de orientação isolada, mas por movimentos de ação convergente. Preconizamos uma reforma democrática que, sem esquecer a liberdade espiritual, cogite, principalmente da democratização da economia.

Num e noutro domínio, o tempo do liberalismo passivo já findou. Não é de fraqueza renunciante e de tolerância céptica que a democracia precisa. Assim escolhida, ela pareceria digna de piedade, em face das doutrinas baseadas na violência e que nenhum escrúpulo detêm. Ao reconhecimento disto ligamos a renovação espiritual do regime democrático.

Quanto à sua renovação econômica, toda a gente sabe o que significa. Sua culpa moral e sua inferioridade – que ao próprio fascismo dá oportunidade de fazer valer um arremedo de idealismo – reside no domínio do dinheiro, que, com a passividade da revolução burguesa, substituiu-se sub-repticiamente às desigualdades do feudalismo, o que é, sem dúvida, mais moderno, embora seja igualmente injusto.

Queremos alguma coisa além das franquias fundamentais, do direito de voto e do *habeas corpus*. Nossas aspirações fundam-se no estabelecimento de garantias constitucionais, que se traduzam em efetiva segurança econômica e bem-estar para todos os brasileiros, não só das capitais, mas de todo o território nacional. Queremos espaço realmente aberto para os moços, oriundos de todos os horizontes sociais, a fim de que a nação se enriqueça de homens experimentados e eficientes, inclusive de homens públicos, dentre os quais venham a surgir no contínuo concurso das atividades políticas, os fadados a governá-la e a enaltecê-la no concerto das grandes potências, para o qual rapidamente caminha. Queremos liberdade de pensamento, sobretudo do pensamento político.

[...]

Exatamente por sermos fiéis a esses compromissos, entendemos que nos cumpre cogitar, desde já, com patriotismo e prudência, da organização política do país no após-guerra, tendo em vista principalmente as indicações da Carta do Atlântico. O povo a que alude este famoso documento que orienta a comunidade das Nações Unidas só pode ser o que se manifesta pelo voto espontâneo e livre, pois, de outra sorte, absurdo e iníquo seria que se destruísse, com tão surpreendente dispêndio de sangue e de riqueza, o sistema político que Hitler e Mussolini e seus inúmeros cúmplices sempre proclamaram como aplaudido e consagrado pelos povos da Itália e da Alemanha, para mantê-lo sob especiosos disfarces depois da vitória.

Em suma: anunciando que a Nação será convocada para a sua estruturação política, parece-nos – tal como já foi dito em Londres – que, se os povos aguardarem a vitória a fim de escolherem os seus rumos, terão para isso perdido uma das supremas oportunidades da História.

Eis por que, no momento em que devemos, unidos e coesos, sem medir sacrifícios e sem quebra ou interrupção da solidariedade já manifestada, dar tudo pela vitória do Brasil, entendemos que é também contribuir para o esforço de guerra conclamar, como conclamamos, os mineiros a que se unam acima de ressentimentos, interesses e comodidades, sob os ideais vitoriosos a 15 de novembro de 1889 e reafirmados solenemente em outubro de 1930, a fim de que, pela federação e pela democracia, possam todos os brasileiros viver em liberdade uma vida digna, respeitados e estimados pelos povos irmãos da América e de todo o mundo.[2]

3. CONSTITUIÇÃO FEDERAL (1946)

Com a deposição de Getúlio Vargas em 29 de outubro de 1945, o Estado Novo imposto no ano de 1937 chega ao fim. Pouco tempo depois, no dia 2 de dezembro, são realizadas as eleições para a Assembleia Nacional Constituinte, responsável pela elaboração de uma carta constitucional que se adequasse aos novos tempos pós-ditatoriais. Em termos quantitativos, no conjunto de deputados e senadores escolhidos para os trabalhos constituintes destacaram-se os eleitos pelo Partido Social Democrático (PSD), pela União Democrática Nacional (UDN) e pelo Partido Trabalhista Brasileiro (PTB), partidos que não apenas formaram as três maiores bancadas da Assembleia, como também acabaram controlando o cenário político nacional até o Golpe de Estado de 1964. Promulgada em 18 de setembro de 1946 – em plena vigência do mandato presidencial do general Eurico Gaspar Dutra, eleito com o apoio de Vargas e dos dois partidos por ele criados ao término da ditadura, o PSD e o PTB –, a nova Constituição Federal foi em parte uma obra de restauração do que se tentara realizar com a Constituição de 1934 e que fora retirado à força em

---

[2] DHNet. *Manifesto dos mineiros*. 1995. Disponível em: <http://www.dhnet.org.br/direitos/anthistbr/estadonovo/mineiros_1943.htm.>. Acesso em: 23 de out. 2019.

1937. Que se destaque aqui a reconquista do "sufrágio universal e direto" e o restabelecimento da "inviolabilidade dos direitos concernentes à vida, à liberdade, à segurança individual e à propriedade", conforme disposto respectivamente nos artigos 134 e 141 da sua Declaração de Direitos – garantias que seriam mantidas não obstante os retrocessos advindos com o início da Guerra Fria, durante o ano de 1947.

TÍTULO IV
DA DECLARAÇÃO DE DIREITOS

CAPÍTULO I
DA NACIONALIDADE E DA CIDADANIA

[...]

Art. 131. São eleitores os brasileiros maiores de dezoito anos que se alistarem na forma da lei.

Art. 132. Não podem alistar-se eleitores:
I – os analfabetos;
II – os que não saibam exprimir-se na língua nacional;
III – os que estejam privados, temporária ou definitivamente, dos direitos políticos.
Parágrafo único. Também não podem alistar-se eleitores as praças de pré, salvo os aspirantes a oficial, os suboficiais, os subtenentes, os sargentos e os alunos das escolas militares de ensino superior.

Art. 133. O alistamento e os votos são obrigatórios para os brasileiros de ambos os sexos, salvo as exceções previstas em lei.

Art. 134. O sufrágio é universal e direto; o voto é secreto; e fica assegurada a representação proporcional dos partidos nacionais na forma que a lei estabelecer.
[...]

CAPÍTULO II
DOS DIREITOS E DAS GARANTIAS INDIVIDUAIS

Art. 141. A Constituição assegura aos brasileiros e aos estrangeiros residentes no País a inviolabilidade dos direitos concernentes à vida, à liberdade, à segurança individual e à propriedade, nos termos seguintes:

§1º Todos são iguais perante a lei.

§2º Ninguém pode fazer ou deixar de fazer alguma coisa senão em virtude da lei.

§3º A lei não prejudicará o direito adquirido, o ato jurídico perfeito e a coisa julgada.

§4º A lei não poderá excluir da apreciação do Poder Judiciário qualquer lesão de direito individual.

§5º É livre a manifestação do pensamento, sem que dependa de censura, salvo quanto a espetáculos e diversões públicas, respondendo cada um, nos casos e na forma que a lei preceituar, pelos abusos que cometer. Não é permitido o anonimato. É assegurado o direto de resposta. A publicação de livros e periódicos não dependerá de licença do Poder Público. Não será, porém, tolerada propaganda de guerra, de processos violentos para subverter a ordem política e social, ou de preconceitos de raça ou de classe.

§6º É inviolável o sigilo da correspondência.

§7º É inviolável a liberdade de consciência e de crença e assegurado o livre exercício dos cultos religiosos, salvo o dos que contrariem a ordem pública ou os bons costumes. As associações religiosas adquirirão personalidade jurídica na forma da lei civil.

§8º Por motivo de convicção religiosa, filosófica ou política, ninguém será privado de nenhum de seus direitos, salvo se a invocar para se eximir de obrigação, encargo ou serviço impostos pela lei aos brasileiros em geral, ao recusar os que ela estabelecer em substituição daqueles deveres, a fim de atender escusa de consciência.

[...]

§11º Todos podem reunir-se, sem armas, não intervindo a polícia senão para assegurar a ordem pública. Com esse intuito, poderá a polícia designar o local para a reunião, contanto que, assim procedendo, não a frustre ou impossibilite.

§12º É garantida a liberdade de associação para fins lícitos. Nenhuma associação poderá ser compulsoriamente dissolvida senão em virtude de sentença judiciária.

§13º É vedada a organização, o registro ou o funcionamento de qualquer partido político ou associação, cujo programa ou ação contrarie o regime democrático, baseado na pluralidade dos partidos e na garantia dos direitos fundamentais do homem.

§14º É livre o exercício de qualquer profissão, observadas as condições de capacidade que a lei estabelecer.

§15º A casa é o asilo inviolável do indivíduo. Ninguém poderá nela penetrar à noite, sem consentimento do morador, a não ser para acudir a vítimas de crime ou desastre, nem durante o dia, fora dos casos e pela forma que a lei estabelecer.

§16º É garantido o direito de propriedade, salvo o caso de desapropriação por necessidade ou utilidade pública, ou por interesse social, mediante prévia e justa indenização em dinheiro. Em caso de perigo iminente, como guerra ou comoção intestina, as autoridades competentes poderão usar da propriedade particular, se assim o exigir o bem público, ficando, todavia, assegurado o direito à indenização ulterior.

[...]

§20º Ninguém será preso senão em flagrante delito, ou por ordem escrita da autoridade competente, nos casos expressos em lei.

§21º Ninguém será levado à prisão ou nela detido se prestar fiança permitida em lei.

§22º A prisão ou detenção de qualquer pessoa será imediatamente comunicada ao juiz competente, que a relaxará, se não for legal, e, nos casos previstos em lei, promoverá a responsabilidade da autoridade coatora.

§23º Dar-se-á *habeas corpus* sempre que alguém sofrer ou se achar ameaçado de sofrer violência ou coação em sua liberdade de locomoção, por ilegalidade ou abuso de poder. Nas transgressões disciplinares não cabe o *habeas corpus*.

§24º Para proteger direito líquido e certo não amparado por *habeas corpus*, conceder-se-á mandato de segurança, seja qual for a autoridade responsável pela ilegalidade ou abuso de poder.

§25º É assegurada aos acusados plena defesa, com todos os meios e recursos essenciais a ela, desde a nota de culpa, que, assinada pela autoridade competente, com os nomes do acusador e das testemunhas, será entregue ao preso dentro em vinte e quatro horas. A instrução criminal será contraditória.

§26º Não haverá foro privilegiado nem juízes e tribunais de exceção.

§27º Ninguém será processado nem sentenciado senão pela autoridade competente e na forma de lei anterior.

§28º É mantida a instituição do júri, com a organização que lhe der a lei, contanto que seja sempre ímpar o número de seus membros e garantido o sigilo das votações, a plenitude da defesa do réu e a soberania dos veredictos. Será obrigatoriamente da sua competência o julgamento dos crimes dolosos contra a vida.

§29º A lei penal regulará a individualização da pena e só retroagirá quando beneficiar o réu.

§30º Nenhuma pena passará da pessoa do delinquente.

§31º Não haverá pena de morte, de banimento, de confisco nem de caráter perpétuo. São ressalvadas, quanto à pena de morte, as disposições da legislação militar em tempo de guerra com país estrangeiro. A lei disporá sobre o sequestro e o perdimento de bens no caso de enriquecimento ilícito por influência ou com abuso de cargo ou função pública, ou de emprego em entidade autárquica.

§32º Não haverá prisão civil por dívida, multa ou custas, salvo o caso do depositário infiel e o de inadimplemento de obrigação alimentar na forma da lei.

§33º Não será concedida a extradição de estrangeiro por crime político ou de opinião e, em caso nenhum, a de brasileiro.[3]

4. DECLARAÇÃO DE BELO HORIZONTE (1961)

Aprovada no I Congresso Nacional de Lavradores e Trabalhadores do Campo, em novembro de 1961, na cidade de Belo Horizonte, a presente declaração representa o primeiro documento de amplitude nacional a sair em defesa da proposta de realização de uma reforma agrária radical no campo brasileiro. Por detrás da declaração encontra-se a hegemonia alcançada no seio dos trabalhadores rurais pelas Ligas Camponesas. Nascidas em 1955, as Ligas se constituíram como um movimento social que reunia em si a vontade de lutar contra a estrutura fundiária extremamente concentrada do país, uma herança maldita do nosso passado colonial marcado pelo binômio latifúndio/escravismo. Por outro lado, é impossível não identificar nas propostas de radicalização do enfrentamento da questão agrária no Brasil – sintetizadas no lema que se tornou amplamente conhecido por meio da fala do líder das Ligas, Francisco Julião, "reforma agrária na lei ou na marra" – a progressiva conscientização da parte do homem do campo de que a extensão da cidadania pelo Estado pós-1930 não havia chegado até ele, isto é, os direitos sociais somente haviam sido reconhecidos a determinados setores da classe trabalhadora urbana. Organizadas particularmente nos estados da região Nordeste, as Ligas Camponesas acabaram se envolvendo no crescente clima de radicalização que começava a se fazer presente de maneira generalizada em todas as áreas do país desde a segunda metade dos anos 1950.

---

[3] BALEEIRO, Aliomar e SOBRINHO, Barbosa Lima (orgs.). *Constituições Brasileiras: 1946*. Brasília: Senado Federal/Ministério da Ciência e Tecnologia/Ministério da Fazenda, 2001, p. 96-97 e 99-103.

Com a finalidade de realizar a reforma agrária que efetivamente interessa ao povo e às massas trabalhadoras do campo, julgamos indispensável e urgente dar soluções às seguintes questões:

a) Radical transformação da atual estrutura agrária do país, com a liquidação do monopólio da propriedade da terra exercido pelos latifundiários, principalmente com a desapropriação, pelo governo federal, dos latifúndios, substituindo-se a propriedade monopolista da terra pela propriedade camponesa, em forma individual ou associada, e a propriedade estatal.
b) Máximo acesso à posse e ao uso da terra pelos que nela desejam trabalhar, à base da venda, usufruto ou aluguel a preços módicos das terras desapropriadas dos latifundiários e da distribuição gratuita das terras devolutas.

Além dessas medidas, que visam a modificar radicalmente as atuais bases da questão agrária no que respeita ao problema da terra, são necessárias soluções que possam melhorar as atuais condições de vida e de trabalho das massas camponesas, como sejam:

a) Respeito ao amplo, livre e democrático direito de organização independente dos camponeses em suas associações de classe.
b) Aplicação efetiva da parte da legislação trabalhista já existente e que se estende aos trabalhadores agrícolas, bem como imediatas providências governamentais no sentido de impedir sua violação. Elaboração de Estatuto que vise a uma legislação trabalhista adequada aos trabalhadores rurais.
c) Plena garantia à sindicalização livre e autônoma dos assalariados e semiassalariados do campo. Reconhecimento imediato dos sindicatos rurais.
d) Ajuda efetiva à economia camponesa, sob todas as suas formas.
[...]

Nas atuais condições, tudo deve ser feito para conseguir que as forças que dirigem os destinos da nação brasileira se lancem à realização de uma eficaz e inadiável política agrária, capaz de, através da execução de medidas parciais, ir dando solução às questões indispensáveis à plena realização da reforma agrária de que necessitam os lavradores agrícolas, assim como todo o povo brasileiro. Tais medidas, entre outras, são as seguintes:

a) Imediata modificação pelo Congresso Nacional do Artigo 141 da Constituição Federal, em seu parágrafo 16, que estabelece a exigência de "indenização prévia, justa e em dinheiro" para os casos de

desapropriação de terras por interesse social. Esse dispositivo deverá ser eliminado e reformulado, determinando que as indenizações por interesse social sejam feitas mediante títulos do poder público, resgatáveis a prazo longo e a juros baixos.
b) Urgente e completo levantamento cadastral de todas as propriedades de área superior a 500 hectares e de seu aproveitamento.
c) Desapropriação, pelo governo federal, das terras não aproveitadas com área superior a 500 hectares, a partir das regiões mais populosas, das proximidades dos grandes centros urbanos, das vias de comunicação e reservas de água.
d) Adoção de um plano para regulamentar a indenização da dívida pública, a longo prazo, e a juros baixos, das terras desapropriadas, avaliadas à base do preço da terra registrado para fins fiscais.
e) Levantamento cadastral completo, pelos governos federal, estaduais e municipais, de todas as terras devolutas.
f) Retombamento e atualização de todos os títulos de posse de terra. Anulação dos títulos ilegais ou precários de posse, cujas terras devem reverter à propriedade pública.
g) O imposto territorial rural deverá ser progressivo, através de uma legislação tributária que estabeleça: 1º) forte aumento de sua incidência sobre a grande propriedade agrícola; 2º) isenção fiscal para a pequena propriedade agrícola.
h) Regulamentação da venda, concessão em usufruto ou arrendamento das terras desapropriadas aos latifúndios, levando em conta que em nenhum caso poderão ser feitas concessões cuja área seja superior a 500 hectares, nem inferior ao mínimo vital às necessidades da pequena economia camponesa.
i) As terras devolutas, quer sejam de propriedade da União, dos estados ou Municípios, devem ser concedidas gratuitamente, salvo exceções de interesse nacional, aos que nelas queiram efetivamente trabalhar.
j) Proibição da entrega de terras públicas àqueles que as possam utilizar para fins especulativos.
l) Outorga de títulos aos atuais posseiros que efetivamente trabalham a terra, bem como a defesa intransigente de seus direitos contra grilagem.

Que seja planificada, facilitada e estimulada a formação de núcleos de economia camponesa, através da produção cooperativa.[4]

---

[4] JULIÃO, Francisco. *Que são as ligas camponesas?* Rio de Janeiro: Civilização Brasileira, 1962, p. 81-7.

5. PROGRAMA DA GREVE GERAL DE 5 DE JULHO (1962)

Os conflitos sociopolíticos levados a cabo na primeira metade dos anos 1960 giraram em grande medida em torno da aprovação das chamadas "reformas de base". À época, os movimentos sociais de trabalhadores engajaram-se fortemente na luta por um conjunto de reformas de natureza estrutural que, caso aprovadas pelo Congresso Nacional, abririam espaço para a transformação dos elementos estruturais responsáveis pela sustentação da ordem capitalista em nosso país. Dessa forma, realizando-se a reforma agrária, a reforma bancária, a reforma urbana, a reforma eleitoral, a reforma fiscal etc. – em busca de uma progressiva nacionalização da economia –, dar-se-ia um passo fundamental rumo à construção de uma sociedade mais igualitária em termos sociais e econômicos. Tal movimentação em nome das "reformas de base" ocorreu paralelamente ao crescimento das demandas das organizações sindicais, passando por um momento de inflexão na criação do Comando Geral dos Trabalhadores (CGT), em agosto de 1962, na cidade de São Paulo, no decorrer do IV Encontro Sindical Nacional. Na verdade, nas raízes da formação do CGT como organismo intersindical que confrontava as estruturas corporativistas do sindicalismo brasileiro herdadas da Era Vargas, localiza-se uma série de grandes movimentos grevistas que remontam ao ano de 1953, com a greve dos 300 mil, e que deságuam em uma série de greves gerais ocorridas até o Golpe de Estado de 1964, como a greve geral de 5 de julho de 1962.

1) Luta concreta e eficaz contra a inflação e a carestia, mobilizando todos os meios de transporte para condução de gêneros essenciais dos centros produtores para os consumidores, chegando-se, se necessário, até o confisco dos estoques existentes.
2) Reforma agrária radical e, de imediato, reconhecimento dos Sindicatos de Trabalhadores Rurais.
3) Reforma urbana como única solução para o problema da casa própria.
4) Reforma bancária, com a nacionalização dos depósitos.
5) Reforma eleitoral, com direito de voto aos analfabetos, aos cabos e soldados das Forças Armadas e a instituição da cédula única para as eleições de 7 de outubro.

6) Reforma universitária e a participação de 1/3 de estudantes nas Congregações, Conselhos Departamentais e Conselhos Universitários.
7) Ampliação da atual política externa do Brasil, pela conquista de novos mercados, em defesa da paz, do desarmamento total e da autodeterminação dos povos.
8) Repúdio e desmascaramento da política financeira do Fundo Monetário Internacional.
9) Aprovação da lei que assegura o direito de greve, nos termos do projeto aprovado pela Câmara Federal, com as emendas propostas e já aprovadas pelos trabalhadores em suas conferências e congressos.
10) Encampação, com tombamento de todas as empresas estrangeiras que exploram os serviços públicos.
11) Controle da inversão de capitais estrangeiros no País e limitação da remessa de lucros.
12) Participação dos trabalhadores nos lucros das empresas.
13) Revogação de todo e qualquer acordo lesivo aos interesses nacionais.
14) Fortalecimento da Petrobrás com o monopólio estatal da importação de óleo bruto, da distribuição de derivados a granel, da indústria petroquímica e a encampação das refinarias particulares.
15) Medidas concretas e eficazes para o funcionamento da Eletrobrás.
16) Criação da Aerobrás, instituindo o monopólio estatal na aviação comercial.
17) Manutenção das atuais autarquias que exploram o transporte marítimo, assegurando-se-lhes o percentual de 50% das cargas transportadas, na importação e exportação, às embarcações mercantis nacionais.
18) Aprovação da Lei que institui o pagamento de 13º mês de salário.[5]

6. CARTA AOS BRASILEIROS – GOFFREDO DA SILVA TELLES JR. (1977)

"Estado de Direito Já". Com essa palavra de ordem, o renomado jurista paulista Goffredo da Silva Telles (1915-2009) enfrentou de peito aberto o regime ditatorial. Em 8 de agosto de 1977, na ocasião da comemoração dos 150 anos de existência da Faculdade de Direito da Universidade de

---

[5] MIGLIOLI, Jorge. *Como são feitas as greves no Brasil*. Rio de Janeiro: Civilização Brasileira, 1963, p. 117-8.

São Paulo (USP), sediada no Largo São Francisco, ele lê uma carta – a Carta aos Brasileiros. Ex-pracinha na Revolução Constitucionalista de 1932, o professor Goffredo fora convidado por Flavio Bierrenbach, José Carlos Dias e Almino Affonso para ler um manifesto em defesa da democracia. As intenções dos organizadores da manifestação eram claras. Era preciso dar forma a um evento que representasse uma alternativa à comemoração oficial, que ficara a cargo de Alfredo Buzaid, Ministro da Justiça do governo Médici, tendo à frente uma figura não identificada com posicionamentos tradicionais da esquerda. Assim, o democrata Goffredo aceitou o desafio de questionar a legitimidade de um regime político fundado no uso recorrente da força física, propondo a tese da reconstitucionalização do país. As repercussões da leitura da carta foram grandes, resultando, por exemplo, no progressivo distanciamento das classes médias em relação ao regime, em um momento em que a repressão política diminuíra, mas sem desaparecer por completo, como se viu na cassação do deputado Alencar Furtado, líder da oposição na Câmara, e na invasão das instalações da Pontifícia Universidade Católica de São Paulo (PUC-SP) por forças policiais.

> Das Arcadas do Largo de São Francisco, do "Território Livre" da Academia de Direito de São Paulo, dirigimos, a todos os brasileiros, esta Mensagem de Aniversário, que é a Proclamação de Princípios de nossas convicções políticas.
> Na qualidade de herdeiros do patrimônio recebido de nossos maiores, ao ensejo do Sesquicentenário dos Cursos Jurídicos no Brasil, queremos dar o testemunho, para as gerações futuras, de que os ideais do Estado de Direito, apesar da conjuntura da hora presente, vivem e atuam, hoje como ontem, no espírito vigilante da nacionalidade.
> Queremos dizer, sobretudo aos moços, que nós aqui estamos e aqui permanecemos, decididos, como sempre, a lutar pelos Direitos Humanos, contra a opressão de todas as ditaduras.
> Nossa fidelidade de hoje aos princípios basilares da Democracia é a mesma que sempre existiu à sombra das Arcadas: fidelidade indefectível e operante, que escreveu as Páginas da Liberdade, na História do Brasil.
> Estamos certos de que esta Carta exprime o pensamento comum de nossa imensa e poderosa Família – da Família formada, durante um século e meio, na Academia do Largo de São Francisco, na Faculdade de Direito de Olinda e Recife, e nas outras grandes Faculdades de Direito do Brasil

– Família indestrutível, espalhada por todos os rincões da Pátria, e da qual já saíram, na vigência de Constituições democráticas, dezessete Presidentes da República.

[...]

O Estado de Direito e o Estado de Fato

Proclamamos que o Estado legítimo é o Estado de Direito, e que o Estado de Direito é o Estado Constitucional.

O Estado de Direito é o Estado que se submete ao princípio de que Governos e governantes devem obediência à Constituição.

Bem simples é este princípio, mas luminoso, porque se ergue, como barreira providencial, contra o arbítrio de vetustos e renitentes absolutismos. A ele as instituições políticas das Nações somente chegaram após um longo e acidentado percurso na História da Civilização. Sem exagero, pode dizer-se que a consagração desse princípio representa uma das mais altas conquistas da cultura, na área da Política e da Ciência do Estado.

O Estado de Direito se caracteriza por três notas essenciais, a saber: por ser obediente ao Direito; por ser guardião dos Direitos; e por ser aberto para as conquistas da cultura jurídica.

É obediente ao Direito, porque suas funções são as que a Constituição lhe atribui, e porque, ao exercê-las, o Governo não ultrapassa os limites de sua competência.

É guardião dos Direitos, porque o Estado de Direito é o Estado-Meio, organizado para servir o ser humano, ou seja, para assegurar o exercício das liberdades e dos direitos subjetivos das pessoas.

E é aberto para as conquistas da cultura jurídica, porque o Estado de Direito é uma democracia, caracterizado pelo regime de representação popular nos órgãos legislativos e, portanto, é um Estado sensível às necessidades de incorporar à legislação as normas tendentes a realizar o ideal de uma Justiça cada vez mais perfeita.

Os outros Estados, os Estados não constitucionais, são os Estados cujo Poder Executivo usurpa o Poder Constituinte. São os Estados cujos chefes tendem a se julgar onipotentes e oniscientes, e que acabam por não respeitar fronteiras para sua competência. São os Estados cujo Governo não tolera crítica e não permite contestação. São os Estados-Fim, com Governos obcecados por sua própria segurança, permanentemente preocupados com sua sobrevivência e continuidade. São Estados opressores, que muitas vezes se caracterizam por seus sistemas de repressão, erguidos contra as livres manifestações da cultura e contra o emprego normal dos meios de defesa dos direitos da personalidade.

Esses Estados se chamam Estados de Fato. Os otimistas lhes dão o nome de Estados de Exceção. Na verdade, são Estados Autoritários, que facilmente descambam para a Ditadura.

Ilegítimos, evidentemente, são tais Estados, porque seu Poder Executivo viola o princípio soberano da obediência dos Governos à Constituição e às leis.

Ilegítimos, em verdade, porque seus Governos não têm Poder, não têm o Poder Legítimo, que definimos no início desta Carta.

Destituídos de Poder Legítimo, os Estados de Fato duram enquanto puderem contar com o apoio de suas forças armadas.

Sustentamos que os Estados de Fato, ou Estados de Exceção, são sistemas subversivos, inimigos da ordem legítima, promotores da violência contra Direitos Subjetivos, porque são Estados contrários ao Estado Constitucional, que é o Estado de Direito, o Estado da Ordem Jurídica.

Nos países adiantados, em que a cultura política já organizou o Estado de Direito, a insólita implantação do Estado de Fato ou de Exceção – do Estado em que o Presidente da República volta a ser o monarca *lege solutus* – constitui um violento retrocesso no caminho da cultura.

Uma vez reimplantado o Estado de Fato, a Força torna a governar, destronando o Poder. Então, bens supremos do espírito humano, somente alcançados após árdua caminhada da inteligência, em séculos de História, são simplesmente ignorados. Os valores mais altos da Justiça, os direitos mais sagrados dos homens, os processos mais elementares de defesa do que é de cada um, são vilipendiados, ridicularizados e até ignorados, como se nunca tivessem existido.

O que os Estados de Fato, Estados Policiais, Estados de Exceção, Sistemas de Força apregoam é que há Direitos que devem ser suprimidos ou cerceados, para tornar possível a consecução dos ideais desses próprios Estados e Sistemas.

Por exemplo, em lugar dos Direitos Humanos, a que se refere a Declaração Universal das Nações Unidas, aprovada em 1948; em lugar do *habeas corpus*; em lugar do direito dos cidadãos de eleger seus governantes, esses Estados e Sistemas colocam, frequentemente, o que chamam de Segurança Nacional e Desenvolvimento Econômico.

Com as tenebrosas experiências dos Estados Totalitários europeus, nos quais o lema é, e sempre foi, "Segurança e Desenvolvimento", aprendemos uma dura lição. Aprendemos que a Ditadura é o regime, por excelência, da Segurança Nacional e do Desenvolvimento Econômico. O Nazismo, por exemplo, tinha por meta o binômio Segurança e Desenvolvimento. Nele ainda se inspira a ditadura soviética.

Aprendemos definitivamente que, fora do Estado de Direito, o referido binômio pode não passar de uma cilada. Fora do Estado de Direito, a Segurança, com seus órgãos de terror, é o caminho da tortura e do aviltamento humano; e o Desenvolvimento, com o malabarismo de seus cálculos, a preparação para o descalabro econômico, para a miséria e a ruína.

Não nos deixaremos seduzir pelo canto das sereias de quaisquer Estados de Fato, que apregoam a necessidade de Segurança e Desenvolvimento, com o objetivo de conferir legitimidade a seus atos de Força, violadores frequentes da Ordem Constitucional.

Afirmamos que o binômio Segurança e Desenvolvimento não tem o condão de transformar uma Ditadura numa Democracia, um Estado de Fato num Estado de Direito.

Declaramos falsa a vulgar afirmação de que o Estado de Direito e a Democracia são "a sobremesa do desenvolvimento econômico". O que temos verificado, com frequência, é que desenvolvimentos econômicos se fazem nas mais hediondas ditaduras.

Nenhum País deve esperar por seu desenvolvimento econômico, para depois implantar o Estado de Direito. Advertimos que os Sistemas, nos Estados de Fato, ficarão permanentemente à espera de um maior desenvolvimento econômico, para nunca implantar o Estado de Direito.

Proclamamos que o Estado de Direito é sempre primeiro, porque primeiro estão os direitos e a segurança da pessoa humana. Nenhuma ideia de Segurança Nacional e de Desenvolvimento Econômico prepondera sobre a ideia de que o Estado existe para servir o homem.

Estamos convictos de que a segurança dos direitos da pessoa humana é a primeira providência para garantir o verdadeiro desenvolvimento de uma Nação.

Nós queremos segurança e desenvolvimento. Mas queremos segurança e desenvolvimento dentro do Estado de Direito.

Em meio da treva cultural dos Estados de Fato, a chama acesa da consciência jurídica não cessa de reconhecer que não existem, para Estado nenhum, ideais mais altos do que os da Liberdade e da Justiça.

[...]

Os Valores Soberanos do Homem, Dentro do Estado de Direito

Neste preciso momento histórico, reassume extraordinária importância a verificação de um fato cósmico. Até o advento do Homem no Universo, a evolução era simples mudança na organização física dos seres. Com o surgimento do Homem, a evolução passou a ser, também, um movimento da consciência.

Seja-nos permitido insistir num truísmo: a evolução do homem é a evolução de sua consciência; e a evolução da consciência é a evolução da cultura.

A nossa tese é a de que o homem se aperfeiçoa à medida que incorpora valores morais ao seu patrimônio espiritual. Sustentamos que os Estados somente progridem, somente se aprimoram, quando tendem a satisfazer ansiedades do coração humano, assegurando a fruição de valores espirituais, de que a importância da vida individual depende.

Sustentamos que um Estado será tanto mais evoluído quanto mais a ordem reinante consagre e garanta o direito dos cidadãos de serem regidos por uma Constituição soberana, elaborada livremente pelos Representantes do Povo, numa Assembleia Nacional Constituinte; o direito de não ver ninguém jamais submetido a disposições de atos legislativos do Poder Executivo, contrários aos preceitos e ao espírito dessa Constituição; o direito de ter um Governo em que o Poder Legislativo e o Poder Judiciário possam cumprir sua missão com independência, sem medo de represálias e castigos do Poder Executivo; o direito de ter um Poder Executivo limitado pelas normas da Constituição soberana, elaborada pela Assembleia Nacional Constituinte; o direito de escolher, em pleitos democráticos, seus governantes e legisladores; o direito de ser eleito governante ou legislador, e o de ocupar cargos na administração pública; o direito de se fazer ouvir pelos Poderes Públicos, e de introduzir seu pensamento nas decisões do Governo; o direito à liberdade justa, que é o direito de fazer ou de não fazer o que a lei não proíbe; o direito à igualdade perante a lei que é o direito de cada um de receber o que a cada um pertence; o direito à intimidade e à inviolabilidade do domicílio; o direito à propriedade e o de conservá-la; o direito de organizar livremente sindicatos de trabalhadores, para que estes possam lutar em defesa de seus interesses; o direito à presunção de inocência, dos que não forem declarados culpados, em processo regular; o direito de imediata e ampla defesa dos que forem acusados de ter praticado ato ilícito; o direito de não ser preso, fora dos casos previstos em lei; o direito de não ser mantido preso, em regime de incomunicabilidade, fora dos casos da lei; o direito de não ser condenado a nenhuma pena que a lei não haja cominado antes do delito; o direito de nunca ser submetido à tortura, nem a tratamento desumano ou degradante; o direito de pedir a manifestação do Poder Judiciário, sempre que houver interesse legítimo de alguém; o direito irrestrito de impetrar *habeas corpus*; o direito de ter Juízes e Tribunais independentes, com prerrogativas que os tornem refratários a injunções de qualquer ordem; o direito de ter uma imprensa livre; o direito de fruir das obras de arte e cultura, sem cortes ou restrições; o direito de exprimir o pensamento, sem qualquer censura, ressalvadas as penas legalmente previstas, para os crimes de calúnia, difamação e injúria; o direito de resposta; o direito de reunião e associação.

Tais direitos são valores soberanos. São ideais que inspiram as ordenações jurídicas das nações verdadeiramente civilizadas. São princípios informadores do Estado de Direito.

Fiquemos apenas com o essencial.

O que queremos é ordem. Somos contrários a qualquer tipo de subversão. Mas a ordem que queremos é a ordem do Estado de Direito.

A consciência jurídica do Brasil quer uma cousa só: o Estado de Direito, já.[6]

---

[6] Carta aos Brasileiros de Goffredo Telles Junior. 1977. Disponível em: <http://www.goffredotellesjr.adv.br/site/pagina.php?id_pg=30#um>. Acesso em: 11 de nov. 2019.

7. DISCURSO DE ULYSSES GUIMARÃES NA BAHIA (1978)

Advogado por formação, Ulysses Guimarães (1916-1992) entrou para a vida política no ano de 1945, ingressando no Partido Social Democrático (PSD), legenda à qual permaneceria vinculado até a extinção de todos os partidos políticos existentes e a instauração do bipartidarismo, por meio da edição do Ato Institucional n.º 2, em 1965. Diante da nova situação política criada pelo regime ditatorial, Ulysses filiou-se ao oposicionista Movimento Democrático Brasileiro (MDB) e se tornou um dos seus principais líderes nacionais, assumindo inclusive a sua presidência em 1971. A partir desse momento, ele se tornaria rapidamente um dos maiores símbolos da resistência democrática à ditadura instalada no país, em 1964. Em uma das mais célebres passagens da sua biografia política, em 13 de maio de 1978 – depois de ter se lançado "anticandidato" à presidência da República nas eleições que seriam disputadas de maneira indireta, por intermédio do colégio eleitoral, em janeiro de 1974 –, Ulysses Guimarães enfrentou de peito aberto policiais militares armados de fuzis com baionetas e acompanhados de cães pastores-alemães, que tentavam impedi-lo de chegar até a sede do partido, em Salvador, para a reunião de lançamento das candidaturas da oposição às eleições para o Senado Federal, a serem realizadas em 15 de novembro daquele ano. Então, em vez de uma reunião fechada, o que ocorreu foi um comício seguido de passeata, em que o Dr. Ulysses cunhou uma das suas frases mais famosas: "Baioneta não é voto e cachorro não é urna".

> Meus amigos que aqui estão, brasileiros que aqui não puderam vir e estão lá fora, mas que, apesar disso, em todo o Brasil, ouvem o pregão do MDB pela liberdade e pela Democracia. Soldados da minha pátria que foram aqui convocados – sei que contra a consciência de vocês que são do povo – para impedir que o povo aqui chegasse. Mas vocês nos ouvem como assistência e são juízes de que quem defende vocês somos nós, porque a verdadeira autoridade não vem dos homens, vem da lei, que é igual para todos e não pode discriminar entre os brasileiros.
> Meus prezados amigos, enquanto ouvíamos as vozes livres que aqui se pronunciaram, ouvíamos também o ladrar dos cães policiais lá fora. O que se falou aqui é a linguagem da História, da tradição, do passado, dos mártires, dos Tiradentes, dos cassados, em cuja frente está o exemplo extraordinário do líder sacrificado Alencar Furtado.

O ladrar, essa manifestação zoológica, é do arbítrio, da prepotência, que haveremos de vencer, não nós do MDB, mas o povo brasileiro.

Meus amigos, foi uma violência, foi. Mas uma violência estúpida, inútil e imbecil. Eles nos ajudam e em muito. Se nós fizéssemos aqui um comício, seria um grande comício, não há dúvida, mas com uma repercussão talvez regional. Amanhã, ao amanhecer os brasileiros vão ler os jornais, vão ver as metralhadoras e os cães, impedindo que brasileiros pacíficos exercitem um direito que está na Carta Universal dos Direitos Humanos, da qual o Brasil é signatário.

Nós não temos armas. Sou Presidente Nacional do MDB e já percorri este país oito vezes, de cidade em cidade, cercado pelas multidões. Não porto arma nenhuma (batendo no bolso e abrindo o paletó). Não tenho, meus amigos, protetores e guardas (gritos: "tem o povo", "tem o povo!"). Eu não me assusto mais, meus amigos, tive em Pernambuco os cachorros e os cavalos do governador Moura Cavalcanti: luz apagada, pedras na praça quando realizávamos as nossas concentrações. Mas, meus amigos, o MDB é como a clara: quanto mais bate, mais cresce. Os cães ladram mas a caravana passa.

Nós temos o povo que, sem dúvida alguma, nos levará à espetacular vitória de 15 de novembro próximo. Eu não levo, meus amigos, imagem melancólica da Bahia, a Bahia são vocês que estão aqui dentro.

Aquilo que está lá fora para nos oprimir representa esta situação de arbítrio e de prepotência. Isso que está lá não é a Bahia, não é o Brasil, não é povo, não é a nação, não é sociedade, não é o cidadão.

Quero dizer a vocês: 13 de maio de 1888, então o Brasil evitou a divisão de dois Brasis – o Brasil branco que oprimia e o Brasil negro que era oprimido. Mas, quase 90 anos depois, nós temos as mesmas servidões e as mesmas discriminações. Nós temos política neste país porque para haver política é preciso o povo e isso que aí está não tem a substância, o respaldo e o apoio do povo.

Temos um Presidente sem povo, temos governadores sem povo e contra o povo. E, por cúmulo de audácia, numa insólita demonstração de ousadia, que é um insulto a esta nação, criou-se esta figura que foi tatuada para a História com este nome odioso de senador "biônico". E nós estamos aqui para dizer que não será aceito isso!

Na cadeira de Rui Barbosa, que representou as tradições libertárias deste estado, não podem sentar os penetras indicados pela oligarquia e pelos conchavos entre amigos e parentes.

Vocês ouvem falar do achatamento salarial, vocês já ouviram falar e tomar providência do achatamento dos lucros criminosos que fazem a opulência de poucos e enchem as burras e as áreas das multinacionais, fazendo com que tenhamos uma sangria às avessas, o sangue e o suor dos trabalhadores para enriquecer outras pátrias, outros países?

Muitas vezes se pergunta: o que o MDB pode fazer pelo povo? Eu quero sintetizar essa resposta. O MDB não é munificente, o MDB não é patriarcal, o MDB não quer presentear com alguma dádiva, porque se desse poderia também tirar. O MDB quer dar uma arma. O povo brasileiro está desarmado da grande arma pela qual ele defende o seu pão, o seu teto, a saúde e a sobrevivência da sua família. O MDB quer dar a urna e o voto a todos os brasileiros. Não há salário justo e digno. É impossível salário digno e justo sem liberdade porque já dizia a Bíblia que "ganharás o teu pão com o suor de teu rosto". Para ganhar o pão não é preciso só o trabalho físico e intelectual, é também reivindicar, é exigir da sociedade as vantagens econômicas para todos e não em benefício de poucos. Não há, portanto, salários justos e não existe divisão, distribuição de riquezas, sem a democracia e sem a liberdade.

Meus amigos, a discriminação, este anátema que envergonha a cultura e a educação brasileira: o 477, um dos filhos diletos do nefando AI-5. Nós do MDB sabemos que a escola e a faculdade são para dar o diploma, mas somente o caráter é que faz o homem. E o jovem, sem a liberdade e a democracia, não será homem para servir a si, aos seus e à sociedade.

A inexistência do *habeas corpus* é testemunha de que há injustiça, ilegalidade, arbítrio, nesta nação.

Aqui, queremos lembrar os nossos mártires, os que caíram, com a canção da resistência francesa: companheiro, se você tombar, alguém sairá da sombra para tomar o seu lugar.

Mesmo que tenhamos divergências naturais é preciso que nos unamos numa trincheira comum, há um inimigo comum, um adversário comum. São aqueles que se apropriaram do poder e só através de nossa união é que poderemos reconciliar esta nação.

A data de 13 de maio é a data limpa, asseada, decente e branca da liberdade neste país. Quiseram, mas não conseguiram aqui na Bahia, que a data da liberdade fosse manchada e enodoada com o espetáculo de opressão que aqui se montou para espanto de todo o Brasil. Mas, meus amigos, aguardamos e lutamos por outra lei Áurea, por outro 13 de maio: pela libertação. Esta libertação será no dia que está próximo e que tem este nome: Assembleia Nacional Constituinte.

E a Assembleia Nacional Constituinte só pode ser feita na base da honra, da dignidade, do dever de reparação àqueles que tombaram no sangue e no sacrifício. A base para isso é este nome de paz e de esperança para o Brasil e para seus filhos: Anistia.

Baianos: marchemos para a vitória a 15 de novembro. Baioneta não é voto e cachorro não é urna.[7]

---

[7] GUIMARÃES, Ulysses. *Rompendo o cerco*. Rio de Janeiro: Paz e Terra, 1978, p. 77-80.

8. PROGRAMA MÍNIMO DE AÇÃO DO COMITÊ BRASILEIRO PELA ANISTIA (1978)

Redigido em julho de 1978 com vistas à realização do I Congresso Nacional de Anistia, em novembro, o Programa Mínimo de Ação do Comitê Brasileiro pela Anistia (CBA) traz no seu corpo um conjunto de reivindicações que vinha sendo gestado no decorrer do regime ditatorial imposto desde 1964, particularmente após a sua radicalização em 1968, com a decretação do Ato Institucional de número 5 – o AI-5. Com o governo do general Emílio Médici, ao mesmo tempo em que o país vive uma fase de esplendor econômico – o chamado "milagre econômico brasileiro" –, no plano das liberdades e garantias individuais e coletivas o Brasil chega a um ponto extremo de desrespeito. Nesse contexto, a crise do Estado de Direito se expressava por meio de uma série de práticas amparadas no plano jurídico-formal pela Lei de Segurança Nacional (LSN). Assim, a fim de combater os supostos "inimigos internos" da nação – leia-se, em potencial, todo e qualquer indivíduo e/ou organização que levantasse a voz contra as arbitrariedades cometidas pelo regime ditatorial –, a perseguição política tornou-se uma constante, tendo o governo chegado ao limite de ser conivente com as torturas e os assassinatos praticados nas suas prisões, além de produzir uma grande quantidade de cassados, banidos e exilados de caráter político. Dentro desse cenário, a luta pela anistia iniciada durante o governo do general Ernesto Geisel, à medida que este lançava mão da proposta de uma "abertura lenta e gradual" do regime, acabou se transformando em uma luta mais ampla pelo restabelecimento das liberdades democráticas no país.

1. Fim Radical e Absoluto das Torturas. Denunciar as torturas e contra elas protestar, por todos os meios possíveis. Denunciar à execração pública os torturadores e lutar pela sua responsabilização criminal. Investigar e denunciar publicamente a existência de organismos, repartições, aparelhos e instrumentos de tortura e lutar pela sua erradicação total e absoluta.
2. Libertação dos Presos Políticos e Volta dos Cassados, Aposentados, Banidos, Exilados e Perseguidos Políticos. Levantar a identidade, a localização e a situação de todos os presos, cassados, banidos,

aposentados, exilados e perseguidos políticos. Lutar pela sua libertação, pela sua volta ao País e pela retomada de sua existência civil, profissional e política.
3. Elucidação da Situação dos Desaparecidos. Apoiar a luta dos familiares e demais setores interessados na elucidação do paradeiro dos cidadãos que se encontram desaparecidos por motivação política.
4. Reconquista do *Habeas Corpus*. Lutar pela reintrodução do *habeas corpus* para todos os presos políticos; denunciar todas as tentativas de anulação ou obstrução desse direito e contra elas protestar por todos os meios.
5. Fim do Tratamento Arbitrário e Desumano contra os Presos Políticos. Investigar as condições a que estão submetidos todos os presos políticos. Denunciar as arbitrariedades que contra eles se cometem e manifestar, por todos os meios, o seu protesto e o seu repúdio. Exigir a liberalização da legislação carcerária. Lutar contra a incomunicabilidade dos presos políticos.
6. Revogação da Lei de Segurança Nacional e Fim da Repressão e das Normas Punitivas contra a Atividade Política. Lutar, por meios jurídicos e políticos, contra todas as normas coercivas e punitivas, excepcionais ou não, que impeçam o livre exercício do direito de palavra, reunião, associação, manifestação e atuação política partidária. Denunciar – e contra elas manifestar seu protesto e seu repúdio – todas as formas de repressão, legais ou não, que visem a intimidar, ameaçar, coibir ou punir os que pretendem exercer aqueles direitos. Lutar pela revogação da Lei de Segurança Nacional.
7. Apoio às Lutas pelas Liberdades Democráticas. Apoiar os pronunciamentos, as manifestações, as campanhas e as lutas de outros setores sociais, organismos e entidades, que colimem os mesmos fins expostos nesta Carta de Princípios e neste Programa Mínimo de Ação. Apoiar as lutas dos familiares dos presos, cassados, aposentados, banidos, exilados e perseguidos políticos pela sua imediata libertação ou volta, pela recuperação da memória de suas existências, pelo repúdio às torturas e ao tratamento carcerário arbitrário e desumano de que foram, são ou venham a ser vítimas. Apoiar as lutas dos sindicatos operários, dos sindicatos e das associações profissionais de assalariados e de trabalhadores em geral contra a exploração econômica e a dominação política a que estão submetidos, pela liberdade e pela autonomia sindicais, pelo direito à livre organização nos locais de trabalho, pelo direito de reunião, associação, manifestação e greve. Apoiar as lutas contra todas as formas de censura e cerceamento à Imprensa, ao Teatro, ao Cinema, à Música, às expressões artísticas, à produção e à divulgação da Cultura e da Ciência, em defesa da ampla liberdade de informar-se e de ser informado, de

manifestar o pensamento, as opiniões e as reivindicações, de adquirir e utilizar o conhecimento. Apoiar as lutas dos estudantes por melhores condições de ensino, pelo direito de se manifestarem e pela liberdade de criarem e conduzirem as suas entidades representativas. Apoiar as lutas de todo o povo por melhores condições de vida e de trabalho, por melhores salários, contra o aumento do custo de vida, por melhores condições de alimentação, habitação, transporte, educação e saúde. Apoiar a atuação dos partidos e dos parlamentares que endossem essas mesmas lutas. E denunciar e repudiar todas as tentativas de impedir, distorcer, obstruir, descaracterizar e sufocar as lutas do CBA/SP (Comitê Brasileiro pela Anistia) e dos demais setores, organismos e entidades que se identifiquem com os princípios e objetivos aqui proclamados.[8]

9. DIRETAS JÁ! – HENFIL (1984)

A campanha pelo retorno das eleições diretas para a presidência da República, entre 1983 e 1984, foi, em termos numéricos, o maior movimento cívico da história brasileira. Para que se tenha uma ideia aproximada das dimensões assumidas pelo "Diretas Já!", basta citar o número de pessoas que estiveram presentes em dois dos seus maiores comícios: 1 milhão de pessoas na Praça da Candelária, no Rio de Janeiro, em 10 de abril, e 1,5 milhão de pessoas no Vale do Anhangabaú, em São Paulo, no dia 16 do mesmo mês. Liderada pelos principais expoentes da oposição ao regime militar, a campanha girou em torno da necessidade de aprovação da emenda constitucional apresentada pelo deputado federal do PMDB Dante de Oliveira, que acabou sendo derrotada com o seguinte placar: 298 disseram "sim", 65 votaram "não", além de 3 abstenções e 112 ausências. Uma parte não negligenciável da história do "Diretas Já!" ganhou um toque de humor dado por um dos grandes cartunistas brasileiros: Henrique de Souza Filho, o Henfil (1944-1988). Caso exemplar de humor politicamente engajado, sua obra caracterizou-se pela crítica à falta de liberdade e igualdade em nosso

---

[8] Programa Mínimo de Ação do Comitê Brasileiro pela Anistia. 1978. Disponível em: <https://fpabramo.org.br/2006/04/23/carta-de-principios-e-programa-minimo-de-acao-cbasp/>. Acesso em: 11 de nov. 2019.

país, fato perfeitamente retratado em uma famosa frase sua: "o humor que vale para mim é aquele que dá um soco no fígado de quem oprime". Em tempos difíceis para a democracia, as histórias e cartas para sua mãe (além de personagens como a Graúna, o Fradim e o Bode Orelana) representaram, para muitos críticos do regime, a possibilidade de ver a ditadura desmoralizada com um sorriso na boca.

> Vou dar um passo à frente.
> Estou pronto para negociar. Estou pronto para a conciliação nacional. Acredito representar 99,8% dos brasileiros. Vou falar com estes 0,2% que não são nada, mas possuem pesadas armas. Sabe-se que uma delas é a LSN, que, apesar de não meter medo num Homem como o Millôr, atemoriza alguns rabos presos na maxi-Desvalorização da dignidade.
> Isto posto, negocio as eleições diretas.
> Aceitamos as indiretas.
> Ou seja: os 686 membros do Colégio Eleitoral poderão escolher livres e soberanos o presidente dos 130 milhões de brasileiros. Por este instrumento de cessão da vontade nacional, fica estabelecido o seguinte:
> Os 686 colegiais passarão imediatamente a pagar todos os impostos diretos e indiretos dos 130 milhões, aqui declarados irresponsáveis perante a lei e a ordem.
> Os 686 colegiais prestarão todo o serviço militar e defenderão o território e a segurança dos 130 milhões de nacionais incapazes D.
> Os 686 colegiais plantarão indiretamente soja, cana, alfaces e tomates; criarão zebus, guzerás e galinhas legorne; minerarão ferro, urânio e tatus; perfurarão petróleo, serras peladas e pré-molares; montarão indiretamente automóveis, geladeiras e panelas; tratarão da água e dos doentes; alfabetizarão crianças e censores; escreverão e lerão todos os jornais, livros e revistas e, finalmente, jogarão no campo e no cartão todos os treze jogos da Loteca.
> Os 686 colegiais assumem o compromisso de pagar toda a dívida externa (agora indireta) de 110 bilhões de dólares e a interna de 23 trilhões de cruzeiros.
> Caberá aos 686 colegiais: dar sepultura indireta e cristã aos 3 milhões de nordestinos mortos pelo flagelo da seca de terras; alimentar indiretamente os 30 milhões de trombadinhas e 15 milhões de desempregados em evolução para trombadões; resgatar todos os 45 milhões de cadernetas de poupança e assumir todas as concordatas e falências dos últimos quatro anos.
> Indiretas já!
> OBA!

Graças aos 686 procuradores da republiqueta, nós, os 130 milhões de débeis vegetais, estaremos dispensados da cidadania brasileira. Mãe, estaremos finalmente argentinizados:

"Vamos a la playa, ô ô ô ô ô!"

Topas, Marckezão?

[...]

Não senhora!

Maluf não é tão feio quanto se pinta.

Não... eu não fui malufado. É que, de repente, o país está vivendo uma discussão absolutamente falsa. Temos de subir a rampa para que o Maluf não suba à presidência! Temos de ter um consenso para o Maluf não ganhar no Colégio Eleitoral! Temos de...

Ora! Ora! Ora!

Quem é este superdemônio? Este cavalheiro da danação nacional? Esta sereia dos mares de lama?

Uma grande desculpa, isto sim!

Afinal, são 686 os membros do tal COLÉGIO ELEITORAL que nos foi decretado. Então (que horror!) temos, destes 686, pelos menos umas 300 pessoas físicas, pais e mães de família, dispostas a vender os seus votos. 300 camelôs da mais absoluta imoralidade, capazes de corromper qualquer candidato a presidente. E todo mundo apontando o dedo para um (1) pobre coitado, arrimo de mãe ambiciosa.

Não senhora! Quantos de nós sabemos os nomes destes 300 corruptores eleitorais? E vejam que o tal Maluf acabou foi nos prestando um imenso serviço: colocou a nu uma verdadeira *cosa nostra* com centenas de membros!

Atenção todas as viaturas:

Larguem o Maluf de Troia!

Pau no Colégio Eleitoral!

Diretas nele!!!

[...]

NÃO PASSARÁ!

O governo deve saber que tem o repúdio nacional. O governo deve ter a certeza de que todos os brasileiros ficarão feridos; pior, humilhados diante do mundo. Eu diria, com segurança, que a nação inteira se sentirá um lixo, um caco.

NÃO PASSARÁ!

O governo tem que ver nas ruas as nossas passeatas de protesto. Proponho uma greve geral. Os músicos devem organizar *shows* de contestação, os caricaturistas fazer calungas com o máximo de rancor. Os deputados e demais representantes do povo devem até insultar a autoridade lá na tribuna. Ah, sim! A Igreja e a OAB precisam lançar notas contundentes, ferinas e bem irônicas. *Isto é muito importante!* O João é muito sensível e fica furibundo com a linguagem dos documentos da CNBB e OAB.

Que mais?

O IBOPE e GALLUP devem fazer uma pesquisa e 99% dos brasileiros deverão dizer que: a coisa que mais odeiam são as diretas. Não. Melhor não arriscar e deixar clara a unanimidade: 100% odeiam! Por fim, todos os carros deverão portar adesivos: FORA AS ELEIÇÕES DIRETAS!

Brasileiros! Chegou o momento! É preciso que o João saiba, tenha certeza absoluta de que TODOS somos contra as eleições diretas. Passeatas, cartazes, greves, pesquisas, enfim tudo aquilo que cada um, cada grupo, cada sindicato, cada CNBB e OAB puder fazer, deve fazer, para deixar cristalina a unanimidade nacional CONTRA AS ELEIÇÕES DIRETAS PARA PRESIDENTE!

Quem sabe assim ela sai?

[...]

Mãe,

Enchentes no Sul, seca no Nordeste, e agora Cubatão. E ficou demonstrado que o Brasil definitivamente não tem governo. Mais uma vez foi o próprio povo quem socorreu os flagelados, organizando-se, doando-se. Tudo o que o governo fez, há 484 anos, fez errado. Há 5 séculos o povo tem que consertar e limpar e pagar os estragos feitos por estes zumbis brancos e esquizofrênicos.

Às vezes o povo se desespera, como aconteceu com um pequeno proprietário de São José da Tapera, nas Alagoas. José Francisco da Silva, 35 anos, estava alistado na frente de trabalho para receber 15 mil e 300 mensais. Mas há 50 dias a Sudene não pagava o seu minissalário. Com fome, muita fome, o pequeno proprietário acordou no meio da noite e destruiu a golpes de picareta tudo aquilo que tinha investido no Brasil. Ele matou seus três filhos, a mulher e a mãe, de 63 anos. Depois, desferiu cinco facadas no próprio peito e, num dantesco mas claríssimo simbolismo, José cortou seu órgão genital.

Mãe,

Vou começar a carta de novo. Não tinha como continuar.

Eu dizia que o povo é quem se mobiliza para consertar o Brasil. Ainda agora o povo obriga o governo do Delfim Netto a aprender a contar além de 686. Depois de Curitiba, São Paulo e Belo Horizonte, os matemáticos do Figueiredo já sabem contar até 1 milhão e 300 mil. Porém...

Porém, povo meu, acho que estamos insistindo num erro. Nós nunca paramos para estudar a origem da resistência destes 686 homens e mulheres que teimam em viver no Colégio Eleitoral, marginalizados de toda a sociedade brasileira. Por que estes 686 se apegam tanto aos seus padrinhos? Por quê?

Alguém já se perguntou – caso saiam as diretas – de que irão viver estes 686? Todos sabemos que eles sustentam seus familiares com a venda de votos. Que nem nos Alagados, aqueles homens se afundam no mangue para viver da venda de caranguejos. Mas repito: como irão viver estes 686 pais de família em seu mangue de votos para vender? Cadê o espírito cristão, a imensa solidariedade que eu gabava existir no nosso povo?

Proponho a campanha COLÉGIO, URGENTE! Como estamos acostumados, vamos todos enviar roupas, remédios e mantimentos para o Colégio Eleitoral. Que o Roberto Carlos e o Renato Aragão comandem um *show* de artistas. Que se abra uma conta nos bancos. Todos enviando os seus donativos para os flagelados do Colégio Eleitoral. Nada de marcha sobre Brasília, quero ver o Congresso Nacional atulhado de toneladas de mantimentos e gêneros alimentícios. Que nos emocionemos com a sorte destes 686 em extinção. Precisamos integrá-los à sociedade brasileira. Vamos alimentá-los, vaciná-los e vesti-los. Libertá-los dos gigolôs. Vamos garantir abrigo às suas famílias até que eles possam reconstruir um lar digno e, quem sabe, até um mandato honrado.

Mande o que puder, só não mande coisas perecíveis. Por exemplo, não mande votos de felicidade etc. Lembre-se que eles vivem da venda de votos...[9]

10. DISCURSO DE TANCREDO NEVES COMO PRESIDENTE ELEITO (1985)

Derrotada na Câmara dos Deputados a emenda constitucional que previa o retorno das eleições diretas para a presidência da República, o país se vê, mais uma vez, diante de uma eleição indireta, na qual caberia ao Colégio Eleitoral a responsabilidade de eleger o sucessor do general João Batista Figueiredo – o último presidente do ciclo militar. Iniciado o processo sucessório, as forças oposicionistas e governistas começam a se articular. De um lado, o então governador de Minas Gerais, Tancredo Neves (1910-1985), é lançado candidato oficial do Partido do Movimento Democrático Brasileiro (PMDB). Do outro lado, o Partido Democrático Social (PDS) se vê diante da ausência de consenso em torno da candidatura de Paulo Maluf, ex-governador de São Paulo. Escolhido este último, a Frente Liberal do PDS forma uma dissidência que passa a apoiar o candidato do PMDB, indicando como candidato à vice-presidência José Sarney, que acabara de renunciar à presidência do PDS em função do predomínio das teses malufistas: nascia a Aliança Democrática. Formadas as duas chapas, o Colégio Eleitoral elege

---

[9] HENFIL. *Diretas Já!* Rio de Janeiro: Record, 1984, p. 60-1, 116, 118, 125-6.

Tancredo o novo presidente do Brasil, no dia 15 de janeiro de 1985. Porém, na véspera da sua posse, em 15 de março, Tancredo é submetido a uma cirurgia de emergência – a primeira de uma série de sete operações – e vem a falecer no dia 21 de março. No seu lugar, assume o vice José Sarney. Com isso, o país assiste ao início de um ciclo democrático tendo como presidente aquele que foi um dos maiores líderes do regime autoritário.

Presidente eleito do Brasil, busco no coração e na consciência as palavras de agradecimento profundo aos correligionários da Aliança Democrática, o valente e fiel PMDB, sob o comando do Deputado Ulisses Guimarães, e o recém-fundado Partido da Frente Liberal, sob a liderança de Aureliano Chaves, Marco Maciel e meu companheiro, Vice-Presidente, José Sarney, aos integrantes do PDT, PT, PTB, dissidentes do PDS, que, por decisão partidária ou pessoal, me entregam a mais alta e mais difícil responsabilidade da minha vida pública.

Creio não poder fazê-lo de melhor forma do que, perante Deus e perante a Nação, nesta hora inicial de itinerário comum, reafirmar o compromisso de resgatar duas aspirações que, nos últimos vinte anos, sustentaram, com penosa obstinação, a esperança do povo:

Esta foi a última eleição indireta do País.

Venho para realizar urgentes e corajosas mudanças políticas, sociais e econômicas indispensáveis ao bem-estar do povo.

Não foi fácil chegar até aqui. Nem mesmo a antecipação da certeza da vitória, nos últimos meses, apaga as cicatrizes e os sacrifícios que marcaram a História da luta que agora se encerra.

Não há por que negar que houve muitos momentos de desalento e cansaço, em que cada um de nós se indagava se valia a pena a luta. Mas, cada vez que essa tentação nos assaltava, a visão emocionante do povo, resistindo e esperando, recriava em todos nós energias que supúnhamos extintas e recomeçávamos, no dia seguinte, como se nada houvesse sido perdido.

A História da Pátria, que se iluminou através dos séculos com o martírio da Inconfidência Mineira, que registra, com orgulho, a força do sentimento de unidade nacional sobre as insurreições libertárias durante o Império, que fixou, para admiração dos pósteros, a bravura de brasileiros que pegaram em armas na defesa de postulados cívicos contra os vícios da Primeira-República, a História situará na eternidade o espetáculo inesquecível das grandes multidões que, em atos pacíficos de participação e de esperança, vieram para as ruas reivindicar a devolução do voto popular na escolha direta para a Presidência da República. Frustradas nos resultados imediatos dessa campanha memorável, as multidões não desesperaram, nem cruzaram os braços. Convocaram-nos a que viéssemos ao Colégio Eleitoral e fizéssemos dele o instrumento de sua própria perempção, criando, com as armas que não se rendiam, o Governo que restaurasse a plenitude democrática.

Na análise desses dois grandes movimentos cívicos, não sei avaliar quando o povo foi maior: se quando rompeu as barreiras da repressão, e veio para as ruas gritar pelas eleições diretas, ou se quando, nisso vencido, não se submeteu, e com extrema maturidade política exigiu que agíssemos dentro das regras impostas, exatamente para revogá-las e destruí-las.

É inegável que o processo de transição teve contribuições isoladas que não podem ser omitidas:

– A do poder Legislativo, que, muitas vezes mutilado em sua constituição e nas suas faculdades, conservou acesa a chama votiva da representação popular, como última sentinela no campo da batalha democrática.

– A do Poder Judiciário, que se manteve imune a influências dos casuísmos, para, na atual conjuntura, fazer prevalecer o espírito de reordenação democrática.

– A da igreja, que com sua autoridade exponencial no campo espiritual e na ação social e educativa lutou na defesa dos perseguidos e pregou a necessidade da opção preferencial pelos pobres com base na democracia moderna.

– A de homens e mulheres de nosso povo, principalmente as mães de famílias, que arrostaram as duras dificuldades de desemprego e da carestia em seus lares, e lutaram, com denodo, pela anistia, pelos direitos humanos e pelas liberdades políticas.

– A da imprensa – jornais, emissoras de rádio e televisão que sob a censura policial, a coação política e econômica, ousou bravamente enfrentar o poder para servir à liberdade do povo.

– A da sociedade civil como um todo, em suas muitas instituições a Ordem dos Advogados do Brasil, a Associação Brasileira de Imprensa, as entidades de classe patronais, de empregados, de profissionais liberais, as organizações estudantis, as universidades, e tantas outras, com sua participação, muitas vezes sob pressões inqualificáveis, nesse mutirão cívico da reconstrução nacional.

– A das Forças Armadas, na sua decisão de se manterem alheias ao processo político, respeitando os seus desdobramentos até a alternativa do poder.

– A de S. Excia., o Presidente João Figueiredo, que, prosseguindo na tarefa iniciada com a revogação dos Atos Institucionais, ajudou com a anistia política, a devolução da liberdade de imprensa, as eleições diretas de 82, o desenvolvimento normal da sucessão presidencial.

Graças a toda essa imensa e inesquecível mobilização popular, chegamos agora ao limiar da Nova República.

Venho em nome da conciliação.

Não podemos neste fim de século e de milênio, quando, crescendo em seu poder, o homem cresce em suas ambições e em suas angústias, permanecer divididos dentro de nossas fronteiras.

Se não vemos as outras nações como inimigas, e as não vemos assim, devemos ter a consciência de que o mundo se contrai diante de árdua competição internacional. Acentua-se a luta pelo domínio de mercados, pelo controle de matérias-primas, pela hegemonia política. As ideologias, tão fortes no século passado e na metade do século XX, empalidecem frente a um novo nacionalismo.

[...]

Nunca o País dependeu tanto da atividade política.

Dirijo-me, pois, a todos vós que a exerceis, aos que servirão a meu Governo com seu apoio e aos que a ele prestarão a vigilância de opositores. Não aspiro à unanimidade, nem postulo a conciliação subalterna, que se manifesta no aplauso inconsequente do aulicismo. A conciliação se faz em torno de princípios, e ninguém poderá inquirir, na injustiça e na maledicência, os que nos reuniram nesta vitoriosa aliança de forças democráticas.

Quero a conciliação para a defesa da soberania do povo, para a restauração democrática, para o combate à inflação, para que haja trabalho e prosperidade em nossa Pátria. Vamos promover o entendimento entre o povo e o Governo, a Nação e o Estado.

Rejeitaria, se houvesse quem a pretendesse, a conciliação entre elites, o ajuste que visasse à continuação dos privilégios, à manutenção da injustiça, ao enriquecimento sobre a fome.

Para a conciliação maior, sem prejuízo dos compromissos de Partido e de doutrina, convoco os homens públicos brasileiros, e todos os cidadãos de boa fé. No serviço da Pátria há lugar para todos.

Tenho uma palavra especial para os trabalhadores. É às suas mãos que muito devemos e é em suas mãos que está o futuro do nosso País,

Desde o primeiro passo de minha vida pública tenho contado com o apoio dos trabalhadores. Elegi-me vereador em São João del Rey com os votos dos ferroviários e nunca deixei de lhes merecer a confiança política.

Uma Nação evolui na mesma medida em que cresce a sua participação na divisão de renda e na direção dos negócios públicos.

Ao prestar minha homenagem a esses brasileiros, que são a maioria de nosso povo, reafirmo-lhes o compromisso de dedicar todo o meu esforço para que se ampliem e se respeitem os seus direitos.

A reconstrução democrática do País significa o retorno, em toda a liberdade, dos trabalhadores à vida política. Sem seu apoio, nenhum Governo poderá cumprir suas tarefas constitucionais.

Brasileiros,

Esta memorável campanha confirmou a ilimitada fé que tenho em nosso povo. Nunca, em nossa História, tivemos tanta gente nas ruas, para reclamar a recuperação dos direitos da cidadania e manifestar seu apoio a um candidato.

Em todo o País foi o mesmo entusiasmo. De Rio Branco a Natal, de Belém a Porto Alegre, as multidões se reuniram, em paz, cantando, para dizer que era preciso mudar, que a Nação, cansada do arbítrio, não admitia mais as manobras que protelassem o retorno das liberdades democráticas.

Não vamos nos dispersar. Continuemos reunidos, como nas praças públicas, com a mesma emoção, a mesma dignidade e a mesma decisão.

Se todos quisermos dizia-nos, há quase duzentos anos, Tiradentes, aquele herói enlouquecido de esperança, podemos fazer deste País uma grande Nação.

Vamos fazê-la.[10]

11. BRASIL: NUNCA MAIS (1985)

Nenhum livro conseguiu chegar tão próximo das atrocidades cometidas em vinte e um anos de regime ditatorial quanto *Brasil: Nunca Mais*. Fruto de um arriscado trabalho de pesquisa levado a cabo entre agosto de 1979 e março de 1985, o livro tem um caráter inovador na medida em que buscou investigar a repressão política implementada no país, entre abril de 1964 e março de 1979, não "a partir de denúncias dos atingidos, ou de relatos elaborados por entidades que se dedicam à defesa dos Direitos Humanos", mas sim "a partir de documentos produzidos pelas próprias autoridades encarregadas dessa tão controvertida tarefa". Ou seja, a fim de descortinar as mazelas da repressão política, o *Projeto Brasil: Nunca Mais* reuniu as cópias dos processos políticos que transitaram pela Justiça Militar brasileira no período acima citado. Com isso, foram copiados mais de um milhão de páginas de processos, completos e incompletos, que, após serem analisados, resultaram em um relatório final de cerca de cinco mil páginas com informações estarrecedoras sobre os crimes bárbaros praticados durante o ciclo de governos militares. Ao prefaciar o livro, Dom Paulo Evaristo Arns,

---

[10] Discurso de Tancredo Neves como presidente eleito (1985). Disponível em: <https://www.historiadobrasil.net/documentos/tancredo_neves.htm>. Acesso em: 11 de nov. 2019.

Cardeal-Arcebispo de São Paulo – um defensor histórico dos direitos humanos – procurou sintetizar o seu objetivo central: "As experiências que desejo relatar no frontispício desta obra pretendem reforçar a ideia subjacente em todos os capítulos, a saber, que a tortura, além de desumana, é o meio mais inadequado para levar-nos a descobrir a verdade e chegar à paz".

APRESENTAÇÃO

O Brasil vive, hoje, mais uma página de esperança em sua história. Superados 21 anos de Regime Militar sonha o país com projetos de reconstrução. As leis começam a ser repensadas. Mudanças importantes foram prometidas pelos que hoje governam, diante de praças repletas de corações angustiados.

De esperança em esperança, esse mesmo povo, em outras épocas, peregrinou por caminhos semelhantes de aberturas políticas que acabaram durando pouco. Anos de mais tolerância frente a opiniões discordantes e maior preocupação com nossos problemas sociais deram lugar, já antes de 1964, a outras etapas de intransigência, perseguições e até mesmo desprezo pelas reivindicações dos marginalizados.

Isso não pode se repetir agora, mais uma vez. A esperança que renasce hoje não pode ser novamente passageira.

É preciso tomar decisões, adotar medidas corajosas que favoreçam a consolidação de um país democrático. É preciso trabalhar, sem trégua e sem demoras, na remoção dos rastros do autoritarismo e na edificação de um legítimo Estado de Direito, que seja sólido e ao mesmo tempo permeável à crítica. Onde não seja proibido participar, nem discordar, nem contestar. Onde o grito dos pobres possa ser ouvido. O grito de todos.

Para tanto, é indispensável aprender as lições que emanam de nosso passado recente. As lições de nossa história.

Este livro é a reportagem sobre uma investigação no campo dos Direitos Humanos. É uma radiografia inédita da repressão política que se abateu sobre milhares de brasileiros considerados pelos militares como adversários do regime inaugurado em abril de 1964. É também a anatomia da resistência.

Em março de 1979, tomava posse na Presidência da República o general João Batista Figueiredo, prometendo aprofundar a distensão política iniciada no Governo Geisel, transformando este país numa democracia. Poucos meses mais tarde, começava a dar seus primeiros passos, no silêncio necessário da discrição e do sigilo, o *Projeto de Pesquisa "BRASIL: NUNCA MAIS"*. Um reduzido grupo de especialistas dedicou-se, por um período superior a cinco anos, à elaboração de um volumoso estudo que será resumido neste livro.

[...]

OS OBJETIVOS DO PROJETO "BRASIL: NUNCA MAIS"

Desde seus primeiros passos, em agosto de 1979, até sua conclusão, em março de 1985, o Projeto de Pesquisa "BRASIL: NUNCA MAIS" não tem outro objetivo que não seja o de materializar o imperativo escolhido como título da investigação: que nunca mais se repitam as violências, as ignomínias, as injustiças, as perseguições praticadas no Brasil de um passado recente.

Não é intenção do Projeto organizar um sistema de provas para apresentação em qualquer Nuremberg brasileiro. Não o anima qualquer sentido de revanche. Na busca da Justiça, o povo brasileiro nunca foi movido por sentimentos de vingança.

O que se pretende é um trabalho de impacto, no sentido de revelar à consciência nacional, com as luzes da denúncia, uma realidade obscura ainda mantida em segredo nos porões da repressão política hipertrofiada após 1964. É a observância do preceito evangélico que nos aconselha o conhecimento da verdade como pressuposto para a libertação.

Feliz coincidência, esta, do lançamento dos resultados da pesquisa num momento de esperança nacional, de superação do autoritarismo, de reelaboração das leis do país. Num momento em que se anuncia a possibilidade de convocação de uma Assembleia Constituinte que venha a construir instituições democráticas.

Que ninguém participe desse debate nacional sem tomar conhecimento sobre o conteúdo deste livro, para que se possa exigir medidas no sentido de não se repetirem esses anos de perseguição e ódio.

Que ninguém termine a leitura deste livro sem se comprometer, em juramento sagrado com a própria consciência, a engajar-se numa luta sem tréguas, num mutirão sem limites, para varrer da face da Terra a prática das torturas.

Para eliminar do seio da humanidade o flagelo das torturas, de qualquer tipo, por qualquer delito, sob qualquer razão.

São apenas esses os objetivos do PROJETO "BRASIL: NUNCA MAIS".[11]

---

[11] ARQUIDIOCESE DE SÃO PAULO. *Brasil: Nunca Mais*. Petrópolis, Vozes, 1985, p. 21-7.

12. CONSTITUIÇÃO FEDERAL (1988)

Não foram poucas as conquistas advindas com a promulgação da Constituição Federal de 1988. Chamada pelo presidente da Assembleia Nacional Constituinte, o deputado federal Ulysses Guimarães, de "constituição cidadã", a nova Carta Magna representa a consolidação no plano legal da nova ordem democrática afirmada gradualmente no país desde 1979, com a lei da anistia. Entretanto, para além do valiosíssimo retorno das liberdades e garantias individuais e coletivas, destaque deve ser atribuído à inclusão dos direitos sociais dentro do conjunto de direitos e garantias fundamentais, seguindo uma tendência iniciada internacionalmente com a Constituição mexicana de 1917 e com a Constituição alemã (da República de Weimar) de 1919. Assim, com a Constituição de 1988, abre-se a possibilidade legal de transformação do Estado brasileiro em um Estado Social de Direito, no qual os direitos sociais sejam respeitados da mesma forma que os direitos civis e políticos – um fato tornado explícito já no seu artigo 3º, quando se afirma que, entre os "objetivos fundamentais da República Federativa do Brasil", localiza-se o imperativo de "erradicar a pobreza e a marginalização e reduzir as desigualdades sociais e regionais" existentes no país. Ademais, relevante é a ênfase dada, ainda no artigo 3º do texto constitucional, ao combate aos "preconceitos de origem, raça, sexo, cor, idade e quaisquer outras formas de discriminação", em uma demonstração clara do seu compromisso com o respeito e a proteção da diversidade entre indivíduos e grupos sociais.

TÍTULO I
DOS PRINCÍPIOS FUNDAMENTAIS

Art. 1º A República Federativa do Brasil, formada pela união indissolúvel dos Estados e Municípios e do Distrito Federal, constitui-se em Estado democrático de direito e tem como fundamentos:
I – a soberania;
II – a cidadania;
III – a dignidade da pessoa humana;
IV – os valores sociais do trabalho e da livre iniciativa;
V – o pluralismo político.
Parágrafo único. Todo o poder emana do povo, que o exerce por meio de representantes eleitos ou diretamente, nos termos desta Constituição.

Art. 2º São Poderes da União, independentes e harmônicos entre si, o Legislativo, o Executivo e o Judiciário.

Art. 3º Constituem objetivos fundamentais da República Federativa do Brasil:
I – construir uma sociedade livre, justa e solidária;
II – garantir o desenvolvimento nacional;
III – erradicar a pobreza e a marginalização e reduzir as desigualdades sociais e regionais;
IV – promover o bem de todos, sem preconceitos de origem, raça, sexo, cor, idade e quaisquer outras formas de discriminação.

Art. 4º A República Federativa do Brasil rege-se nas suas relações internacionais pelos seguintes princípios:
I – independência nacional;
II – prevalência dos direitos humanos;
III – autodeterminação dos povos;
IV – não intervenção;
V – igualdade entre os Estados;
VI – defesa da paz;
VII – solução pacífica dos conflitos;
VIII – repúdio ao terrorismo e ao racismo;
IX – cooperação entre os povos para o progresso da humanidade;
X – concessão de asilo político.
Parágrafo único. A República Federativa do Brasil buscará a integração econômica, política, social e cultural dos povos da América Latina, visando a formação de uma comunidade latino-americana de nações.

TÍTULO II
DOS DIREITOS E GARANTIAS FUNDAMENTAIS

CAPÍTULO I
DOS DIREITOS E DEVERES INDIVIDUAIS E COLETIVOS

Art. 5º Todos são iguais perante a lei, sem distinção de qualquer natureza, garantindo-se aos brasileiros e aos estrangeiros residentes no País a inviolabilidade do direito à vida, à liberdade, à igualdade, à segurança e à propriedade, nos termos seguintes: (EC nº 45/2004)
[...]

CAPÍTULO II
DOS DIREITOS SOCIAIS

Art. 6º São direitos sociais a educação, a saúde, o trabalho, a moradia, o lazer, a segurança, a previdência social, a proteção à maternidade e à infância, a assistência aos desamparados, na forma desta Constituição. (EC nº 26/2000)

Art. 7º São direitos dos trabalhadores urbanos e rurais, além de outros que visem à melhoria de sua condição social: (EC nº 20/98 e EC nº 28/2000)
I – relação de emprego protegida contra despedida arbitrária ou sem justa causa, nos termos de lei complementar, que preverá indenização compensatória, dentre outros direitos;
II – seguro-desemprego, em caso de desemprego involuntário;
III – fundo de garantia do tempo de serviço;
IV – salário mínimo, fixado em lei, nacionalmente unificado, capaz de atender às suas necessidades vitais básicas e as de sua família com moradia, alimentação, educação, saúde, lazer, vestuário, higiene, transporte e previdência social, com reajustes periódicos que lhe preservem o poder aquisitivo, sendo vedada sua vinculação para qualquer fim;
V – piso salarial proporcional à extensão e à complexidade do trabalho;
VI – irredutibilidade do salário, salvo o disposto em convenção ou acordo coletivo;
VII – garantia de salário, nunca inferior ao mínimo, para os que percebem remuneração variável;
VIII – décimo terceiro salário com base na remuneração integral ou no valor da aposentadoria;
IX – remuneração do trabalho noturno superior à do diurno;
X – proteção do salário na forma da lei, constituindo crime sua retenção dolosa;
XI – participação nos lucros, ou resultados, desvinculada da remuneração, e, excepcionalmente, participação na gestão da empresa, conforme definido em lei;
XII – salário-família pago em razão do dependente do trabalhador de baixa renda nos termos da lei;
XIII – duração do trabalho normal não superior a oito horas diárias e quarenta e quatro semanais, facultada a compensação de horários e a redução da jornada, mediante acordo ou convenção coletiva de trabalho;
XIV – Jornada de seis horas para o trabalho realizado em turnos ininterruptos de revezamento, salvo negociação coletiva;
XV – repouso semanal remunerado, preferencialmente aos domingos;
XVI – remuneração do serviço extraordinário superior, no mínimo, em cinquenta por cento à do normal;

XVII – gozo de férias anuais remuneradas com, pelo menos, um terço a mais do que o salário normal;
XVIII – licença à gestante, sem prejuízo do emprego e do salário, com a duração de cento e vinte dias;
XIX – licença-paternidade, nos termos fixados em lei;
XX – proteção do mercado de trabalho da mulher, mediante incentivos específicos, nos termos da lei;
XXI – aviso prévio proporcional ao tempo de serviço, sendo no mínimo de trinta dias, nos termos da lei;
XXII – redução dos riscos inerentes ao trabalho, por meio de normas de saúde, higiene e segurança;
XXIII – adicional de remuneração para as atividades penosas, insalubres ou perigosas, na forma da lei;
XXIV – aposentadoria;
XXV – assistência gratuita aos filhos e dependentes desde o nascimento até seis anos de idade em creches e pré-escolas;
XXVI – reconhecimento das convenções e acordos coletivos de trabalho;
XXVII – proteção em face da automação, na forma da lei;
XXVIII – seguro contra acidentes de trabalho, a cargo do empregador, sem excluir a indenização a que este está obrigado, quando incorrer em dolo ou culpa;
XXIX – ação, quanto aos créditos resultantes das relações de trabalho, com prazo prescricional de cinco anos para os trabalhadores urbanos e rurais, ate o limite de dois anos após a extinção do contrato de trabalho;
   a) (Revogada).
   b) (Revogada).
XXX – proibição de diferença de salários, de exercício de funções e de critério de admissão por motivo de sexo, idade, cor ou estado civil;
XXXI – proibição de qualquer discriminação no tocante a salário e critérios de admissão do trabalhador portador de deficiência;
XXXII – proibição de distinção entre trabalho manual, técnico e intelectual ou entre os profissionais respectivos;
XXXIII – proibição de trabalho noturno, perigoso ou insalubre a menores de dezoito e de qualquer trabalho a menores de dezesseis anos, salvo na condição de aprendiz, a partir de quatorze anos;
XXXIV – igualdade de direitos entre o trabalhador com vínculo empregatício permanente e o trabalhador avulso.
Parágrafo único. São assegurados à categoria dos trabalhadores domésticos os direitos previstos nos incisos IV, VI, VIII, XV, XVII, XVIII, XIX, XXI e XXIV, bem como a sua integração à previdência social.

Art. 8º É livre a associação profissional ou sindical, observado o seguinte:
[...]

Art. 9º E assegurado o direito de greve, competindo aos trabalhadores decidir sobre a oportunidade de exercê-lo e sobre os interesses que devam por meio dele defender.

§ 1º A lei definirá os serviços ou atividades essenciais e disporá sobre o atendimento das necessidades inadiáveis da comunidade.

§ 2º Os abusos cometidos sujeitam os responsáveis às penas da lei.

Art. 10º É assegurada a participação dos trabalhadores e empregadores nos colegiados dos órgãos públicos em que seus interesses profissionais ou previdenciários sejam objeto de discussão e deliberação.

[...]

CAPÍTULO IV
DOS DIREITOS POLÍTICOS

Art. 14º A soberania popular será exercida pelo sufrágio universal e pelo voto direto e secreto, com valor igual para todos, e, nos termos da lei, mediante: (ECR nº 4/94 e EC nº 16/97)

I – plebiscito;
II – referendo;
III – iniciativa popular.

§ 1º O alistamento eleitoral e o voto são:
I – obrigatórios para os maiores de dezoito anos;
II – facultativos para:
a) os analfabetos;
b) os maiores de setenta anos;
c) os maiores de dezesseis e menores de dezoito anos.[12]

13. ENTREVISTA – CHICO MENDES (1988)

De maneira singular, a personalidade que melhor expressou a tomada de consciência em relação à questão ecológica no Brasil não foi proveniente das camadas médias da sociedade, como acontecera no movimento ambientalista europeu, nascido na década de 1960. Diferentemente do caso europeu, em nosso país a luta ecológica cruza com a biografia de um trabalhador dos seringais do estado do Acre, na região amazônica.

---

[12] TÁCITO, Caio (org.). *Constituições Brasileiras: 1988*. Brasília: Senado Federal/Ministério da Ciência e Tecnologia/Ministério da Fazenda, 2001, p. 63-75.

Presidente do Sindicato dos Trabalhadores Rurais de Xapuri e integrante do Conselho Nacional de Seringueiros, Francisco Mendes Filho, o Chico Mendes (1944-1988), ganhou reconhecimento internacional pela sua luta em defesa da Amazônia antes mesmo de se tornar reconhecido nacionalmente – notoriedade esta que se deu em grande medida em função do seu trágico assassinato, em dezembro de 1988, a mando de dois fazendeiros da região. À época, causava um incômodo cada vez maior a forma de luta criada pelos trabalhadores da região contra os crescentes desmatamentos patrocinados pelos fazendeiros: o empate. Conforme a entrevista concedida ao Jornal do Brasil 13 dias antes da emboscada fatal que resultou na sua morte, o empate consistia em uma resistência pacífica na qual, sob a liderança do sindicato, a comunidade se organizava em mutirão a fim de impedir que a ação de desmatamento fosse levada a cabo. Nele, os trabalhadores posicionavam-se diante dos jagunços e peões junto às suas famílias, mulheres, crianças e idosos, na tentativa de convencê-los a não cumprir as ordens dadas pelos seus patrões.

JORNAL DO BRASIL – Como está a situação no Acre?

CHICO MENDES – Minha segurança ultimamente foi reforçada, no Acre, por decisão do governador Flaviano de Melo. Ele sabe que um assassinato vai complicar a situação do estado. Não que a morte de um seringueiro no Acre seja novidade. Mas é que o nosso movimento tornou-se conhecido mundialmente. Principalmente junto às autoridades do Banco Mundial (BIRD), do Banco Interamericano de Desenvolvimento (BID) e do Congresso americano. Ora, não se bate de frente com essas entidades. Hoje minha vida passa pelos policiais da PM. Tenho tido uma relação amigável com meus seguranças.

JORNAL DO BRASIL – Quem mais o ameaça publicamente?

CHICO MENDES – Agora são dois fazendeiros em Xapuri (AC), os proprietários da Fazenda Paraná, Darly Alves e Alvarinho Alves. São irmãos. Estão inclusive foragidos da Justiça, com mandado de prisão decretado. Desde 1973, esses dois fazendeiros tinham ordem de prisão no Paraná. Nós invocamos essa ordem de prisão para o Acre, e confiamos, infelizmente, no superintendente da Polícia Federal, Mauro Spósito, que reteve durante 16 dias essa ordem de prisão. Segundo o próprio juiz da Comarca de Xapuri, tal retenção não foi por acaso. Houve uma expectativa inicial: quem teria avisado os dois foragidos da Justiça? Hoje estamos absolutamente convencidos, por informações vazadas do próprio DPF, que esses dois fazendeiros

são amigos do delegado da Polícia Federal no Acre, Mauro Spósito. Os irmãos já mandaram assassinar mais de 30 trabalhadores.
[...]
JORNAL DO BRASIL – Xapuri, município acreano, é a frente mais avançada, em toda a Amazônia, na defesa intransigente da floresta? É a frente política mais consequente dessa resistência?

CHICO MENDES – Poderíamos dizer que é a Frente Verde da Amazônia. É o único lugar, única região, em toda a Amazônia, em que, neste ano de 1988, os fazendeiros só conseguiram desmatar 50 hectares de selva. A previsão era desmatar 10 mil hectares de floresta primária, mata virgem.

JORNAL DO BRASIL – Um pouco mais que três parques nacionais da Floresta da Tijuca juntos. A floresta tomba, e vocês também. Quantos companheiros vocês perderam?

CHICO MENDES – No Acre, seis companheiros. De liderança expressiva perdemos o Wilson Pinheiro, em 1980. Essa luta contra os desmatamentos criminosos começa em 1975. É uma luta com mais de 13 anos. O marco dessa luta é o dia 10 de março de 1986. É aí que tem início o primeiro empate assumido, num seringal em Brasiléia, no Acre.

JORNAL DO BRASIL – O que é um empate?

CHICO MENDES – É uma forma de luta que nós encontramos para impedir o desmatamento. É forma pacífica de resistência. No início, não soubemos agir. Começavam os desmatamentos e nós, ingenuamente, íamos à Justiça, ao Instituto Brasileiro de Desenvolvimento Florestal (IBDF), e aos jornais denunciar. Não adiantava nada. No empate, a comunidade se organiza, sob a liderança do sindicato, e, em mutirão, se dirige à área que será desmatada pelos pecuaristas. A gente se coloca diante dos peões e jagunços, com nossas famílias, mulheres, crianças e velhos, e pedimos para eles não desmatarem e se retirarem do local. Eles, como trabalhadores, a gente explica, estão também com o futuro ameaçado. E esse discurso emocionado sempre gera resultados. Até porque quem desmata é o peão simples, indefeso e inconsciente.

JORNAL DO BRASIL – Mas isso fura às vezes?

CHICO MENDES – Sim, o fazendeiro recorre a uma ordem judicial e, com apoio das forças policiais, executa o desmatamento. Espero que com a nova Constituição esse absurdo não prossiga. Mesmo assim, nosso movimento continuava crescendo, sem prejuízo de grandes recuos. Já em 1980, esse movimento dos seringueiros, movimento de empate, se generalizava por toda a região. Até aquele momento, a luta era liderada pelo Wilson Pinheiro, presidente do Sindicato dos Trabalhadores Rurais de Brasiléia (AC). Era um homem comprometido com a defesa da floresta e muito corajoso.

JORNAL DO BRASIL – Quer dizer que essa luta começa em Brasiléia?

CHICO MENDES – Começa em Brasiléia. Só que, em 1980, o Wilson Pinheiro foi assassinado dentro do sindicato, pelas costas, quando assistia a um programa de televisão. Foi assassinado a mando de fazendeiros. Houve uma reunião dos fazendeiros, em julho de 1980, em que ficou acertado que uma forma de barrar o movimento dos seringueiros era matar as principais lideranças. Na noite de 21 de julho de 1980, Wilson foi fuzilado na sede de seu próprio sindicato. A nossa luta sofre um grande abalo. Mas logo depois ressurge em Xapuri, que fica a menos de 100 quilômetros de Brasiléia. E Xapuri, via sindicato, começa a comandar todas as nossas operações de resistência, e vale dizer resistência pacifica, mas resistência. Quando conduzimos nossas famílias para o empate, deixamos transparente que o movimento é pacífico. Ninguém vai pra guerra levando mulher e filhos.

JORNAL DO BRASIL – Qual o balanço dessa resistência em defesa da floresta?

CHICO MENDES – Bom, de março de 1976 até agora já realizamos 45 empates, sofremos 30 derrotas e tivemos 15 vitórias.

JORNAL DO BRASIL – O empate tem que objetivo?

CHICO MENDES – Criar um fato político. Mais que isso: desapropriar a área e finalmente criar a Reserva Extrativista.

JORNAL DO BRASIL – A Reserva Extrativista é uma criação de vocês?

CHICO MENDES – Veja bem: até 1984, a gente realizava os empates, mas não tínhamos muita clareza do que queríamos. Sabíamos que o desmatamento era o nosso fim e de todos os seres vivos existentes na selva. Mas a coisa terminava aí. As pessoas falavam: "Vocês querem impedir o desmatamento e transformar a Amazônia em santuário? Intocável?". Estava aí o impasse. A resposta veio através da Reserva Extrativista. Vamos utilizar a selva de forma racional, sem destruí-la. Os seringueiros, os índios, os ribeirinhos há mais de 100 anos ocupam a floresta. Nunca a ameaçaram. Quem a ameaça são os projetos agropecuários, os grandes madeireiros e as hidrelétricas com suas inundações criminosas. Nas reservas extrativistas, nós vamos comercializar e industrializar os produtos que a floresta generosamente nos concede. Temos na floresta o abacaba, o patoá, o açaí, o buriti, a pupunha, o babaçu, o tucumã, a copaíba, o mel de abelha, que nem os cientistas conhecem. E tudo isso pode ser exportado, comercializado. A universidade precisa vir acompanhar a Reserva Extrativista. Estamos abertos a ela. A Reserva Extrativista é a única saída para a Amazônia não desaparecer. E mais: essa reserva não terá proprietários. Ele vai ser um bem comum da comunidade. Teremos o usufruto, não a propriedade.

JORNAL DO BRASIL – Quem aprovou a ideia primeiro?

CHICO MENDES – Por incrível que pareça foi o exterior. Lamentamos que isso tenha acontecido. Em 1987, em janeiro, recebemos uma comissão da ONU, em Xapuri. Viram nossa luta. Já em março desse mesmo ano fui convidado a participar de uma reunião do Banco Interamericano de Desenvolvimento (BID), em Miami. Por que minha presença ao lado desses banqueiros? Por que são esses bancos que com seus financiamentos estão destruindo a Amazônia. Durante esse encontro fui entrevistado seguidas vezes pela imprensa internacional. Não fui procurado por um único jornalista brasileiro. Logo depois, fui ao Congresso e falei para os congressistas americanos.

JORNAL DO BRASIL – Que denúncias foram feitas?

CHICO MENDES – Os projetos financiados pelos bancos internacionais na Amazônia. Esses projetos estão destruindo todas as formas de vida na última reserva verde que sobrou na Terra.

[...]

JORNAL DO BRASIL – Você já ganhou duas comendas?

CHICO MENDES – O Prêmio Global 500, da ONU, e uma medalha da Sociedade para um Mundo Melhor, em Nova Iorque. Além de uma na Inglaterra e outra nos Estados Unidos.

JORNAL DO BRASIL – Com prêmios e reconhecimento internacional, você então seria um cadáver delicado?

CHICO MENDES – Se descesse um enviado dos céus e me garantisse que minha morte iria fortalecer nossa luta até que valeria a pena. Mas a experiência nos ensina o contrário. Então eu quero viver. Ato público e enterro numeroso não salvarão a Amazônia. Quero viver.[13]

14. LEI ORGÂNICA DA SAÚDE (1990)

Os artigos 196 e 198 da Constituição Federal de 1988 estabelecem que "a saúde é direito de todos e dever do Estado", sendo o acesso a ela de caráter universal e igualitário e suas ações e serviços públicos constituídos em um serviço único, organizado tendo em vista três diretrizes básicas: a descentralização político-administrativa, a integralidade do atendimento e a participação da comunidade. Dois anos após a sua promulgação, esta nova concepção de saúde teve de ser regulamentada por intermédio de uma lei orgânica: a Lei Orgânica da Saúde. Com a sua aprovação pelo Congresso Nacional em 1990, encerra-se um ciclo histórico inaugurado junto ao processo de redemocratização do país, nos anos 1980, quando a temática da saúde deixou de ser tratada de maneira exclusivamente técnica e passou a assumir uma dimensão eminentemente política. Coube ao movimento sanitarista um papel de destaque nesta luta em favor

---

[13] Texto retirado da entrevista publicada no Jornal do Brasil, nas edições dos dias 24 e 25.12.1988. 1º caderno, p.9. Disponível em: <https://news.google.com/newspapers?nid=oq X8s2k1IRwC&dat=19881223&printsec=frontpage&hl=pt-BR>. Acesso em: 13 de nov. 2019.

da formulação de um projeto de reforma – a "reforma sanitária" –, que fosse responsável pela democratização do acesso aos serviços de saúde no Brasil – um projeto em grande medida vitorioso, tendo em vista a incorporação de inúmeras das suas proposições no plano jurídico-legal nacional, as quais podem muito bem ser resumidas na concepção de saúde como um direito social. Porém, como todos os direitos sociais conquistados formalmente em 1988, o direito à saúde também sofreria com a ofensiva conservadora direcionada à diminuição do papel do Estado na regulação econômica e proteção social.

DISPOSIÇÃO PRELIMINAR

Art. 1º Esta lei regula, em todo o território nacional, as ações e serviços de saúde, executados isolada ou conjuntamente, em caráter permanente ou eventual, por pessoas naturais ou jurídicas de direito público ou privado.

TÍTULO I
Das Disposições Gerais

Art. 2º A saúde é um direito fundamental do ser humano, devendo o Estado prover as condições indispensáveis ao seu pleno exercício.

§ 1º O dever do Estado de garantir a saúde consiste na formulação e execução de políticas econômicas e sociais que visem à redução de riscos de doenças e de outros agravos e no estabelecimento de condições que assegurem acesso universal e igualitário às ações e aos serviços para a sua promoção, proteção e recuperação.

§ 2º O dever do Estado não exclui o das pessoas, da família, das empresas e da sociedade.

Art. 3º A saúde tem como fatores determinantes e condicionantes, entre outros, a alimentação, a moradia, o saneamento básico, o meio ambiente, o trabalho, a renda, a educação, o transporte, o lazer e o acesso aos bens e serviços essenciais; os níveis de saúde da população expressam a organização social e econômica do País.

Parágrafo único. Dizem respeito também à saúde as ações que, por força do disposto no artigo anterior, se destinam a garantir às pessoas e à coletividade condições de bem-estar físico, mental e social.

TÍTULO II
Do Sistema Único De Saúde

DISPOSIÇÃO PRELIMINAR

Art. 4º O conjunto de ações e serviços de saúde, prestados por órgãos e instituições públicas federais, estaduais e municipais, da Administração direta e indireta e das fundações mantidas pelo Poder Público, constitui o Sistema Único de Saúde (SUS).

§ 1º Estão incluídas no disposto neste artigo as instituições públicas federais, estaduais e municipais de controle de qualidade, pesquisa e produção de insumos, medicamentos, inclusive de sangue e hemoderivados, e de equipamentos para saúde.

§ 2º A iniciativa privada poderá participar do Sistema Único de Saúde (SUS), em caráter complementar.

CAPÍTULO I
Dos Objetivos e Atribuições

Art. 5º São objetivos do Sistema Único de Saúde (SUS):

I – a identificação e divulgação dos fatores condicionantes e determinantes da saúde;

II – a formulação de política de saúde destinada a promover, nos campos econômico e social, a observância do disposto no § 1º do art. 2º desta lei;

III – a assistência às pessoas por intermédio de ações de promoção, proteção e recuperação da saúde, com a realização integrada das ações assistenciais e das atividades preventivas.

Art. 6º Estão incluídas ainda no campo de atuação do Sistema Único de Saúde (SUS):

I – a execução de ações:
a) de vigilância sanitária;
b) de vigilância epidemiológica;
c) de saúde do trabalhador; e
d) de assistência terapêutica integral, inclusive farmacêutica;

II – a participação na formulação da política e na execução de ações de saneamento básico;

III – a ordenação da formação de recursos humanos na área de saúde;

IV – a vigilância nutricional e a orientação alimentar;

V – a colaboração na proteção do meio ambiente, nele compreendido o do trabalho;

VI – a formulação da política de medicamentos, equipamentos imunobiológicos e outros insumos de interesse para a saúde e a participação na sua produção;
VII – o controle e a fiscalização de serviços, produtos e substâncias de interesse para a saúde;
VIII – a fiscalização e a inspeção de alimentos, água e bebidas para consumo humano;
IX – a participação no controle e na fiscalização da produção, transporte, guarda e utilização de substâncias e produtos psicoativos, tóxicos e radioativos;
X – o incremento, em sua área de atuação, do desenvolvimento científico e tecnológico;
XI – a formulação e execução da política de sangue e seus derivados.
[...]

CAPÍTULO II
Dos Princípios e Diretrizes

Art. 7º As ações e serviços públicos de saúde e os serviços privados contratados ou conveniados que integram o Sistema Único de Saúde (SUS), são desenvolvidos de acordo com as diretrizes previstas no art. 198 da Constituição Federal, obedecendo ainda aos seguintes princípios:
I – universalidade de acesso aos serviços de saúde em todos os níveis de assistência;
II – integralidade de assistência, entendida como conjunto articulado e contínuo das ações e serviços preventivos e curativos, individuais e coletivos, exigidos para cada caso em todos os níveis de complexidade do sistema;
III – preservação da autonomia das pessoas na defesa de sua integridade física e moral;
IV – igualdade da assistência à saúde, sem preconceitos ou privilégios de qualquer espécie;
V – direito à informação, às pessoas assistidas, sobre sua saúde;
VI – divulgação de informações quanto ao potencial dos serviços de saúde e a sua utilização pelo usuário;
VII – utilização da epidemiologia para o estabelecimento de prioridades, a alocação de recursos e a orientação programática;
VIII – participação da comunidade;
IX – descentralização político-administrativa, com direção única em cada esfera de governo:
  a) ênfase na descentralização dos serviços para os municípios;
  b) regionalização e hierarquização da rede de serviços de saúde;
X – integração em nível executivo das ações de saúde, meio ambiente e saneamento básico;

XI – conjugação dos recursos financeiros, tecnológicos, materiais e humanos da União, dos Estados, do Distrito Federal e dos Municípios na prestação de serviços de assistência à saúde da população;
XII – capacidade de resolução dos serviços em todos os níveis de assistência; e
XIII – organização dos serviços públicos de modo a evitar duplicidade de meios para fins idênticos.[14]

15. PROGRAMA DE REFORMA AGRÁRIA DO III CONGRESSO NACIONAL DO MOVIMENTO DOS TRABALHADORES RURAIS SEM-TERRA (1995)

O nascimento do Movimento dos Trabalhadores Rurais Sem Terra (MST) deu-se em janeiro de 1984, no decorrer do seu I Encontro Nacional, na cidade de Cascavel (PR). Desde então, o MST assumiu a condição de movimento social organizado de camponeses que lutam pela causa da reforma agrária. Um ano depois da sua fundação, em janeiro de 1985, durante a realização do seu I Congresso Nacional, em Curitiba (PR), o movimento lançou a palavra de ordem que se tornaria conhecida nacionalmente: "ocupar é a única solução". Em um país como o Brasil, marcado pela extrema concentração de terras nas mãos de alguns poucos latifundiários e pelo baixo nível de associativismo, salta aos olhos a velocidade com a qual o MST conseguiu se consolidar, tornando-se um movimento de caráter nacional e trazendo para a ordem do dia a questão da desigualdade da estrutura fundiária brasileira. Sinais claros do incômodo causado pelo rápido crescimento do MST podem ser encontrados no aumento da violência rural, em particular dos massacres cometidos contra trabalhadores sem-terra, principalmente após a realização do seu III Congresso Nacional, em Brasília (DF), em julho de 1995: o massacre de Corumbiara (RO), que resultou na morte de 9 sem-terra, em agosto de 1995, e o massacre de Eldorado dos Carajás (PA), quando 19 sem-terra foram assassinados, em abril de 1996. Em ambos os casos, a violência policial se abateu sobre trabalhadores rurais que ocupavam fazendas

---

[14] BRASIL. Lei nº 8.080, de 19 de setembro de 1990. Disponível em: < http://www.planalto.gov.br/ccivil_03/leis/l8080.htm>. Acesso em: 25 de out. 2019.

com vistas a acelerar o processo de desapropriação para fins de reforma agrária.

OS OBJETIVOS DO MST

Somos um movimento de massas de caráter sindical, popular e político. Lutamos por terra, reforma agrária e mudanças na sociedade.

OBJETIVOS GERAIS

1. Construir uma sociedade sem exploradores e onde trabalho tem supremacia sobre o capital.
2. A terra é um bem de todos. E deve estar a serviço de toda a sociedade.
3. Garantir trabalho a todos, com justa distribuição da terra, da renda e das riquezas.
4. Buscar permanentemente a justiça social e a igualdade de direitos econômicos, políticos, sociais e culturais.
5. Difundir os valores humanistas e socialistas nas relações sociais.
6. Combater todas as formas de discriminação social ebuscar a participação igualitária da mulher.

PROGRAMA DE REFORMA AGRÁRIA

1. Modificar a estrutura da propriedade da terra.
2. Subordinar a propriedade da terra à justiça social, às necessidades do povo e aos objetivos da sociedade.
3. Garantir que a produção da agropecuária esteja voltada para a segurança alimentar, a eliminação da fome e o desenvolvimento econômico e social dos trabalhadores.
4. Apoiar a produção familiar e cooperativada com preços compensadores, crédito e seguro agrícola.
5. Levar a agroindústria e a industrialização ao interior do país, buscando o desenvolvimento harmônico das regiões e garantindo geração de empregos especialmente para a juventude.
6. Aplicar um programa especial de desenvolvimento para a região do semiárido.
7. Desenvolver tecnologias adequadas à realidade, preservando e recuperando os recursos naturais, com um modelo de desenvolvimento agrícola autossustentável.
8. Buscar um desenvolvimento rural que garanta melhores condições de vida, educação, cultura e lazer para todos.[15]

---

[15] MORISSAWA, Mitsue. *A história da luta pela terra e o MST*. São Paulo: Expressão Popular, 2001, p. 153.

16. PROGRAMA DE SUPERAÇÃO DO RACISMO E DA DESIGUALDADE RACIAL (1995)

O Brasil é um país tristemente marcado pela existência de um passado histórico de quatrocentos anos de escravidão de indivíduos trazidos à força do continente africano por intermédio da lucrativa empresa do tráfico negreiro – os quais, após a sua libertação em 1888, em sua larga maioria migraram das senzalas dos períodos colonial e monárquico para as favelas do Brasil republicano. Nesse cenário, não é de pouca importância o surgimento, no decorrer dos anos 1980, no bojo do processo de redemocratização do país, de um movimento negro organizado em torno de um conjunto de reivindicações variadas, mas que, resumidamente, girava ao redor da necessidade de resgatar a dívida histórica que a sociedade e o Estado brasileiros têm em relação aos negros aqui nascidos. Uma dívida que, para além das questões de ordem material que fundamentam a gritante desigualdade social entre cidadãos brancos e cidadãos negros, se alimenta de maneira contínua do racismo reproduzido no nosso cotidiano, corroendo os alicerces da ideia da existência de uma "democracia racial" no Brasil. O Programa de Superação do Racismo e da Desigualdade Racial é parte de um documento maior elaborado em função da Marcha Contra o Racismo, pela Cidadania e pela Vida ocorrida em Brasília no dia 20 de novembro de 1995, data em que se comemorava o tricentenário de Zumbi dos Palmares. Nessa ocasião, foi entregue ao presidente da República Fernando Henrique Cardoso uma carta que reivindicava a necessidade de garantir a posse de terra às comunidades remanescentes dos quilombos.

I – DEMOCRATIZAÇÃO DA INFORMAÇÃO

- Inclusão do quesito cor em todo e qualquer sistema de informação sobre a população, cadastros do funcionalismo, usuários de serviços, internos em instituições públicas, empregados, desempregados, inativos e pensionistas e, particularmente, nas declarações de nascimentos, prontuários e atestados de óbitos para que se conheça o perfil da morbidade e da mortalidade da população negra no país. A criação desta base de dados sobre a população negra é fundamental para a formulação de políticas públicas específicas para todas as áreas de interesse da questão racial.

II – MERCADO DE TRABALHO
- Implementações das Convenções 29, 105 e 111 da OIT.
- Estabelecimento de incentivos fiscais às empresas que adotarem programas de promoção de igualdade racial.
- Instalação, no âmbito do Ministério do Trabalho, da Câmara Permanente de Promoção da Igualdade que deverá se ocupar de diagnósticos e proposição de políticas de promoção da igualdade no trabalho, assegurada a participação do Movimento Negro.
- Desenvolvimento de políticas de combate à feminização da pobreza, fenômeno que atinge a absoluta maioria das mulheres negras. Para tanto, propomos a regulamentação do Art. 7. Em seu inciso XX da CF, que prevê "proteção do mercado de trabalho da mulher, mediante incentivos específicos, nos termos da lei", contemplando especificamente a mulher negra através de programas de acesso de capacitação e treinamento para o mercado de trabalho.

III – EDUCAÇÃO
- Recuperação, fortalecimento e ampliação da escola pública, gratuita e de boa qualidade.
- Implementação da Convenção sobre Eliminação da Discriminação Racial no Ensino.
- Monitoramento dos livros didáticos, manuais escolares e programas educativos controlados pela União.
- Desenvolvimento de programas permanentes de treinamentos de professores e educadores que os habilitem a tratar adequadamente com diversidade racial, identificando as práticas discriminatórias presentes na escola e o impacto destas na evasão e repetência das crianças negras.
- Desenvolvimento de programas educacionais de emergência para a eliminação do analfabetismo. Concessão de bolsas remuneradas para adolescentes negros de baixa renda para o acesso e conclusão do primeiro e segundo graus.
- Desenvolvimento de ações afirmativas para o acesso dos negros aos cursos profissionalizantes, à universidade e às áreas de tecnologia de ponta.

IV – CIVILIZAÇÃO E COMUNICAÇÃO
- Desenvolver programas que assegurem a igualdade de oportunidade e treinamento nas políticas culturais da União, tanto no que se refere ao fomento à produção cultural, quanto à preservação da memória,

de modo a dar visibilidade aos símbolos e manifestações culturais do povo negro brasileiro.
- Promover o mapeamento e tombamento dos sítios e documentos detentores de reminiscências históricas, bem como a proteção das manifestações culturais Afro-brasileiras.
- Propor projetos de lei, visando a regulamentação dos Art. 215, 216 e 242 da Constituição Federal.
- Assegurar a representação proporcional dos grupos étnicos/raciais nas campanhas de comunicação do governo e de entidades que com ele mantenham relações econômicas e políticas.

V – SAÚDE
- Garantir as condições necessárias para que negros e negras possam exercer a sua sexualidade e os seus direitos reprodutivos, controlando a sua própria fecundidade, para ter os filhos que desejem, garantido o acesso a serviços de saúde de boa qualidade, de atenção à gravidez, ao parto e às doenças sexualmente transmissíveis.
- Adoção, no sistema público de saúde, de procedimento de detecção da anemia falciforme (nos primeiros anos de vida), hipertensão e miomatoses.
- Viabilização de serviços específicos para anemia falciforme na área de hematologia, via Programa Nacional de Atenção às Hemoglobinopatias Hereditárias, medida inclusive já sugerida pela OMS. Tal Programa Nacional deverá dispor de habilitação técnica, política e étnica para evitar, enfrentar e vencer as possíveis discriminações que poderão surgir em relação a portadores(as) de AF ou do traço falcêmico.
- Continuidade dos programas de prevenção e atendimento às DSTs/AIDS.
- Os boletins epidemiológicos do Movimento e Secretaria de Saúde devem analisar o impacto das condições sociais de desigualdade: raça, educação e nível socioeconômico no desenvolvimento da epidemia, introduzindo o quesito cor na ficha epidemiológica da AIDS.
- Garantir o direito à saúde integral das mulheres, observando as especificidades raciais e étnicas.

VI – VIOLÊNCIA
- Ampliação da legislação antirracista de forma a contemplar todas as situações em que o racismo e a discriminação racial se manifestem.
- Tipificação da conduta discriminatória no Código Penal.
- Viabilização de bancos de dados referentes a processos criminais, de modo que possa desagregar e assegurar tratamento estatístico ao quesito cor e melhor conhecer os diferentes aspectos da desigualdade no acesso à Justiça.

- Adoção de disciplina de direitos humanos e de cidadania, com recorte de raça e gênero, nos cursos de formação de policiais civis e militares.
- Punição exemplar dos crimes de extermínio de crianças e adolescentes e de tortura de presos comuns.
- Controle e punição rígida das agências de turismo que exploram, direta ou indiretamente, a prostituição.

VII – RELIGIÃO
- Incluir no Plano Nacional de Direitos Humanos a proposição de legislação que define a intolerância étnico-religiosa, assim como os preconceitos e estereótipos que estigmatizam os cultos de origem africana, de modo a dar cumprimento ao preceito constitucional que assegura o livre exercício religioso.
- Estabelecer mecanismo legislativo e/ou executivo que garanta a devolução dos instrumentos sagrados dos cultos de origem africana apreendidos no Império e na República pela polícia repressiva do Estado e que se encontram expostos em vários museus da polícia militar em diversos estados brasileiros, como por exemplo Bahia e Rio de Janeiro.

VIII – TERRA
- Apesar de ter garantido o seu reconhecimento na Constituição, através do Art. 68 das Disposições Transitórias, até hoje nenhuma comunidade negra rural quilombola recebeu o título definitivo de propriedade de suas terras, onde vivem há séculos. Portanto, impõe-se a emissão imediata dos títulos de propriedade das terras destas comunidades.

Por fim, a adoção de políticas de promoção da igualdade só terá eficácia mediante a sua sincronia com um modelo de desenvolvimento comprometido com a geração de emprego, a distribuição de terras e de renda, a justiça social, a preservação da vida e a construção de novos horizontes para as gerações futuras.

Mas constitui, por si só, a ampliação das possibilidades de novos consensos capazes de potencializar a ação política voltada para a superação das iniquidades sociais e a consolidação da democracia.

Por este ângulo, o presente documento se inscreve na luta histórica do povo brasileiro, na esperança e na certeza de que da nossa ação nascerá a sociedade idealizada por Zumbi dos Palmares.[16]

---

[16] BRASIL. Construindo a democracia racial. Brasília: Ministério da Justiça. Presidência da República. Brasília, 1998. Disponível em: <http://www.biblioteca.presidencia.gov.br/presidencia/ex-presidentes/fernando-henrique-cardoso/publicacoes/construindo-a-democracia-racial>. Acesso em: 11 de nov. 2019.

17. CARTA PARA MARIA – BETINHO (1997)

Composta por João Bosco e Aldir Blanc, a canção "O bêbado e o equilibrista" foi uma espécie de hino da luta pela anistia na segunda metade dos anos 1970. Desde então, foi-se tomando conhecimento, aos poucos, de que aqueles versos eternizados pela voz de Elis Regina ("Que sonha com a volta do irmão do Henfil/Com tanta gente que partiu/Num rabo de foguete") referiam-se a Herbert José de Souza, o Betinho (1935-1997). Líder da esquerda católica nos anos pré-1964, o sociólogo mineiro teve que se ausentar do país após um período de militância clandestina. Com a volta do exílio, em 1979, Betinho transforma-se em uma figura paradigmática da nova sociedade civil formada no Brasil em meio à redemocratização, tendo liderado campanhas que se tornaram célebres na década de 1990: em 1992, o "movimento pela ética na política", que desaguou no *impeachment* do presidente Fernando Collor de Melo, e a partir de 1993, a "ação da cidadania contra a fome e a miséria", responsável pelo aumento da conscientização em relação ao gravíssimo problema da desigualdade social no país. Além disso, na condição de alguém que convivia com o vírus HIV, contraído durante uma das transfusões de sangue realizadas devido à hemofilia, Betinho desenvolveu uma incessante luta pelo reconhecimento dos direitos de cidadania dos soropositivos. Próximo da morte, após anos de batalha contra a doença, Betinho escreve para Maria, sua mulher, uma carta de amor que é, ao mesmo tempo, um relato de várias das suas lutas pelos direitos humanos no Brasil.

Este texto é para Maria ler depois da minha morte, que, segundo meus cálculos, não deve demorar muito. É uma declaração de amor. Não tenho pressa em morrer, assim como não tenho pressa em terminar esta carta. Vou voltar a ela quantas vezes puder e trabalhar com carinho e cuidado cada palavra. Uma carta para Maria tem que ter todos os cuidados. Não a quero triste, quero fazer dela também um pedaço de vida pela via da lembrança, que é a nossa eternidade.

Nos conhecemos nas reuniões da AP (Ação Popular), em 1970, em pleno maoísmo. Havia um clima de sectarismo e medo nada propício para o amor. Antes de me aventurar, andei fazendo umas sondagens e os sinais eram animadores, apesar de misteriosos. Mas tínhamos que começar o namoro de alguma forma. Foi no ônibus da Vila das Belezas, em São Paulo. Saímos em direção ao fim da linha como quem busca um começo. E aí veio o primeiro beijo, sem jeito, espremido, mas gostoso, um beijo público. A barreira da distância estava rompida para dar começo a uma relação que já completou 26 anos!

O maoísmo estava na China, nosso amor na São João. Era muito mais forte que qualquer ideologia. Era a vida em nós, tão sacrificada na clandestinidade sem sentido e sem futuro. Fomos viver em um quarto e cozinha, minúsculos, nos fundos de uma casa pobre, perto da Igreja da Penha. No lugar, cabia nossa cama, uma mesinha, coisas de cozinha e nada mais.

Mas como fizemos amor naquele tempo... Foi incrível e seguramente nunca tivemos tanto prazer. Tempos de chumbo, de medo, de susto e insegurança. Medo de dia, amor de noite. Assim vivemos por quase um ano. Até que tudo começou a cair. Prisões, torturas, polícia por toda parte, o inferno na nossa frente.

Depois de muita discussão ideológica com os companheiros, partimos para o Chile. Eu ia primeiro, você depois. Havia uma certeza de que nunca mais nos veríamos, era a despedida e a morte do nosso amor tão intenso, belo e curto. Na saída do Brasil, parei na porta de uma casa de discos que tocava *Construção*, de Chico Buarque. Chorei sem remédio por nós, pelos amigos, pelo país, pela vida. E segui adiante, já sem você ao meu lado. Era um longo caminho até Santiago. Enfim, a liberdade. Mas estava sem você que ficara para fazer algumas tarefas.

Cheguei ao Chile em tempos de Allende. Sentava nas praças, olhava todas as pessoas como se fossem normais e irmãos. O Chile era normal. O Brasil era a patologia, a ditadura. O Chile era a alegria, o Brasil, a tragédia. Foi um tempo fantástico e foi só aí que voltei a ter minha identidade, meu nome, meu apelido, minha biografia. Você não sabia com quem havia se casado, não sabia quem era o Betinho e minha história passada no tempo da JEC (Juventude Estudantil Católica), do Jango, do MEC (Ministério da Educação e Cultura), dos primeiros anos do golpe. Foi aí também que, pela primeira vez, meu filho, Daniel, me chamou de Betinho.

Para você, tudo começara com a militância maoísta e com a clandestinidade. Meu nome era Wilson e o seu era Marly. No Chile, nos reencontramos com a nossa própria história. De operário e desempregado passei a sociólogo trabalhando com Juan Garcez, assessor de Allende. Ideia do Darcy Ribeiro. Quem resiste ao Darcy? Eu era o assessor do assessor. Passava ideias, através do Garcez, para o presidente do Chile. Era surrealista sair do nada e da clandestinidade para essa função que só você, Garcez, Darcy e eu sabíamos.

Algumas ideias fantásticas me vinham à cabeça depois de fazer amor com você. Era como se minha cabeça se abrisse depois do prazer e parisse ideias geniais. Eu as anotava, passava para Garcez e depois as via publicadas nos jornais pela boca de Allende. Foi a primeira vez que vi o amor virar política.

Uma manhã ligamos o rádio e escutamos Allende anunciando a traição e dizendo que resistiria até a morte. Assistimos ao bombardeio do Palácio

La Moneda do alto de nosso edifício. Foi uma visão do inferno. O diabo no ar, a impotência na terra. A morte por cima de nossas cabeças.

A solução era o exílio. Entramos na única embaixada que sobrava, a do Panamá. Cerca de 300 pessoas espremidas como sardinhas e felizes por estarem vivas. Eram 300 vidas emboladas no menor espaço possível, mas com tudo que a vida tem. Inclusive o medo da morte. O que importa é que estávamos juntos. Até que nos vimos no avião voando para a cidade do Panamá. Tínhamos 600 dólares no bolso, o que no Chile era uma fortuna, mas no Panamá não era nada.

Chegando ao Panamá, fomos recebidos pelo general Torrijos... Esse era o general que dizia que cada povo tem a aspirina que merece! Nunca entendi a frase, mas estava em vários *outdoors* pela cidade. Fomos isolados em hotéis do interior por exigência de Kissinger que negociava o Canal do Panamá. Foi como tirar cinco meses de férias políticas no Caribe.

Você preocupada, mas calma; eu calmo, mas preocupado. E agora? Já não havia mais lugar na América Latina. A onda das ditaduras começava por toda parte. Restava a Europa, os Estados Unidos ou o Canadá. Tentamos os Estados Unidos, mas não deu, nem passaporte tínhamos. Através de amigos, fomos para o Canadá. Fizemos uma invasão pacífica, burlando a migração. Sem visto e com muita astúcia. E agora, Maria? Canadá, fevereiro, neve por todo lado, 20 graus abaixo de zero. Sem roupas, sem documentos, sem dinheiro. Só tínhamos o essencial: amigos e solidariedade.

Ao longo de nossas vidas, até então em quantas camas havíamos dormido, quantas mudanças forçadas? De novo, o importante e fundamental: juntos e prontos para compartir tudo. Com tudo isso e muita sorte, sempre apareciam os amigos e sempre se manifestava a solidariedade.

[...]
Do Canadá rumamos para o México. Lá vivemos uma grande experiência até que a anistia chegou e nos surpreendeu. E agora, o que fazer com o Brasil? Foi um turbilhão de emoções. O sonho virou realidade. Era verdade, o Brasil era nosso de novo. A primeira coisa foi comer tudo que não havíamos comido no exílio: angu com galinha ao molho pardo, quiabo com carne moída, chuchu com maxixe, abóbora, cozido, feijoada. Um festival de saudades culinárias, um reencontro com o Brasil pela boca.

Uma das maiores emoções da minha vida foi ver o Henrique surgindo de dentro de você. Emoção sem fim e sem limite que me fez reencontrar a infância. Depois do exílio, nossas vidas pareciam bem normais. Trabalhávamos, viajávamos nas férias, visitávamos os amigos, o Ibase funcionava, até a hemofilia parecia que havia dado uma trégua. Henrique crescia, Daniel aos poucos se reaproximava de mim, já como filho e amigo.

Mas, como uma tragédia que vem às cegas e entra pelas nossas vidas, estávamos diante do que nunca esperei: a Aids. Em 1985, surge a notícia da epidemia que atingia homossexuais, drogados e hemofílicos. O pânico foi geral. Eu, é claro, havia entrado nessa. Não bastava ter nascido mineiro, católico, hemofílico, maoísta e meio deficiente físico... Era necessário entrar na onda mundial, na praga do século, mortal, definitiva, sem cura, sem futuro e fatal.

E foi aí que você, mais do que nunca, revelou o que é capaz de superar a tragédia, sofrendo, mas enfrentando tudo e com um grande carinho e cuidado. A Aids selou um amor mais forte e mais definitivo porque desafia tudo, o medo, a tentação do desespero, o desânimo diante do futuro. Continuar tudo apesar de tudo, o beijo, o carinho e a sensualidade.

Assumi publicamente minha condição de soropositivo e você me acompanhou. Nunca pôs um senão ou um comentário sobre cuidados necessários. Deu a mão e seguiu junto como se fosse metade de mim, inseparável. E foi. Desde os tempos do cólera, da não esperança, da morte de Henfil e Chico, passando pelas crises que beiravam a morte até o coquetel que reabriu as esperanças. Tempo curto para descrever, mas uma eternidade para se viver.

Um dos maiores problemas da Aids é o sexo. Ter relações com todos os cuidados ou não ter? Todos os cuidados são suficientes ou não se devem correr riscos com a pessoa amada? Passamos por todas as fases, desde o sexo com uma e duas camisinhas até sexo nenhum, só carinho. Preferi a segurança total ao mínimo de risco. Parei, paramos e sem dramas, com carências, mas sem dramas, como se fosse normal viver contrariando tudo que aprendemos como homem e mulher, vivendo a sensualidade da música, da boa comida, da literatura, da invenção, dos pequenos prazeres e da paz. Viver é muito mais que fazer sexo. Mas, para se viver isso, é necessário que Maria também sinta assim e seja capaz dessa metamorfose, como foi.

Para se falar de uma pessoa com total liberdade, é necessário que uma esteja morta, e eu sei que esse será o meu caso. Irei ao meu enterro sem grandes penas e, principalmente, sem trabalho, carregado. Não tenho curiosidade para saber quando, mas sei que não demora muito. Quero morrer em paz, na cama, sem dor, com Maria ao meu lado e sem muitos amigos, porque a morte não é ocasião para se chorar, mas para celebrar um fim, uma história.

Tenho muita pena das pessoas que morrem sozinhas ou mal acompanhadas, é morrer muitas vezes em uma só. Morrer sem o outro é partir sozinho. O olhar do outro é que te faz viver e descansar em paz. O ideal é que pudesse morrer na minha cama e sem dor, tomando um saquê gelado, um bom vinho português ou uma cerveja gelada.

Te amo.[17]

---

[17] Carta para Maria. 1997. Disponível em: <https://www.paralerepensar.com.br/uma_carta.htm>. Acesso em: 11 de nov. 2019.

18. PRINCÍPIOS DA CONFERÊNCIA NACIONAL DE MULHERES BRASILEIRAS (2002)

Em termos globais, o século XX foi um período de grande desenvolvimento das lutas implementadas pelos movimentos de mulheres no sentido da afirmação dos seus direitos de cidadania, o que implicava diretamente a conquista do reconhecimento da igualdade de condições em relação aos homens. Nesse contexto, a luta pelo direito ao voto, na primeira metade do século XX, e a luta pelos direitos sexuais e reprodutivos, na sua segunda metade, foram uma espécie de síntese da movimentação levada a cabo pelas mulheres em prol da superação dos limites a elas impostos por uma sociedade fundada na centralidade do poder do homem – uma luta, em suma, pela ocupação do espaço público até então mantido sob o rígido controle dos homens. No caso brasileiro, a luta contra a sociedade patriarcal obteve uma primeira vitória importante quando do reconhecimento do direito ao voto das mulheres na Constituição Federal de 1934. Entretanto, iniciado o século XXI, a constatação é de que continuam a se fazer presentes na sociedade brasileira práticas típicas de um passado no qual às mulheres cabia apenas e tão somente o espaço doméstico. Assim, apesar das conquistas obtidas no ordenamento legal, a violência física e simbólica permanece sendo praticada em relação às mulheres, tanto no campo como na cidade, independentemente da condição de classe – fato que torna evidente a importância do combate à discriminação de gênero como um elemento fundamental da própria luta pela democratização mais ampla da nossa sociedade.

13. A comissão organizadora responsável pela realização da Conferência Nacional de Mulheres Brasileiras, no primeiro semestre de 2002, considera necessário estabelecer uma Carta de Princípios com critérios claros e acordos objetivos para orientar todas as adesões de organizações, redes e instâncias nacionais, regionais e locais que venham participar do processo de construção e organização da Conferência.
14. Como espaço de articulação política, a Conferência Nacional de Mulheres Brasileiras objetiva empoderar os movimentos de mulheres, fortalecendo sua capacidade de interferir amplamente na sociedade, como sujeitos que produzem transformação social, seja no relacionamento com esferas do poder; na atuação conjunta com outros sujeitos

respeitando as diferenças e buscando a superação das desigualdades de toda ordem; no estabelecimento de alianças internas e com parceiros externos aos movimentos de mulheres; na democratização de informação; e no exercício de liderança.
15. Os movimentos de mulheres compreendem que, para acompanhar os debates atuais sobre modelo de sociedade e desenvolvimento e influenciá-los é necessário aprofundar a capacidade de análise e crítica e, sobretudo, de elaboração de propostas alternativas consistentes. Este é o rumo que as mulheres pretendem seguir, e o processo que levará à Conferência Nacional tem este objetivo.
16. A Conferência Nacional das Mulheres Brasileiras deverá apresentar para a sociedade uma Plataforma Política ampla calcada na perspectiva da superação das desigualdades econômicas, sociais, de gênero, raça e etnia, levando em consideração as especificidades locais e regionais. Uma agenda ao mesmo tempo sintética, ousada, propositiva e, sobretudo, apoiada na ótica feminista.
17. Para atender a estes objetivos, os eixos norteadores dos debates serão: igualdade, racismo e pobreza. Os eixos de discussão serão refinados e aprofundados no processo de construção e organização da Conferência, partindo-se do princípio de que devem ser de caráter macrossocial e abranger a totalidade das preocupações presentes na atuação política dos(as) participantes, contemplando as diversidades regionais.
18. Os princípios contidos nesta Carta devem ser respeitados por instituições, organizações e grupos que venham integrar instâncias organizacionais da Conferência – Comissão Organizadora, Comitê de Mobilização ou Comitê de Parcerias. Esses princípios são:
    - reconhecer a autonomia e a autodeterminação dos movimentos sociais de mulheres.
    - comprometer-se com a crítica ao modelo neoliberal injusto, predatório e insustentável do ponto de vista econômico, social, ambiental e ético.
    - reconhecer os direitos econômicos, sociais, culturais e ambientais das mulheres.
    - comprometer-se com a defesa dos princípios de igualdade e justiça econômica e social.
    - reconhecer o direito universal à educação, saúde e previdência.
    - comprometer-se com a luta pelo direito à terra e à moradia.
    - comprometer-se com a luta antirracista e a defesa dos princípios de equidade racial-étnica.
    - comprometer-se com a luta contra todas as formas de discriminação de gênero e com o combate à violência, maus-tratos, assédio e exploração de mulheres e meninas.

- comprometer-se com a luta contra a discriminação a lésbicas e gays.
- comprometer-se com a luta pela assistência integral à saúde das mulheres e pela defesa dos direitos sexuais e reprodutivos.
- reconhecer o direito das mulheres de ter ou não ter filhos com acesso de qualidade à concepção e/ou contracepção.
- reconhecer o direito de livre exercício sexual de travestis e transgêneros.
- reconhecer a descriminalização do aborto como um direito de cidadania e uma questão de saúde pública.
- reconhecer que cada pessoa tem direito às diversas modalidades de família e apoiar as iniciativas de parceria civil registrada.

19. Os princípios a seguir visam ampliar o alcance da Conferência:
    - A Conferência Nacional de Mulheres é um espaço aberto para o debate democrático de ideias, o aprofundamento de propostas e a articulação dos movimentos sociais de mulheres que se opõem ao neoliberalismo, ao sexismo, ao racismo e à homofobia.
    - A Conferência Nacional de Mulheres reúne e articula organizações de mulheres e ativistas feministas em nível nacional, mas não pretende ser uma instância representativa do movimento social de mulheres.
    - A Conferência Nacional de Mulheres não tem caráter deliberativo. Ninguém estará, portanto, autorizado a exprimir em nome da Conferência posições que pretenderiam ser de todas as suas participantes. A Conferência somente aprovará por aclamação a sua Plataforma Política construída ao longo do processo.
    - Será assegurada, no entanto, às entidades, pessoas ou conjuntos de entidades que participem da Conferência, a liberdade de deliberar sobre declarações e ações que decidam desenvolver em nome próprio. A Comissão Organizadora da Conferência se compromete a difundir amplamente essas declarações através dos meios de seu acesso.
    - A Conferência Nacional de Mulheres tem a vocação de ser um espaço plural e diversificado, não confessional, não governamental e não partidário, que articula de forma descentralizada os movimentos sociais de mulheres em nível local, regional e nacional.[18]

---

[18] PLATAFORMA POLÍTICA FEMINISTA. Carta de Princípios da Conferência Nacional de Mulheres Brasileiras, Brasília, 2002. Disponível em: <http://www.institutobuzios.org.br/documentos/PLATAFORMA%20POLITICA%20FEMINISTA.pdf>. Acesso em: 12 de nov. 2019.

19. LEI MARIA DA PENHA (2006)

Aprovada por unanimidade na Câmara dos Deputados e no Senado Federal, a Lei 11.340 representa a conscientização de grande parte da sociedade brasileira acerca da imperiosa necessidade de combater toda e qualquer modalidade de violência praticada contra a mulher em razão do seu gênero. Esse fato assinala um avanço sem precedentes no plano normativo-legal brasileiro em função das características patriarcais da nossa formação histórico-social e do *deficit* de punição dos atos de violência praticados por homens – majoritariamente companheiros e ex-companheiros – contra mulheres. Mais conhecida como "Lei Maria da Penha", a Lei 11.340 retira dos Juizados Especiais Criminais (responsáveis pelo julgamento de crimes de menor potencial ofensivo) a competência para julgar os casos de violência doméstica e familiar contra a mulher, passando estes a serem considerados de gravidade, o que, no plano formal, assinala um importante passo em direção ao fim da impunidade de homens agressores. É importante destacar que sua origem está na luta da farmacêutica cearense Maria da Penha Maia Fernandes pela punição do homem (seu marido, na ocasião) que tentou assassiná-la duas vezes – uma das quais provocou sua condição de paraplégica. Como resultado da sua luta, a Comissão Interamericana de Direitos Humanos da OEA responsabilizou o Estado brasileiro por negligência, omissão e tolerância em relação à violência doméstica praticada contra as mulheres brasileiras.

LEI Nº 11.340, DE 7 DE AGOSTO DE 2006.

Cria mecanismos para coibir a violência doméstica e familiar contra a mulher, nos termos do § 8º do art. 226 da Constituição Federal, da Convenção sobre a Eliminação de Todas as Formas de Discriminação contra as Mulheres e da Convenção Interamericana para Prevenir, Punir e Erradicar a Violência contra a Mulher; dispõe sobre a criação dos Juizados de Violência Doméstica e Familiar contra a Mulher; altera o Código de Processo Penal, o Código Penal e a Lei de Execução Penal; e dá outras providências.

O PRESIDENTE DA REPÚBLICA Faço saber que o Congresso Nacional decreta e eu sanciono a seguinte Lei:

TÍTULO I
DISPOSIÇÕES PRELIMINARES

Art. 1º Esta Lei cria mecanismos para coibir e prevenir a violência doméstica e familiar contra a mulher, nos termos do § 8º do art. 226 da Constituição Federal, da Convenção sobre a Eliminação de Todas as Formas de Violência contra a Mulher, da Convenção Interamericana para Prevenir, Punir e Erradicar a Violência contra a Mulher e de outros tratados internacionais ratificados pela República Federativa do Brasil; dispõe sobre a criação dos Juizados de Violência Doméstica e Familiar contra a Mulher; e estabelece medidas de assistência e proteção às mulheres em situação de violência doméstica e familiar.

Art. 2º Toda mulher, independentemente de classe, raça, etnia, orientação sexual, renda, cultura, nível educacional, idade e religião, goza dos direitos fundamentais inerentes à pessoa humana, sendo-lhe asseguradas as oportunidades e facilidades para viver sem violência, preservar sua saúde física e mental e seu aperfeiçoamento moral, intelectual e social.

Art. 3º Serão asseguradas às mulheres as condições para o exercício efetivo dos direitos à vida, à segurança, à saúde, à alimentação, à educação, à cultura, à moradia, ao acesso à justiça, ao esporte, ao lazer, ao trabalho, à cidadania, à liberdade, à dignidade, ao respeito e à convivência familiar e comunitária.
§ 1º O poder público desenvolverá políticas que visem garantir os direitos humanos das mulheres no âmbito das relações domésticas e familiares no sentido de resguardá-las de toda forma de negligência, discriminação, exploração, violência, crueldade e opressão.
§ 2º Cabe à família, à sociedade e ao poder público criar as condições necessárias para o efetivo exercício dos direitos enunciados no caput.

Art. 4º Na interpretação desta Lei, serão considerados os fins sociais a que ela se destina e, especialmente, as condições peculiares das mulheres em situação de violência doméstica e familiar.

TÍTULO II
DA VIOLÊNCIA DOMÉSTICA E FAMILIAR CONTRA A MULHER

CAPÍTULO I
DISPOSIÇÕES GERAIS

Art. 5º Para os efeitos desta Lei, configura violência doméstica e familiar contra a mulher qualquer ação ou omissão baseada no gênero que lhe cause morte, lesão, sofrimento físico, sexual ou psicológico e dano moral ou patrimonial: (Vide Lei complementar nº 150, de 2015)

I – no âmbito da unidade doméstica, compreendida como o espaço de convívio permanente de pessoas, com ou sem vínculo familiar, inclusive as esporadicamente agregadas;

II – no âmbito da família, compreendida como a comunidade formada por indivíduos que são ou se consideram aparentados, unidos por laços naturais, por afinidade ou por vontade expressa;

III – em qualquer relação íntima de afeto, na qual o agressor conviva ou tenha convivido com a ofendida, independentemente de coabitação.

Parágrafo único. As relações pessoais enunciadas neste artigo independem de orientação sexual.

Art. 6º A violência doméstica e familiar contra a mulher constitui uma das formas de violação dos direitos humanos.

CAPÍTULO II
DAS FORMAS DE VIOLÊNCIA DOMÉSTICA E FAMILIAR CONTRA A MULHER

Art. 7º São formas de violência doméstica e familiar contra a mulher, entre outras:

I – a violência física, entendida como qualquer conduta que ofenda sua integridade ou saúde corporal;

II – a violência psicológica, entendida como qualquer conduta que lhe cause dano emocional e diminuição da autoestima ou que lhe prejudique e perturbe o pleno desenvolvimento ou que vise degradar ou controlar suas ações, comportamentos, crenças e decisões, mediante ameaça, constrangimento, humilhação, manipulação, isolamento, vigilância constante, perseguição contumaz, insulto, chantagem, violação de sua intimidade, ridicularização, exploração e limitação do direito de ir e vir ou qualquer outro meio que lhe cause prejuízo à saúde psicológica e à autodeterminação; (Redação dada pela Lei nº 13.772, de 2018)

III – a violência sexual, entendida como qualquer conduta que a constranja a presenciar, a manter ou a participar de relação sexual não desejada, mediante intimidação, ameaça, coação ou uso da força; que a induza a comercializar ou a utilizar, de qualquer modo, a sua sexualidade, que a impeça de usar qualquer método contraceptivo ou que a force ao matrimônio, à gravidez, ao aborto ou à prostituição, mediante coação, chantagem, suborno ou manipulação; ou que limite ou anule o exercício de seus direitos sexuais e reprodutivos;

IV – a violência patrimonial, entendida como qualquer conduta que configure retenção, subtração, destruição parcial ou total de seus objetos, instrumentos de trabalho, documentos pessoais, bens, valores e direitos ou recursos econômicos, incluindo os destinados a satisfazer suas necessidades;

V – a violência moral, entendida como qualquer conduta que configure calúnia, difamação ou injúria.

[...]

Brasília, 7 de agosto de 2006; 185º da Independência e 118º da República.
LUIZ INÁCIO LULA DA SILVA

20. POLÍTICA NACIONAL DE DESENVOLVIMENTO SUSTENTÁVEL DOS POVOS E COMUNIDADES TRADICIONAIS (2007)

Aprovada no primeiro ano do segundo mandato do presidente Luís Inácio Lula da Silva, a PNPCT expressa a preocupação com dois dos principais conteúdos norteadores do entendimento contemporâneo da doutrina dos direitos humanos, a saber, a igualdade e a diversidade, de tal maneira que, conforme é expresso logo no início do elencamento dos seus princípios, "o reconhecimento, a valorização e o respeito à diversidade socioambiental e cultural dos povos e comunidades tradicionais" não instaure nem reforce "qualquer relação de desigualdade". Além disso, deve ser ressaltada a preocupação, presente em um dos seus objetivos específicos, com a garantia dos "direitos dos povos e das comunidades tradicionais afetados direta ou indiretamente por projetos, obras e empreendimentos". Porém, como que a exemplificar as contradições inerentes à ideia de "desenvolvimento sustentável" nos marcos de uma sociedade capitalista, os inegáveis avanços contidos na aprovação da PNPCT contrapõem-se a uma série de megaprojetos de desenvolvimento idealizados e/ou levados a cabo exatamente no decorrer dos dois mandatos do presidente Lula, nos quais as preocupações com os povos e comunidades tradicionais parecem ter sido ultrapassadas pela priorização do crescimento econômico. Basta pensar na construção da Usina de Belo Monte, no projeto de Transposição do rio São Francisco, na execução das obras para a Copa do Mundo de 2014 e, por fim, na priorização do agronegócio diante da agricultura familiar.

PRINCÍPIOS

Art. 1º As ações e atividades voltadas para o alcance dos objetivos da Política Nacional de Desenvolvimento Sustentável dos Povos e Comunidades Tradicionais deverão ocorrer de forma intersetorial, integrada, coordenada, sistemática e observar os seguintes princípios:

I – o reconhecimento, a valorização e o respeito à diversidade socioambiental e cultural dos povos e comunidades tradicionais, levando-se em conta, dentre outros aspectos, os recortes etnia, raça, gênero, idade, religiosidade, ancestralidade, orientação sexual e atividades laborais, entre outros, bem como a relação desses em cada comunidade ou povo, de modo a não desrespeitar, subsumir ou negligenciar as diferenças dos mesmos grupos, comunidades ou povos ou, ainda, instaurar ou reforçar qualquer relação de desigualdade;

II – a visibilidade dos povos e comunidades tradicionais deve se expressar por meio do pleno e efetivo exercício da cidadania;

III – a segurança alimentar e nutricional como direito dos povos e comunidades tradicionais ao acesso regular e permanente a alimentos de qualidade, em quantidade suficiente, sem comprometer o acesso a outras necessidades essenciais, tendo como base práticas alimentares promotoras de saúde, que respeitem a diversidade cultural e que sejam ambiental, cultural, econômica e socialmente sustentáveis;

IV – o acesso em linguagem acessível à informação e ao conhecimento dos documentos produzidos e utilizados no âmbito da Política Nacional de Desenvolvimento Sustentável dos Povos e Comunidades Tradicionais;

V – o desenvolvimento sustentável como promoção da melhoria da qualidade de vida dos povos e comunidades tradicionais nas gerações atuais, garantindo as mesmas possibilidades para as gerações futuras e respeitando os seus modos de vida e as suas tradições;

VI – a pluralidade socioambiental, econômica e cultural das comunidades e dos povos tradicionais que interagem nos diferentes biomas e ecossistemas, sejam em áreas rurais ou urbanas;

VII – a promoção da descentralização e transversalidade das ações e da ampla participação da sociedade civil na elaboração, monitoramento e execução desta Política a ser implementada pelas instâncias governamentais;

VIII – o reconhecimento e a consolidação dos direitos dos povos e comunidades tradicionais;

IX – a articulação com as demais políticas públicas relacionadas aos direitos dos Povos e Comunidades Tradicionais nas diferentes esferas de governo;

X – a promoção dos meios necessários para a efetiva participação dos Povos e Comunidades Tradicionais nas instâncias de controle social e nos processos decisórios relacionados aos seus direitos e interesses;

XI – a articulação e integração com o Sistema Nacional de Segurança Alimentar e Nutricional;
XII – a contribuição para a formação de uma sensibilização coletiva por parte dos órgãos públicos sobre a importância dos direitos humanos, econômicos, sociais, culturais, ambientais e do controle social para a garantia dos direitos dos povos e comunidades tradicionais;
XIII – a erradicação de todas as formas de discriminação, incluindo o combate à intolerância religiosa; e
XIV – a preservação dos direitos culturais, o exercício de práticas comunitárias, a memória cultural e a identidade racial e étnica.

OBJETIVO GERAL

Art. 2º A PNPCT tem como principal objetivo promover o desenvolvimento sustentável dos Povos e Comunidades Tradicionais, com ênfase no reconhecimento, fortalecimento e garantia dos seus direitos territoriais, sociais, ambientais, econômicos e culturais, com respeito e valorização à sua identidade, suas formas de organização e suas instituições.

OBJETIVOS ESPECÍFICOS

Art. 3º São objetivos específicos da PNPCT:
I – garantir aos povos e comunidades tradicionais seus territórios, e o acesso aos recursos naturais que tradicionalmente utilizam para sua reprodução física, cultural e econômica;
II – solucionar e/ou minimizar os conflitos gerados pela implantação de Unidades de Conservação de Proteção Integral em territórios tradicionais e estimular a criação de Unidades de Conservação de Uso Sustentável;
III – implantar infraestrutura adequada às realidades socioculturais e demandas dos povos e comunidades tradicionais;
IV – garantir os direitos dos povos e das comunidades tradicionais afetados direta ou indiretamente por projetos, obras e empreendimentos;
V – garantir e valorizar as formas tradicionais de educação e fortalecer processos dialógicos como contribuição ao desenvolvimento próprio de cada povo e comunidade, garantindo a participação e controle social tanto nos processos de formação educativos formais quanto nos não formais;
VI – reconhecer, com celeridade, a autoidentificação dos povos e comunidades tradicionais, de modo que possam ter acesso pleno aos seus direitos civis individuais e coletivos;
VII – garantir aos povos e comunidades tradicionais o acesso aos serviços de saúde de qualidade e adequados às suas características socioculturais, suas necessidades e demandas, com ênfase nas concepções e práticas da medicina tradicional;

VIII – garantir no sistema público previdenciário a adequação às especificidades dos povos e comunidades tradicionais, no que diz respeito às suas atividades ocupacionais e religiosas e às doenças decorrentes destas atividades;

IX – criar e implementar, urgentemente, uma política pública de saúde voltada aos povos e comunidades tradicionais;

X – garantir o acesso às políticas públicas sociais e a participação de representantes dos povos e comunidades tradicionais nas instâncias de controle social;

XI – garantir nos programas e ações de inclusão social recortes diferenciados voltados especificamente para os povos e comunidades tradicionais;

XII – implementar e fortalecer programas e ações voltados às relações de gênero nos povos e comunidades tradicionais, assegurando a visão e a participação feminina nas ações governamentais, valorizando a importância histórica das mulheres e sua liderança ética e social;

XIII – garantir aos povos e comunidades tradicionais o acesso e a gestão facilitados aos recursos financeiros provenientes dos diferentes órgãos de governo;

XIV – assegurar o pleno exercício dos direitos individuais e coletivos concernentes aos povos e comunidades tradicionais, sobretudo nas situações de conflito ou ameaça à sua integridade;

XV – reconhecer, proteger e promover os direitos dos povos e comunidades tradicionais sobre os seus conhecimentos, práticas e usos tradicionais;

XVI – apoiar e garantir o processo de formalização institucional, quando necessário, considerando as formas tradicionais de organização e representação locais; e

XVII – apoiar e garantir a inclusão produtiva com a promoção de tecnologias sustentáveis, respeitando o sistema de organização social dos povos e comunidades tradicionais, valorizando os recursos naturais locais e práticas, saberes e tecnologias tradicionais.

DOS INSTRUMENTOS DE IMPLEMENTAÇÃO

Art. 4º São instrumentos de implementação da Política Nacional de Desenvolvimento Sustentável dos Povos e Comunidades Tradicionais:

I – os Planos de Desenvolvimento Sustentável dos Povos e Comunidades Tradicionais;

II – a Comissão Nacional de Desenvolvimento Sustentável dos Povos e Comunidades Tradicionais, instituída pelo Decreto de 13 de julho de 2006;

III – os fóruns regionais e locais; e

IV – o Plano Plurianual.

DOS PLANOS DE DESENVOLVIMENTO SUSTENTÁVEL DOS POVOS E COMUNIDADES TRADICIONAIS

Art. 5º Os Planos de Desenvolvimento Sustentável dos Povos e Comunidades Tradicionais têm por objetivo fundamentar e orientar a implementação da PNPCT e consistem no conjunto das ações de curto, médio e longo prazo, elaboradas com o fim de implementar, nas diferentes esferas de governo, os princípios e os objetivos estabelecidos por esta Política:

I – os Planos de Desenvolvimento Sustentável dos Povos e Comunidades Tradicionais poderão ser estabelecidos com base em parâmetros ambientais, regionais, temáticos, étnico-socioculturais e deverão ser elaborados com a participação equitativa dos representantes de órgãos governamentais e dos povos e comunidades tradicionais envolvidos;

II – a elaboração e implementação dos Planos de Desenvolvimento Sustentável dos Povos e Comunidades Tradicionais poderá se dar por meio de fóruns especialmente criados para esta finalidade ou de outros cuja composição, área de abrangência e finalidade sejam compatíveis com o alcance dos objetivos desta Política; e

III – o estabelecimento de Planos de Desenvolvimento Sustentável dos Povos e Comunidades Tradicionais não é limitado, desde que respeitada a atenção equiparada aos diversos segmentos dos povos e comunidades tradicionais, de modo a não convergirem exclusivamente para um tema, região, povo ou comunidade.

DAS DISPOSIÇÕES FINAIS

Art. 6º A Comissão Nacional de Desenvolvimento Sustentável dos Povos e Comunidades Tradicionais deverá, no âmbito de suas competências e no prazo máximo de noventa dias:

I – dar publicidade aos resultados das Oficinas Regionais que subsidiaram a construção da PNPCT, realizadas no período de 13 a 23 de setembro de 2006;

II – estabelecer um Plano Nacional de Desenvolvimento Sustentável para os Povos e Comunidades Tradicionais, o qual deverá ter como base os resultados das Oficinas Regionais mencionados no inciso I; e

III – propor um Programa Multissetorial destinado à implementação do Plano Nacional mencionado no inciso II no âmbito do Plano Plurianual.[19]

---

[19] BRASIL. *Decreto nº 6.040, de 7 de fevereiro de 2007*. Disponível em: <http://www.planalto.gov.br/ccivil_03/_Ato2007-2010/2007/Decreto/D6040.htm>. Acesso em: 26 de out. 2019.

SOBRE O AUTOR

Marco Mondaini é Bacharel em História (Universidade Federal do Rio de Janeiro – UFRJ), Mestre em História Econômica (Universidade de São Paulo – USP), Doutor em Serviço Social (Universidade Federal do Rio de Janeiro – UFRJ), com Doutorado Sanduíche no Instituto Gramsci de Roma (Itália), Pós-Doutorado no Departamento de Teoria e História dos Direitos Humanos da Universidade de Florença (Itália) e Estágio Sênior no Centro de Estudos Africanos da Universidade Eduardo Mondlane (Moçambique). Desde 2004, é professor do Departamento e do Programa de Pós-Graduação em Serviço Social da Universidade Federal de Pernambuco (UFPE) e, desde 2006, bolsista de Produtividade em Pesquisa do CNPq. É autor e coautor de mais de vinte livros, especialmente sobre a história dos direitos humanos e do comunismo italiano. Atualmente, coordena a série de livros Brasil & África do Instituto de Estudos da África (IEAf) da UFPE e coordena e apresenta o programa de entrevistas e debates intitulado Trilhas da Democracia, veiculado semanalmente na TV Pernambuco e na TV do site Brasil 247.